성공 패러다임 변화
다시 쓰는 성공론

The Success Paradigm Shift
Redefining the Principles of Success

성공 패러다임 변화
다시 쓰는 성공론

초판 1쇄 발행 2025년 3월 12일

지은이 김병헌
펴낸이 장길수
펴낸곳 지식과감성#
출판등록 제2012-000081호

교정 한장희
디자인 정윤솔
편집 정윤솔
검수 주경민
마케팅 김윤길

주소 서울시 금천구 벚꽃로298 대륭포스트타워6차 1212호
전화 070-4651-3730~4
팩스 070-4325-7006
이메일 ksbookup@naver.com
홈페이지 www.knsbookup.com

ISBN 979-11-392-2466-5(03190)
값 19,700원

- 이 책의 판권은 지은이에게 있습니다.
- 이 책 내용의 전부 또는 일부를 재사용하려면 반드시 지은이의 서면 동의를 받아야 합니다.
- 잘못된 책은 구입하신 곳에서 바꾸어 드립니다.

지식과감성#
홈페이지 바로가기

성공 패러다임 변화 : 다시 쓰는 성공론

김병헌 지음

The Success Paradigm ≫ Shift

Redefining the Principles of Success

감사의 말씀

이 책이 세상에 나올 수 있도록 아낌없는 도움과 격려를 보내 주신 모든 분들께 깊은 감사의 마음을 전합니다.

먼저, 하나의 구상이 전체적으로 완성될 수 있도록 이 책의 기획과 집필 과정에서 귀중한 통찰과 조언을 제공해 주신 전문가분들께 감사드립니다. 서울대 이천표 명예교수님, 연세대 양준모 교수님, 이화여대 양희동 교수님, 박석순 교수님, 한국금융ICT융합학회 오정근 회장님, 여러분의 지혜와 경험은 이 책의 방향을 잡는 데 큰 힘이 되었습니다. 특히, 지난 4년여의 기간 동안 매주 금요일마다 저녁 8시부터 10시까지 1권의 책을 읽고 토론해 온 다양한 분야의 전문가님들로 구성된 온라인 '북콘서트' 회원 여러분의 번뜩이는 의견은 많은 자극과 응원이 되었습니다.

『물로 씌어진 이름』을 쓰신 복거일 작가님과 『누가 위대한 지도자인가』를 쓰신 최광 전 복지부 장관님의 저술서와 격려가 큰 힘이 되었습니다.

늘 묵묵히 응원해 주시는 저의 친구와 가족들에게도 감사의 말씀을 드립니다. 대학 4년간 학창 생활을 함께한 이진구 에스에프씨 대표님, 대학 때부터 지금까지 수십 년간 월례 모임을 이어온 '서울대 토우회' 회원

님들 격려에 감사드립니다. 그리고 사랑하고 존경하는 아내와 우리 가족 형제자매, 당신들의 사랑과 지지가 없었다면 이 길고도 힘난한 여정을 끝낼 수 없었을 것입니다. 특히, 집필 과정에서 제게 시간을 내어주고 책의 구성과 방향성에 대해 조언을 아끼지 않은 MZ세대인 아들과 이해해 주신 가족들의 너그러움에 깊은 감사를 드립니다.

아울러 전작 『성공과 행복을 위한 인생의 길을 찾다』에 이어, 이 책을 출판할 수 있는 기회를 주신 지식과감성# 출판사 장길수 대표님과 관계자 여러분께도 감사드립니다. 여러분의 전문성과 열정이 없었다면 이 책은 빛을 보지 못했을 것입니다. 특별히, 편집 과정에서 세심한 조언과 따뜻한 격려를 아끼지 않으신 한장희 팀장님, 정윤솔 디자이너님 노고가 많았습니다. 진심으로 감사드립니다.

마지막으로, 이 책을 손에 들어 읽고 계신 독자 여러분께도 감사의 말씀을 전합니다. 여러분의 관심과 응원이야말로 제가 글을 쓰는 이유이며, 이 책의 진정한 주인공이십니다.

이 책이 여러분의 여정에 작지만 의미 있는 변화의 씨앗이 되기를 희망하며, 다시 한번 진심 어린 감사의 마음을 전합니다.

2025년 봄
저자 김병헌 드림

책 머리에
Prologue

If you always do what you've always done, you'll always get what you've always got.

네가 항상 해 왔던 것을 항상 한다면, 너는 항상 네가 가지고 있는 것을 얻게 될 것이다.

- 헨리 포드 Henry Ford

성공은 시대와 함께 변한다.

인류 문명사 발전 과정을 크게 좁혀서 근현대 산업사회 이래 한 세기를 돌아보면, 성공의 의미와 그것을 이루는 방식은 시대의 흐름에 따라 끊임없이 변화해 왔다. 20세기 초반의 산업화 시대에는 규칙과 표준을 따르고 성실하게 노력하는 것이 성공의 주요 조건이었다. 그러나 기술의 발전과 경제 구조의 변화는 이러한 기준을 뒤흔들며 새로운 패러다임을 제시했다. 이제 우리는 과거의 성공 법칙으로는 오늘날의 세계를 헤쳐 나갈 수 없는 시대에 살고 있다.

이 책은 그러한 변화를 깊이 이해하고, 성공에 관한 새로운 프레임을 제시하기 위해 쓰였다. 『성공 패러다임 변화』는 단순히 개인의 노력과 결과만을 다루는 책이 아니다. 시대 환경을 극복하기 위해 치열하게 전개된 기업 경영 전략 발전사를 염두에 둔 개인의 인생 경영을 생각하는 것이 필요하게 되었다. 지금까지 개인의 성공론이 무엇을 담아 왔고, 어떻게 진화해 왔는지 살펴보고, 미래를 준비하는 데 필요한 통찰을 제공하고자 한다. 20세기 초부터 매니지먼트의 원류, 포지셔닝 전략, 케이퍼빌러티 접근법, 그리고 21세기의 적응 전략까지, 기업 성공의 전략 관점의 흐름을 개인의 삶과 연계하여 생각해 본다.

우리는 지금 **지식정보화 시대**라는 새로운 국면에 서 있다. 이 시대는 정보와 기술이 주도권을 쥐고 있으며, 변화를 읽고 대응하는 능력이 성공의 필수 조건이 되었다. 과거의 단순한 성공 공식만으로는 부족하며, 창의성과 자율성, 적응력과 지속적인 학습이 핵심 요소로 부상하고 있다.

이 책의 부제인 '**다시 쓰는 성공론**'은 이러한 시대적 요구를 반영하여 성공전략을 새롭고 넓은 관점에서 살펴보고자 하였다. 과거의 성공론이 제안한 원칙과 한계를 답습하지 않고, 최신의 뇌 과학과 적응 역량 이론들을 활용하여 우리 시대 환경에서 유효한 성공전략을 재구성하여 새로운 가능성을 탐구할 수 있도록 돕는 것이다.

이제 우리는 성공을 다시 정의해야 할 때이다. 이 책을 통해 독자 여러분은 시대를 초월하는 성공의 본질과 변화하는 환경에 적응하는 새로운 방법론을 발견하게 될 것이다. 과거의 지혜와 미래의 가능성을 잇는 이 여정에 함께하길 바란다.

『성공 패러다임 변화 — 다시 쓰는 성공론』은 2020년 말에 출간된 『성공과 행복을 위한 인생의 길을 찾다 — 목표·성공·행복·전략 이야기』에 이은 후속작이다. 2020년 출간된 서적은 '인간이란 무엇이며, 어떻게 살아가야 하는지'에 관해서 인생의 '목표, 성공, 행복, 그것을 이루기 위한 전략'들을 분석한 자기 계발 총론적 서적이었다. 미루어진 과제는 '성공' 부문을 더욱 세밀하게 살펴보는 일이 되었으며, 이제 그간의 분석과 연구 결과를 모아 성공전략에 집중한 **『성공 패러다임 변화 ─ 다시 쓰는 성공론』**을 출간하게 되었다. 전체는 총 4편 14장으로 구성하였다.

　제1편은 '지금까지 성공론은 잊어라'라는 다소 도발적인 편명chapter name 아래에 3개의 장으로 구성하였다. 주요 내용은 성공하기 위한 조건으로 '타고난 지능과 재능이 있어야 한다', '외향적인 인간, 아침형 인간, 좋은 환경 조건' 등이 있어야 성공한다는 사회적 편견들에 관한 이야기로 시작한다. 흔히, '성공한 사람을 전형으로 삼아 따라 하면 성공한다'라고 하거나, '한 우물을 열심히 파면 성공한다'라고 하거나, '끊임없이 노력하면 성공한다' 등의 성공전략은 소중한 시간과 노력을 낭비할 수 있는 잘못된 편견임을 일깨우고자 한다.

　세계적인 베스트셀러 자기 계발서에서 언급된 내용조차도, '성공과 성취전략'으로 상당한 문제성이 있는 것으로 평판reputation이 드러나서, 이에 대해 우리의 특별한 경계가 필요함을 언급한다. 이른바 '끌어당김의 법칙 Law of Attraction', '간절히 바라면 저절로 이루어진다', '1%만 아는 비밀 법칙' 등의 무노력, 무한 긍정 부류에 대한 무분별한 탐닉으로 이어지는 잘못된 믿음에 관한 내용들이다. 세계적인 베스트셀러로 알려진 일부 저명한 서적 작가들 문제이다. 이와 함께, '물은 답을 알고 있다' 부류의 '유사과학' 내지 '의사과학' 또는 '과학'이라는 이름으로 적당히 내용을 포장한 서적들의 옥석구분과 역기능을 일깨우려고 한다. 아울러, 성공을 방해하는 '편견과 망상 및 오해'에서 벗어나, 우리 자신을 성공으로 이끄는 길로 들어설 수 있도록 안내한다.

제2편은 '인간 본성에 대한 이해로 환경변화에 대처하라'라는 편명으로 3개의 장으로 구성하였다. 주요 내용은 인간 본성에 관한 철학적, 생물학적 이해와 Big 5, MBTI, Traits, Humanistic 등 성격 유형과 성격에 대한 편견들을 소개한다. 우리 인간의 "뇌는 '생각하기 위한 기관'이 아니라, 생물의 항상성恒常性, Homeostasis, Allostasis 유지와 신체 제어를 위한 기관이다"라는 다소 도전적인 최신의 뇌 과학 이론을 통한 뇌의 핵심 임무와 기능, 마음의 작동 방식, 정서의 형성과 반응을 알아본다. '뇌가 나를 통제하는가, 내가 뇌를 통제하는가?'에 대한 질문들, 뇌 과학과 자기 계발 관계 등을 알아본다.

인류의 진화에 따른 인간의 적응 역량에 관한 내용도 함께 다루며, 인류의 운명을 바꾼 세 가지 변화를 살펴본다. 진화 단계와 산업혁명 시기별 시대적인 요구 역량은 물론, 디지털, AI/ChatGPT, IoT, Blockchain, NFT, Metaverse, Web 3.0 등장과 급속한 변화의 시대인 제4차 산업혁명과 지식 정보화 시대의 필수 역량에 관해 알아본다. 이렇게 급격하게 밀려오는 환경변화는 우리에게 어떤 과제를 던져 주고 있는가?

제3편은 '어제와 다른 삶을 위해 지금 행동하라'라는 편명으로 3개의 장을 구성하였다. 현재보다 나은 삶을 위한 인생의 목표에 관한 내

용으로 시작한다. 인생에서 목표는 어떤 기능을 수행하며, 언제 어떻게 설정하는가를 살펴본다. 급변하는 시대 상황에서도 목표 설정은 필요한 일인지도 좋은 질문이 된다.

인생을 보는 태도, 습관과 행동의 힘, 선택과 의사결정, 바른 습관 만들기와 심리적인 편견과 고정관념에서 벗어나기가 과제이다. '내 안에 잠든 거인' 잠재의식 깨우기(NLP), 메타인지 Meta Cognition 등을 살펴본다. 생각과 정서와 태도는 행동의 방향성과 습관을 형성하여, 우리 인생의 미래에 결정적인 영향을 미치게 된다.

제4편은 '성공의 핵심 요소별로 전략적으로 실천하라'의 편명으로 5개의 장으로 구성하였다. 성공의 길에서 핵심적인 요소는 무엇인가로 시작한다. '실패를 두려워하지 마라', '최고의 변화는 어떻게 만들어지나?', '성공에 필요한 구성 요소는 어떤 것인가?'에 관한 내용이 화두가 된다.

우리가 가지고 있는 '재능, 노력, 운'과 성공 구성 함수, 재능은 선천적인가 후천적 개발 결과인가? '노력과 끈기와 열정'이 성공의 핵심 요인인가? 등도 좋은 질문이 된다. 운이 성공에 미치는 역할에 대한 세 가지 반응, 운이 크게 작용하는 분야는 무엇이며, 어떻게 운과 함께 할 것인가가 과제가 된다.

'부'는 어떻게 오는가? 부를 이루는 다양한 수단들, '주식과 부동산'에 대한 전략과 '가치론과 성장론'의 흐름을 살펴본다. 크게 부를 성취한 워런 버핏 등의 사례와 함께 창업자와 직장인, 전문가의 성공 패턴은 무엇인가? 부는 추구하는 것인가, 이루어지는 것인가? 등은 좋은 질문이 된다.

'지위, 명성, 관계'는 인간관계에 관한 내용이다. 우리는 어떻게 '지위나 명성'을 얻으며, '좋은 인간관계는 삶의 성공과 행복에 어떤 기능을 하는가?'로 시작한다. 1930년대 등장한 '인간관계론'은 기업과 조직의 생산성 향상을 위한 연구에서 비롯한다. 『데일 카네기 인간관계론』은 우리에게 현실적이고 구체적인 인간관계의 방법들을 제안하였고, 오늘날에도 많은 시사점을 제공하고 있다. 하버드대학의 72년간에 걸친 '인생 성장 보고서'의 핵심적인 키워드 하나는 "좋은 관계"로 집약되고 있다. 좋은 관계는 어떻게 만드는가 하는 것이 우리의 과제이다.

'건강과 행복'은 삶의 기본 조건이며, 필요조건이다. 어떻게 정신적 건강과 신체적 건강을 유지할 것인가? 건강을 위해 무엇을 어떻게 해야 하며, 우리가 알고 있는 건강 관련한 오류와 편견은 무엇인가? 건강한 삶을 위한 조언을 제안한다.

행복은 어디서 오는가? '하버드 대학 학생들의 72년간의 인생 종단 연구' 결과는 무엇이었나? 스탠퍼드 대학의 '행복 트랙'과 영국 BBC의 「행복 10계명」 다큐멘터리의 내용들은 어떠한 것이었나? 이렇게 다양한 연구 결과인 '행복한 삶을 위한 조건들'을 알아본다.

성공과 행복의 관계를 살펴보고 행복한 삶을 위한 제언으로 대단원을 마감한다.

인생의 성공과 행복을 위한 길잡이로 다양한 자기 계발서들이 있다. 이 책은, 적어도 불필요한 시간 낭비가 되지 않도록, 사회에 만연한 편견들에 저항하고, 자기만의 길을 걸어갈 수 있도록 최신의 뇌 과학, 심리학, 경영학, 사회학적 가설과 이론을 활용하여 설명하려고 노력하였다. 무엇을 받아들이고, 어떤 인생을 살 것인가는 결국 독자 여러분 각 개인의 의지이며 선택이다.

인생을 작은 한계 속에 스스로 가두지 말라.
"세상에 나의 새로운 변신을 방해하는 세 가지 그물이 있다."

우리는 자신의 그릇 크기를 스스로 제한하는 어리석음에서 벗어나야 한다. 우리 자신이 설정한 시공간의 영역과 한계를 짓는 만큼이 그 인생의 크기가 된다. BC 4세기에 활약한 철학자 장자#7는 성공의 지혜로 공간과 시간과 지식의 세 가지 그물에 갇히지 말라고 설파하고 있다. "우물 속의 개구리에게 바다를 설명할 수 없으며, 여름 한 철 사는 곤충에게 겨울 얼음을 말해 줄 수 없고, 자신이 최고라는 지식인에게 진정한 지식 세계를 말해 줄 수 없다"라는 내용이다. 개구리는 우물이라는 공간에 갇혀 있고, 여름 한 철 사는 곤충은 여름이라는 시간에 집착하고, 자신의 지식이 최고라는 지식인에게는 자신이 아는 지식의 그물에 걸려 있기 때문이라는 것이다. 이는 우리에게 『제3의 물결』과 『부의 미래』라는 명저로 잘 알려진 20세기의 대표적인 미래학자 앨빈 토플러Alvin Toffler가 앞으로의 시대를 살아가기 위한 세 가지 조건으로 언급한 내용과 같다. 그는 "공간을 파괴하라. 시간의 속도를 재조절하라. 지식을 재신임하라"라고 역설하고 있다. 이는 우리가 가지고 있는 고정관념을 벗어나야 한다는 이야기이다.

내가 가진 고정관념인 공간과 시간 및 지식에 갇히지 않는 사람이야말로 진정한 승자가 될 수 있다. 성공에 대한 것도 마찬가지이다. 자신이나 그 누군가가 설정한 틀을 뛰어넘어야 한다. 무한한 가능성에 대한 열린 마음과 자세를 갖추는 것이 성공을 위한 첫걸음이 된다.

오늘은 어제까지 삶의 결과이며, 미래는 오늘부터 삶의 결과이다. 더 나은 미래를 위하여!

The only way to do great work is to love what you do.
훌륭한 일을 하는 유일한 방법은 당신이 하는 일을 사랑하는 것이다.

- 스티브 잡스 Steve Jobs

Be the change that you wish to see in the world.
세상에서 보고 싶은 변화가 되어라.

- 마하트마 간디 Mahatma Gandhi

『성공 패러다임 변화』
특성과 활용법

1. 본서의 성격과 특징

본서는 '인생 성공'에 관한 전반적 내용을 다룬 '종합 성공개론서'이다. 특정 인물의 성공담이나 특정한 성공전략에 관해 다룬 국내외의 일반적인 자기 계발서와는 큰 차이가 있다. 본서는 '성공'을 방해하는 편견들에 관한 인식, 인간 본성과 뇌 과학 이론의 활용, 바람직한 태도와 습관 형성, "부, 명성·관계, 건강과 행복"을 이루는 다양한 전략들에 관해 전문적이고, 구체적인 접근을 시도하였다. 또 다른 특성으로는 주요 항목의 끝에 '더 읽을거리'를 추가하여, 더 심도 있는 관련 내용 읽기가 가능하게 하였다.

2. 본서의 예상 독자층

남다른 '성공'을 추구하고자 하는 성인 모두가 대상이다. 주요 목표 독자는 성장과 발전을 추구하는 20~40대 남녀 연령층이다. 현대사회는 인생 100세 시대이므로, '더 나은 삶을 원하는' 50대 이상의 연령층도 대상으로 삼았다. 자신은 물론 아들딸에게 '성공' 관련된 이야기를 하고자 하는 시니어 시티즌에도 크게 도움이 된다.

3. 본서의 활용법

방대한 내용으로 전문적 자료들을 다루었으므로, 본인의 여건에 따라 특히 필요한 분야들을 선택하여 집중적으로 읽고 제안된 내용을 활용하는 방법을 권장한다.

1) "아무것도 가진 것 없는 나도 성공할 수 있을까?"라고 생각하는 독자라면, 제1편 '지금까지 성공론은 잊어라'가 그 영역이다. 온갖 사회적 편견과 잘못된 믿음에서 벗어나야 한다. 다른 사람들이 규정한 틀에 자신을 가두지 말라.

2) "어떻게 하면 성공할 수 있는가?"를 생각하는 독자라면, 제2장 '성공전략에 관한 잘못된 믿음과 현명한 대처'가 그 영역이다. "성공한 사람 따라 하기, 한 우물 파기, 노력하기, 끌어당김의 법칙" 등 그 접근법의 문제성에 유념해야 한다.

3) "나는 누구이며, 무엇이 나를 통제하고 있는가?"에 관한 물음은 제2편 '인간 본성에 대한 이해로 환경변화에 대처하라'에서 대답을 찾아보자. 인간의 본성과 개인적인 성격은 '성공'에 어떻게 관여하는지를 이해하며, '성격' 관련 편견을 극복하고, 성공 가능성을 높여 가자. 최신의 뇌 과학 이론을 통한 '마음'의 작동 방식을 이해하는 것이 바람직한 '나'를 만들어 가는 첫걸음이 된다.

4) "우리 시대에 필요한 역량은 무엇인가?"라는 물음은 제6장, '인류의

진화와 적응 역량-성공론 4.0'이 참고가 된다.

 5) "더 나은 미래를 위해서 무엇을 어떻게 시작해야 할까?"라는 물음이라면, 제3편 '어제와 다른 삶을 위해 지금 행동하라'가 맞춤 내용이다. 내가 원하는 목표를 설정하여, 그 목표를 달성할 수 있도록 '태도와 습관'을 바람직한 방향으로 형성하기 위한 즉각적인 행동으로 시작하자.

 6) "성공을 결정하는 '성공 요인'은 무엇인가?"라는 질문에 대한 응답은 다양하다. 본서의 제10장, '성공 요인과 핵심 요소'는 이에 대한 전략적이고, 종합적인 내용을 담고 있다. 지금까지 국내외에서 발간된 많은 자기 계발서들의 중심 내용은 본서에서 제안된 여섯 가지 핵심 키워드에 함축되어 있다. 일반적으로 대부분의 '성공담'이나 '성공전략'들은 그중 어느 특정 키워드 몇으로 인물이나 전략 관련 '성공 스토리'를 그려 내고 있다.

 7) "성공에 관여하는 '재능, 노력, 운'은 어떤 관계인가?"라는 물음은 제11장, '성공 요인 구성 함수'에서 살펴볼 수 있다. 성공에는 '재능'이 필수적인가? '노력'이 우선하는가? '운'이란 요인이 결정적인가? 등의 질문에 관한 내용으로 구성하였다.

 8) "이른바 '성공'으로 받아들이는 '성공 구성 요소'는 무엇일까?"라는 질문은 누구에게나 그의 가치관에 따라 쉽게 응답하는 내용들이다. 그 내용은 "부, 지위·명성·관계, 건강, 행복" 등이 된다.

9) "부富, wealth를 어떻게 이룰 수 있는가?"라는 질문은 제12장에서 상세하게 다루고 있다. 부를 이루는 '주식, 부동산' 등 일곱 가지 다양한 수단과 전략, 성취 사례와 함께, 창업자와 직장인·전문가의 성공 패턴까지 구체적으로 소개하고 있다.

10) "'지위·명성·관계'는 성공에 어떤 의미인가?"라는 물음은 제13장에서 다루고 있다. 이것이 삶에서 추구할 만한 가치가 있는지 철학자나 사회과학자들의 견해와 함께 '인간관계'의 중요성과 좋은 관계 유지를 위한 전략이 그 내용이다.

11) "인생에서 '건강'의 의미와 지키는 방법은?" 이에 관한 내용은 제14장, '건강과 행복'에서 다루고 있다. 건강은 정신적·신체적 건강을 의미하며, 건강에 관한 표준과 지표들을 살펴보며, 우리가 알고 있는 '건강' 관련 상식에서 정보의 오류나 편견이 있음을 파악한다. 건강한 삶을 위한 조언도 함께 안내한다.

12) "인생의 성공은 '행복'인가?"에 관한 철학적 질문에도 제14장 중 '행복한 삶'에서 응답한다. 성공과 행복의 관계를 어떻게 볼 것인가? '행복한 삶을 위한 조건'에 관한 '하버드대학의 72년간 종단연구'와 스탠포드대학의 '행복트랙', BBC의 「행복 10계명」들을 통해 살펴보고, 건강하고 행복한 삶을 위한 제언으로 마무리하였다.

목차

감사의 말씀   4

책 머리에 Prologue   6

『성공 패러다임 변화』 특성과 활용법   14

제1편 지금까지 성공론은 잊어라

제1장 성공조건에 관한 사회적 편견 다섯 가지   26

타고난 지능과 재능이 있어야 한다   27

외향적인 성격을 가져야 한다   30

아침형 인간 Early Bird가 되어야 한다   31

좋은 환경이 있어야 한다   32

아무것도 가진 게 없어 안 된다   34

제2장 성공전략에 관한 잘못된 믿음과 현명한 대처   36

2-1. 성공전략에 관한 잘못된 믿음   37

성공한 사람을 따라 하기 Follower   38

한 우물 파기   40

끊임없이 노력하기   42

끌어당김의 법칙 Law of Attraction 따라가기   45

2-2. 성공전략에 관한 잘못된 믿음에 현명하게 대처하기 … 49
    베스트셀러의 함정에 빠지지 마라 … 50
    저명인사 인지도 활용 마케팅을 경계한다 … 53
    유사과학과 인기영합적 용어에 의한 호도에 넘어가지 않는다 … 55
    거대한 음모와 이권 카르텔에 매몰되지 않는다 … 60

제3장 성공을 방해하는 편견·망상·오해 … 65
    성공에 대한 편견 … 66
    성공에 대한 망상 … 68
    성공에 대한 오해 … 71
    성공을 방해하는 편견·망상·오해에서 벗어나기 … 74

제2편
인간 본성에 대한 이해로 환경변화에 대처하라

제4장 인간 본성과 성격 … 80
    인간 본성에 관한 철학적 접근 … 80
    인간 본성에 관한 생물학적 이해 … 83
    인간 본성이 성격에 미치는 영향 … 85
    성격이란 타고난 것인가? … 86
    성격이 인간 성공에 주는 영향은? … 87
    성격의 유형에 관한 이해 … 88
    성격에 대한 편견 … 90
    본성과 성격을 통한 성공 가능성 높이기 … 90

제5장 최신 뇌과학 이론을 통해서 보는 마음의 작동 방식 · 93

- 뇌는 무엇을 하는 기관인가? · 95
- 뇌와 '마음'의 관계와 마음의 작동 방식 · 99
- 인간의 뇌는 어떻게 진화했는가? · 107
- 뇌가 나를 통제하는가, 내가 뇌를 통제하는가? · 110
- 뇌 속이기 · 114
- 뇌 과학과 자기 계발 · 116

제6장 인류의 진화와 적응 역량-성공론 4.0 · 119

- 인류의 운명을 바꾼 세 가지 변화 · 123
- 인류의 진화에 따른 시대적 요구 역량 변화 · 126
- 성공전략 변화, 성공론 4.0 · 130
- 제4차 산업혁명과 지식 정보화 시대 필요 역량 · 135
- 시대변화와 적응 노력 · 142

제3편
어제와 다른 삶을 위해 지금 행동하라

제7장 인생의 목표 · 149

- 무엇을 이루기 위한 필수 원칙 · 151
- 인생에서 목표가 중요한가? · 153
- 목표는 언제 어떻게 설정하는가? · 155

성공에 관한 개인과 기업의 공통점과 차이점	157
목표설정이론과 자기결정이론 Self Determination Theory	164
급변하는 시대 상황에서도 목표 설정이 필요한가?	166

제8장 태도와 습관 형성   173

감정과 태도	175
선택과 의사결정	182
행동의 습관화	185
성공을 위한 습관 형성	186

제9장 잠재의식과 메타인지   190

잠재의식과 NLP Neuro-Linguistic Programming	194
메타인지 Meta Cognition	196
잠재의식과 습관적인 행동	199

제4편
성공의 핵심 요소별로 전략적으로 실천하라

제10장 성공 요인과 핵심 요소   206

성공 요인	209
'성공원칙'이라는 용어에 매몰되지 말라	237
최고의 변화는 어떻게 만들어지나?	239
성공으로 받아들이는 구성 요소	243

제11장 성공 요인 구성 함수: 재능·노력·운 246

  성공을 위한 요인 구성 함수 247
  자기분석과 재능 개발 전략 253
  운이 성공에 미치는 역할에 관한 세 가지 반응 258
  운이 작용하는 분야는 없는가? 269
  운과 함께하는 방법 271

제12장 부(富) 274

  부자가 되는 길 276
  부를 이루는 다양한 수단 280
  부를 이룬 사람들의 공통점 298
  신흥 IT 기업 창업자의 성공과 직장인, 전문가의 성공 패턴 300
  부를 이루는 길에 관한 참고서와 조언 305

제13장 지위, 명성, 관계 309

  인생의 성공에서 '지위'는 무엇을 의미하는가? 311
  인생의 성공에서 '명성'은 무엇을 의미하는가? 311
  '지위나 명성'은 삶에서 추구할 만한 가치가 있는가? 312
  철학자나 사회과학자들은 '지위나 명성'을 어떻게 생각하는가? 313
  우리는 어떻게 '지위 또는 명성'을 얻을 수 있을까? 316
  좋은 '인간관계'는 삶의 성공과 행복에 어떤 기능을 하는가? 317
  『데일 카네기 인간관계론』의 내용은 무엇인가? 318
  철학·사회과학자들의 인간관계의 중요성에 대해 견해 322
  경영학이나 심리학에서 "인간관계" 중요성에 대한 설명 323
  좋은 관계를 유지하기 위한 일상적인 전략과 방법 326

제14장 건강과 행복   329

14-1. 건강, 삶의 기본 조건   329

    더 나은 삶을 위한 지표 Better Life Index   331

    건강에 대한 정의   332

    건강을 위해 무엇을 어떻게 해야 하는가?   334

    건강 관련 정보의 오류와 편견   338

    장수 국가와 지역 그리고 그 이유   344

    건강한 삶을 위한 조언   346

14-2. 행복한 삶   348

    철학자나 사회과학자들의 행복에 대한 정의와 행복 성취 방법   349

    성공과 행복의 관계를 어떻게 봐야 할까?   353

    건강과 행복 사이에는 어떤 관계가 있는가?   354

    행복한 삶을 위한 조건   355

    스탠퍼드대, 영국 BBC, 하버드대학의 공통적 행복조건   361

    건강하고 행복한 삶을 위한 제안은 무엇인가?   362

나가며 Epilogue   364

    생명체의 "적응과 자연선택"   365

    마음, 행동과 인생   367

    인생은 끊임없는 선택과 결정   369

    성공적인 인생 경영 지혜   371

참고 문헌   374

제1편
지금까지 성공론은 잊어라

Change the way you look at things and the things you look at change.
당신이 사물을 보는 방식을 바꾸면 당신이 보는 것이 바뀐다.

- 웨인 다이어 Wayne Dyer

우리는 모두 더 나은 미래를 위해 노력하고 있으며, 더 나은 삶을 위해서는 변화를 만드는 것이 중요하다고는 생각하고 있다. 우리가 일상적으로 만나는 사람들과 성공과 관련한 서적들은 성공조건과 성공전략에 대해 나름의 견해를 가지고 있다. 그들은 성공과 행복으로 가는 길은 비록 그것이 위험을 감수하거나 희생을 하는 것을 의미하더라도 우리가 우리의 편안한 영역에서 벗어나 새로운 무엇을 시도해야 한다고 제안한다. 그들은 미래가 미리 결정된 것이 아니라, 우리가 현재의 행동과 결정을 통해 형성할 수 있는 것이라고 제안한다.

우리가 일상적으로 그렇다고 그대로 생각 없이 받아들인 내용이 좁은 범위의 진실이거나, 잘못된 믿음인 경우가 허다하다. 이는 대체로 어떤 특수한 상황이나 여건에서만 성립되는 일을 보편화하여 본질이 왜곡된 사회적 편견이 된다. 우리가 알고 있는 많은 성공전략들도 주창자들의 의도 여부를 떠나 우리를 잘못된 방향으로 이끌어 시간과 노력을 낭비하게 하고 헤매게 하는 경우도 매우 많은 것이 현실이다. 현대사회와 같은 정보의 홍수 속에서 휩쓸리지 않고, 잘못된 믿음의 내용이 어떤 것인지, 어떻게 현명하게 대처할 것인지가 우리의 과제가 되고 있다.

제1장
성공조건에 관한 사회적 편견 다섯 가지

Common sense is the collection of prejudices acquired by age 18.
상식은 18세 때까지 후천적으로 얻은 편견의 집합이다.

- 앨버트 아인슈타인 Albert Einstein

우리는 어떤 사람이 성공하는가에 대한 나름의 의견을 가지고 있다. 타고난 지능이나 재능이 있어야 한다든지, 외향적인 사람이 성공한다든지, 좋은 환경에서 태어나야 한다든지 등의 일반적이고 막연한 생각들이다.

성공이 주로 타고난 재능, 외향적인 성격, 아침형 인간이 되는 것 그리고 좋은 환경 조건을 갖는 것과 같은 요소들에 의해 결정된다는 생각은 제한적이고 오해의 소지가 있는 견해이다. 이러한 요소들은 스포츠나 오락과 같은 특정 분야에서 역할을 할 수 있지만, 그것들이 반드시 삶의 모든 영역에서 성공을 결정하는 것은 아니다. 성공한 사람들의 다양한 사례는 이러한 고정관념에 맞지 않고, 또한 그러한 자질을 가지고도 성공을 이루지 못한 사람도 많다.

궁극적으로 성공은 단순한 요소나 전략 세트로 축소될 수 없는 복잡하고 다면적인 개념이다. 명확한 목적의식, 위험을 감수하려는 의지, 실수로부터 배울 수 있는 능력, 지속적인 성장과 발전에 대한 헌신을 포함한 요소들의 조합이 필요하다. 유연하고 개방적인 태도로 성공에 접근함으로써 그리고 우리가 통제할 수 있는 요소들에 집중함으로써, 우리는 목표를 달성하고 성취감 있는 삶을 살 가능성을 높일 수 있다.

■ 타고난 지능과 재능이 있어야 한다

"타고난 지능이나 재능이 있어야 성공한다"라는 것은 하나의 편견이다. 이것도 성공에 어느 정도 영향을 주겠지만 그 외에 중요한 요소들의 비중이 더욱 크다고 보기 때문이다.

성공과 관련하여 타고난 재능의 중요성이 어떻게 지나치게 강조될 수 있는지를 보여 주는 한 가지 실제 사례는 마이클 조던의 이야기이다. 조던은 역사상 가장 위대한 농구 선수 중 한 명으로 널리 간주되고 있으며 그의 놀라운 재능과 운동 정신은 의심할 여지 없이 성공에 중요한 역할을 했다. 하지만 그가 스타덤에 오르는 데는 그 밖의 다양한 요인들이 있었다.

한 가지 예로, 조던은 그의 놀라운 직업윤리와 기술에 대한 헌신으로 유명했다. 매일 몇 시간씩 연습하면서, 기술과 몸 상태를 개선하기 위해 끊임없이 노력하곤 했다. 그는 또한 정신적 압박감 속에서도 집중력과 침착함을 유지하는 능력으로도 유명했다.

조던의 성공에 기여한 또 다른 요인은 그가 코치와 멘토들로부터 받은 지원과 지도였다. 조던은 그의 잠재력을 인정하고 그의 기술과 경기 전략을 개발하도록 지도한 많은 재능 있는 코치들의 도움을 받았다.

이에 더하여 조던은 그를 스포츠의 정상으로 이끄는 데 도움이 된 다양한 행운의 휴식과 기회들로부터도 이익을 얻었다. 그는 팀이 어려움을 겪고 있는 시기에 시카고 불스에 의해 드래프트 되었고, 이것은 그에게 프랜차이즈를 역전시키는 데 핵심적인 역할을 할 기회를 주었다. 요컨대 조던의 타고난 재능이 의심할 여지 없이 그의 성공에 중요한 요소였지만, 결코 유일한 요소는 아니었다. 그의 직업윤리, 정신적 강인함, 코치 그리고 행운의 휴식은 모두 그가 스타덤에 오르는 데 역할을 했다. 이 이야기는 '성공'은 다양한 요소의 조합 결과이므로 우리가 특정한 요소에 너무 좁게 집중할 때 한 요소의 중요성이 얼마나 과도하게 강조될 수 있는지를 보여 준다.[1]

마이클 조던과는 달리 평범했던 사람이 훗날 성공을 거두는 경우와 무엇이 그들을 성공으로 이끌었는지 하는 내용에 관한 실제 사례를 살펴보자. 선천적인 지능이나 재능을 가지고 태어나지 않았으나 성공한 사람의 한 예로는 『해리포터』 시리즈의 작가인 조앤 롤링 J. K. Rowling을 들 수 있다.[2] 그녀는 어린 시절 학교에서 독서와 글쓰기를 좋아하였으나 눈에 띄는 학생은 아니었다. 또한, 엑서터 대학에 다녔지만 학위를 마치지 못했다.

대학을 떠난 후 롤링은 일련의 좌절과 도전에 직면했다. 그녀는 돌봐야 할 어린아이가 있는 채 이혼했으며, 정부의 도움으로 겨우 살고 있었다. 그러나 이러한 난관에도 불구하고, 인내했고 작가가 되려는 꿈을 계속 추구했다.

롤링은 고군분투하는 싱글 맘이었을 때 첫 번째 『해리포터』 책을 썼으나, 열 곳이 넘는 출판사로부터 거절을 당했고, 마침내 열세 번째 출판사인 블룸스버리에 의해 받아들여졌다. 하지만 이 책이 출판된 후에도, 롤링은 어머니의 예상치 못한 죽음과 두 번째 남편과의 이혼을 포함하여 더 많은 도전에 직면했다.

이러한 좌절에도 불구하고, 롤링은 계속해서 『해리포터』 시리즈를 써서 출판했고, 이것은 전 세계적으로 베스트셀러가 되었다. 오늘날, 그녀는 10억 달러(한화 13조 원) 이상의 순자산을 가진 역사상 가장 성공한 작가 중 한 명이다.

롤링의 이야기는 근면, 인내 그리고 결단력의 힘에 관한 증거이다. 뛰어난 지능이나 재능을 타고나지 못했을지 모르지만, 그녀는 직면한 어려움에도 불구하고 계속해서 그것들을 추구함으로써 자신의 꿈을 이룰 수 있었다.

롤링의 이야기는 사람들에게 영감을 준다. 역경에 처해 있거나, 비록 성공에 필요한 타고난 재능이 없더라도, 기꺼이 열심히 노력하고 꿈을 포기하지 않는 사람들의 표상이 되고 있다. 타고난 지능이나 재능은 성공하는 데 있어서 하나의 요소가 될 수는 있으나, 후천적인 발전과 성장 또한 이에 못지않게 중요하다. 이러한 사례는 여러 분야에서 확인되고 있다.

■ 외향적인 성격을 가져야 한다

외향적인 사람들이 성공할 가능성이 내향적인 사람보다 더 높다는 생각은 동서양을 막론하고 일반적인 사회적 편견의 하나이다. 그리고 외향적인 사람들이 내향적인 사람들보다 본질적으로 더 성공적이라는 것은 필연적으로 사실이 아니다. 이에 대해서는 많은 심리학 전문서의 다양한 연구 결과에서 확인되고 있다.

외향적인 사람들이 더 외부 지향적이고 주도적일 수 있지만, 내향적인 사람들은 종종 강한 분석력과 문제 해결 능력, 세부 사항에 관한 관심, 깊은 생각과 성찰에 대한 선호와 같은 다른 가치 있는 특성들을 가지고 있다. 이러한 특성들은 과학, 공학, 글쓰기 그리고 예술적 추구를 포함한 많은 분야에서 매우 가치를 발휘할 수 있다.

아울러, 내성적인 사람들은 다양한 전문적인 환경에서 중요한 사회적 기술과 효과적인 의사소통 능력을 개발할 수 있다는 사실을 주목하는 것이 중요하다. 마하트마 간디와 엘리너 루스벨트와 같이 역사상 가장 성공적인 지도자 중 일부는 내성적인 사람들이었고 그들은 내성적인 성격에도 불구하고 위대한 일들을 성취할 수 있었다.

궁극적으로 성공은 노력, 헌신 그리고 배우고 적응하려는 의지를 포함한 다양한 요소들에 의해 결정된다. 외향적인 것은 특정한 상황에서 특정한 이점을 제공할 수 있지만, 그것은 성공을 위한 필수적인 특성은 아니다. 오히려 성공은 타고난 능력, 노력, 그리고 배우고 성장하려는 의지를 포함한 다양한 요소들이 결합된 결과이다.

■ 아침형 인간 Early Bird가 되어야 한다

'아침형 인간'이 성공할 가능성이 '저녁형 인간'보다 더 높다는 생각도 또 다른 사회적 편견 중 하나이다. 일찍 일어나는 사람이 되는 것은 특정 성과에서 약간의 이점이 있을 수 있지만, 성공을 달성하는 데 있어 결정적인 요소는 아니다.

성공은 타고난 능력, 열심히 일하는 것, 끈기 그리고 새로운 상황에서 배우고 적응하는 능력과 같은 다양한 요소들에 달려 있다. 어떤 성공한 사람들은 "아침형 인간"인 반면, 다른 사람들은 저녁에 가장 생산적인 "올빼미형"이다.

다음에 소개된 연구 결과는 개인들이 유전적으로 다른 수면 패턴을 가지고 있으며, 그들의 자연적인 성향과 맞지 않는 패턴으로 자신을 강요하려는 시도는 실제로 생산성과 전반적인 건강에 해로울 수 있다는 것을 보여 주었다.

궁극적으로, 성공의 열쇠는 특정한 사회적 규범에 따르려고 노력하는 것이 아니라, 자신의 강점과 약점을 식별하고 목표를 달성하는 데 필요한 기술과 특성을 개발하는 것이다. 일찍 일어나는 것과 같은 특정한 습관이 어떤 사람들에게는 효과가 있을 수 있지만, 그것이 성공의 전제조건은 아니다.

수면 패턴과 생산성에 관한 많은 연구 결과나 진행 중인 연구들에서 찾을 수 있는 그 증거는 모든 사람에게 최적인 단 한 번의 "가장 좋은" 기상 시간은 없다는 것을 시사한다.

앨버타 대학의 연구원들에 의해 수행된 한 연구는 다른 크로노타입

chronotype 또는 자연적인 수면 패턴을 가진 사람들이 하루 중 다른 시간에 일을 더 잘 수행한다는 것을 발견했다. 일찍 일어나는 사람들은 아침에 가장 잘하는 경향이 있는 반면, "올빼미"들은 오후와 저녁에 더 기민하고 집중했다.[3]

시드니 대학이 실시한 또 다른 연구는 "아침형 인간"이라고 밝힌 사람들이 더 나은 정신 건강과 수면의 질을 가지는 경향이 있다는 것을 발견했지만, 이것이 반드시 더 높은 수준의 생산성이나 성공으로 이어지지는 않았다.[4]

비슷하게, 영국 서리 대학의 연구원들에 의해 수행된 연구는 자신의 자연적인 성향보다 일찍 일어나는 것과 같은 특정한 수면 패턴에 자신을 강제로 맞추려고 시도하는 것은 신체의 자연적인 일주기 리듬을 방해하고 실제로 생산성과 웰빙을 감소시킬 수 있다는 것을 발견했다.[5]

앞서 소개한 연구 결과들은 성공을 달성하는 데 가장 중요한 요소는 한 사람이 깨어나는 특정한 시간이 아니라 개인의 필요와 선호에 가장 잘 맞는 일상과 일정을 개발하는 것이라고 제안한다. 자신의 자연적인 수면 패턴을 파악하고 가장 주의를 기울이고 집중하는 시간대에 생산성을 최적화하는 작업을 하는 것이 중요하다는 의미이다.

■ 좋은 환경이 있어야 한다

"좋은 환경이라야 성공한다"라고 하는 사회적 편견이 있다. 좋은 조건도 필요하나 그것만으로는 불가능하다. 지원하고 격려하는 환경이 성공의 발판을 마련하는 데 도움이 될 수는 있겠지만, 우리는 개인이 불리한 환경을 극복하고 여전히 큰 성과를 거둘 수 있다는 점에 유념해야 한다. 사실, 많은 성공한 사람들은 불우한 배경에서 출발했거나 성공으로 가는 길에 중대한 장애물에 직면하고도 이를 극복해 내었다.

흔히 사람들은 "환경이 너무나 열악해서 성공할 수 없다"라고 말한다. 그러나 어렵다고 생각된 난제들을 극복해 성취를 달성한 위인들은 "애초에 열악한 환경이란 존재하지 않았다"라고 강조한다. 창조력이 부족하고 극복 의지가 없는 사람들이 자신이 처한 환경을 그렇게 불렀을 뿐이라는 것이다. 주어진 환경이 어떠하든 환경을 좌절의 위안으로 삼기보다, 희망의 실마리로 여긴다면 당신의 인생은 성공의 향하는 출발점에 선 것이다. 유명한 동기부여 전문가이자 베스트셀러 작가인 앤드류 매튜스 Andrew Matthews[6]에 의하면 "우리가 사는 환경은 우리가 만들어 가는 것이며, 내가 바뀔 때 인생도 바뀐다"라고 역설한다.

현재 세계에서 가장 성공적이고 영향력 있는 미디어 거물 중 한 명인 오프라 윈프리는 미시시피 시골에서 가난하게 자랐고, 어린 시절에 상당한 개인적인 트라우마를 경험했다. 하지만 윈프리는 이러한 도전들을 극복하고 궁극적으로 텔레비전과 미디어에서 성공적인 경력을 쌓는 데에 타고난 재능과 추진력을 사용할 수 있었다.

보탬이 되는 지원 환경을 갖는 것은 확실히 유리할 수 있지만, 이러한 예들은 그것이 성공에 필수적인 조건이 아니라는 것을 보여 준다. 대신에 타고난 재능, 노력, 인내 그리고 약간의 운의 조합은 역경에 직면해서도 개인들이 위대한 일을 성취하도록 도울 수 있다.

■ 아무것도 가진 게 없어 안 된다

"나는 아무 내세울 게 없는 사람이라서 성공하지 못할 것이다"라고 하는 것도 사회적 편견의 하나이다. 성공하기 위해서는 뭔가 특별한 것이 필요하다는 생각은 흔한 오해이다. 사실, 성공은 종종 열심히 노력하는 것, 결단력 그리고 끈기를 포함한 요소들을 조합한 결과이다.

특별한 재능이나 자원 없이도 성공한 사람들은 많이 있다. 그들은 자신들이 가진 장점에 집중하고, 열심히 노력하고, 성장이 가능하도록 기회를 이용함으로써 성공할 수 있었다.

앞서 보았던 『해리포터』 시리즈의 작가인 조앤 롤링의 예를 생각해 보자. 그녀는 첫 번째 책이 성공하기 전에, 복지제도에 의지해 근근이 살아가며 고군분투하는 싱글 맘이었다. 출판업계와 인연도 없었고, 책 출판은 십여 출판사들에 의해 계속 거절당했다. 하지만, 롤링은 포기하기를 거부했고 좌절하지 않고 계속해서 글을 썼으며 마침내 크게 성공했다.

또 다른 예는 가난 속에서 자라 어려운 어린 시절을 맞이한 오프라 윈프리의 예이다. 앞에서도 살펴보았지만, 윈프리는 이러한 장애물들을 극복하고 세계에서 가장 성공적이고 영향력 있는 여성 중 한 명이 될 수 있었다. 자신의 장점에 집중하고, 열심히 일하고, 기회가 왔을 때 그것을 포착함으로써 그렇게 했다.

뚜렷한 장점이나 재능 없이 성공을 거둔 사람의 또 다른 예는 코미디언이자 배우인 케빈 하트이다. 하트는 필라델피아의 거친 동네에서 자랐고 진단되지 않은 학습 장애 때문에 학교에서 어려움을 겪었다. 그는 연예계에 연줄이 없었고 생계를 유지하기 위해 많은 잡일을 해야 했다.

이러한 도전적 환경에도 불구하고, 하트는 코미디언으로서 성공하기로 결심했다. 그는 여러 해 동안 작은 클럽에서 공연했고, 서서히 팬들을 형성했다. 하트는 일련의 성공적인 스탠드업 스페셜을 발표하고 나서야 전국적인 인정을 받기 시작했다. 거기서부터 그는 영화와 텔레비전 쇼에서 배역을 얻기 시작했고, 결국 그의 세대에서 가장 성공한 코미디언과 배우 중 한 명이 되었다.

하트의 성공은 타고난 재능이나 타고난 장점의 결과가 아니라, 그의 노력과 끈기 그리고 위험을 감수하려는 의지의 결과였다. 그는 역경에 처해도 꿈을 포기하지 않았고, 그의 성공은 누구나 충분한 결심과 노력으로 그들의 목표를 이룰 수 있다는 것을 강력하게 상기시켜 준다.

지금까지 살펴본 다양한 사례들은 성공이 특별한 그 무엇이나 어떤 유형이나 내세울 무언가가 있어야 한다는 것은 아니라는 것을 의미한다. 성공에 대한 조건은 열심히 노력하고, 끈질기고, 기회가 생겼을 때 그것을 이용하는 것 등에 대한 것이다. 올바른 자세와 마음가짐만 있으면 배경이나 상황에 상관없이 누구나 성공할 수 있다.

제2장
성공전략에 관한 잘못된 믿음과 현명한 대처

사람들이 인생에서 실패하는 가장 큰 이유는 친구, 가족, 이웃들의 말을 듣기 때문이다.

- 나폴레온 힐 Napoleon Hill

성공한 사람들은 성공하지 않은 사람들이 하지 않으려는 것을 한다. 더 쉬웠으면 하고 바라지 말고 내가 더 나았으면 하고 바라라.

- 짐 론 Jim Rohn

우리는 어떻게 하면 성공할 수 있는가에 많은 관심을 쏟고 있다. 이른바, '성공한 사람을 모델로 삼아 그와 같은 방법으로 가면 성공하겠지' 하는 것이나, '한 우물을 파야 성공한다'라거나, '끊임없이 노력하면 성공한다'라는 보편적인 견해에 동조하고 있다. 그러나 이러한 생각은 잘못된 믿음이다. 또한, 간절히 소망하면 원하는 무엇이 이루어진다는 이른바 '끌어당김의 법칙 Law of Attraction'이라는 믿음에 노력과 시간을 쏟아붓기도 한다. 별도의 노력과 수고를 요구하지도 않고, 바라는 일이 이루어진다니 얼마나 기막힌 신통력인가? 이를 위해 성경의 구절을 이상하게 끌어다 붙여 종교적인 믿음을 이용하거나, 저명한 인사들을 언급하여 공감도를 높이거나, 양자역학 일부 개념을 활용하여 과학적 신뢰성을 부여하는 등으로 믿음의 수준을 끌어올리기를 마다하지 않는다. 심리학이나 생물학 및 과학계에서 인정하지 않는 방법으로 포장된 "물은 답을 알고 있다"라는 부류의 유사과학적 주장에도 현혹되기 쉽다.

진화생물학자이자 워싱턴 대학교 생물학과 교수인 칼 벅스트롬Carl T. Bergstrom 등이 저술한 『Calling Bullshit』은 『똑똑하게 생존하기』로 우리나라에도 2021년 번역되어 선풍적 인기를 끌고 있다.[7] 이 책은 "세상에는 헛소리가 넘쳐나고 우리는 그 속에서 익사 지경에 처했다"라고 경고하며, 부제를 "거짓과 기만 속에서 살아가는 현대인을 위한 헛소리 까발리기의 기술"로 명명하고 있다. 우리는 현대사회의 매체나 유튜브, SNS 등에서 넘쳐나는 정체불명의 정보들에서 무엇이 진실인지 알 수 없는 혼돈 속에 빠져 있다고 해도 과언이 아니다.

쏟아지는 성공원칙과 성공전략에 대한 잘못된 믿음의 사례들과 그 내용을 살펴본다. 이에 대한 현명한 대응 방안 모색이 절실하게 필요하다고 판단된다.

2-1. 성공전략에 관한 잘못된 믿음

이제부터는 성공전략에 대한 '잘못된 믿음'에 관한 이야기이다.
성공한 사람을 모방하거나 한 분야에 집중함으로써 성공을 이룰 수 있다는 개념은 그 효과가 없지 않으나 다소 제한적이다. 성공한 사람들의 습관과 전략을 연구하는 것은 도움이 될 수 있지만, 성공을 향한 모든 사람의 길은 독특하다는 것을 인식하는 것이 더욱 중요하다. 성공을 위한 만능 키萬能key나 만능 공식은 없으며, 누군가에게 효과가 있는 것이 다른 사람에게는 효과가 없을 수도 있다. 시기적으로 어제까지 효과가 있었던 방식이 오늘부터는 바라는 작용을 기대할 수 없게 되는 것도 대단히 많다. 지역적이나 문화적인 차이로도 유사한 효과를 기대할 수 없는 것들이 얼마나 많은가?

성공을 간절히 바라야 성공이 이뤄진다는 생각이나 끌어당김의 법칙이 마법처럼 성공을 가져다준다는 생각 등 성공에 대한 '잘못된 믿음'에서 벗어나는 것도 중요하다. 강한 욕망과 긍정적인 태도를 갖는 것은 확실히 도움이 될 수 있겠지만, 그것들은 스스로 충분하지 않다. 성공은 종종 힘든 일, 인내 그리고 실패와 좌절로부터 배우려는 의지를 필요로 한다.

■ 성공한 사람을 따라 하기 Follower

"성공한 사람을 따라가면 된다"라고 하는 단순한 믿음에 빠져서는 안 된다. 당신이 성공한 사람의 행동을 모방하고, 그들의 성공을 복제할 수 있다는 생각은 잘못된 믿음이다. 우리가 성공한 사람들로부터 배우고 그들의 행동의 일부를 모델로 삼을 수 있다는 것은 사실이지만, 그들이 하는 모든 것을 맹목적으로 모방하는 것은 성공의 비결이 아니다. 성공은 단순하게 일련의 규칙이나 단계를 따르는 것이 아니기 때문이다. 개인이 가진 강점과 약점이 있고, 시대나 상황도 다르므로 이에 맞는 독특한 접근법이 필요하다.

예를 들어, 우리가 사업을 시작하려고 할 때를 살펴보기로 하자. 동일한 자원이나 네트워크 또는 산업 지식을 가지고 있지 않다면, 성공적인 기업가의 비즈니스 모델을 단순히 모방하는 것은 효과가 없을 수 있다. 대신, 우리는 자신의 강점과 약점에 맞게 접근법을 조정할 필요가 있다. 여기에는 고유한 기술이나 전문 지식을 활용하거나, 새로운 접근방식이나 제품을 개발하거나, 현재 서비스되지 않는 틈새시장을 만드는 것 등이 포함될 수 있다.

요컨대, 성공한 사람들로부터 배우는 것도 중요하지만, 자신과 자신의 장점, 약점, 상황에 유의하는 것도 똑같이 중요하다. 성공을 위해서는 종종 다른 사람들로부터 배우고, 새로운 접근방식에 개방적이며 계산된 위험을 감수하고 혁신할 용의가 있어야 한다.

동일한 분야에서 성공자를 따라가지 않고 다른 접근법이나 독창적인 방법으로 성공한 실제 사례들을 살펴보자.

단순히 성공한 사람의 접근법을 모방하지 않고 자신의 분야에서 성공한 사람들의 예는 많다. 예를 들어, 스티브 잡스와 빌 게이츠는 둘 다 컴퓨터 기술 분야에서 믿을 수 없을 정도로 성공했지만, 그들은 사업과 혁신에 대해 매우 다른 접근법을 가지고 있었다. 잡스는 디자인과 사용자 경험에 초점을 맞춘 반면 게이츠는 기능성과 소프트웨어 개발에 더 집중한 것으로 알려졌다.

또 다른 예로 저자 J. D. 샐린저가 있다. 소설 『호밀밭의 파수꾼』으로 유명해진 샐린저는 확실히 다른 이의 글에 영향과 영감을 받았었지만, 그의 문체와 접근방식은 그 시대의 다른 작가들과 독특하고 구별되었다.

음악의 세계에는 자신의 작품에 독특한 접근을 함으로써 큰 성공을 거둔 예술가들의 예가 많이 있다. 예를 들어, 비요크는 실험적이고 파격적인 스타일로 유명한 반면, 아델은 영혼이 담긴 진심 어린 발라드로 엄청난 성공을 거두었다.

전반적으로, 여러분의 분야에서 성공한 사람들로부터 공부하고 배우는 것에는 어느 정도의 가치가 있을 수 있지만, 여러분이 진정으로 돋보이고 성공을 이루고 싶다면 여러분만의 독특한 접근법과 스타일을 개발하는 것 또한 중요하다.

■ 한 우물 파기

"한 가지 분야에 집중하면 성공한다"라고 하는 것도 '잘못된 믿음'이다. 그것이 자신에게 맞지 않는 경우, 시간과 노력 및 자원의 낭비가 된다. 특히 현대사회와 같이 급변하는 시대에 '한 우물 파기' 전략은 바람직하지 않을 수 있다.

한 분야에 집중하고 그 분야의 전문가가 되는 것이 일부에게는 성공적인 전략이 될 수 있지만, 그것이 항상 최선의 접근법은 아니다. 빠르게 변화하는 오늘날 세계에서 한 분야에만 집중하기보다는 다재다능하고 적응력이 있는 것이 점점 더 중요해지고 있다.

예를 들어, 특정 분야의 전문가로 평생을 보냈지만, 갑자기 그 분야가 기술 발전이나 다른 변화로 인해 쓸모없게 되고 있다는 것을 발견한 사람을 상상해 보라. 세계를 휩쓸었던 코닥 필름과 일본 소니SONY의 워크맨과 같은 산업과 제품의 대성공과 순간적인 몰락은 개인의 한 우물 파기에 관한 위험성을 설명하는 소재가 될 수 있겠다. 만약 그들이 다른 분야에서 기술이나 지식을 개발하지 않았다면, 그들은 적응하고 새로운 기회를 찾기 위해 고군분투할 것이다. 반면에 다재다능하고 다양한 기술과 경험을 가진 사람들은 종종 변화하는 환경에 더 쉽게 적응하고 새로운 기회를 찾을 수 있다. 그들은 또한 서로 다른 분야들 사이에 연결을 만들고 틈을 메우기 위해 더 효과적일 수 있다.

물론 적어도 한 분야에 대한 지식과 전문 지식의 견고한 기반을 갖추는 것은 여전히 중요하다. 하지만 새로운 경험에 개방적이고 다른 분야에서 계속 배우고 성장하는 것도 중요하다. 이것은 장기적인 성공을 위해, 더 광범위하고 적응력 있는 기술을 구축하는 데 도움이 될 수 있다.

한 분야에만 집중하지 않고 다양한 분야에서 성공을 거둔 성공한 사람들이 많다. 다음은 몇 가지 사례이다.

- ◆ 일론 머스크: 머스크는 테슬라, 스페이스X 그리고 보링 컴퍼니와 같은 회사들을 설립한 연속적인 기업가로 알려져 있다. 그는 전기 자동차, 우주 탐사, 터널 굴착을 포함한 다양한 분야에서 성공을 거두었다.
- ◆ 리처드 브랜슨: 영국의 브랜슨은 다양한 분야에서 성공을 거둔 또 다른 기업가이다. 그는 레코드 회사인 버진 레코드Virgin Records에서 시작했고 여행, 금융 그리고 통신과 같은 산업에서 수십 개의 다른 회사들을 시작했다.

- 세레나 윌리엄스: 윌리엄스는 역사상 가장 위대한 테니스 선수들 중 한 명이지만, 다른 분야에서도 성공을 거두었다. 그녀는 자신만의 패션 라인을 시작했고, 연기를 했고, 자선 활동에 참여해 왔다.
- 버락 오바마: 오바마는 미국의 전 대통령이지만, 그가 선출되기 전에는 다양한 경력을 가지고 있었다. 그는 지역 사회 조직가, 민권 변호사, 법학 교수였다.

이러한 사례들은 다양한 분야에서 성공을 달성하는 것이 가능하며, 한 분야에만 집중하는 것이 반드시 성공을 위해 필요한 것은 아니라는 것을 보여 준다.

■ 끊임없이 노력하기

"끊임없이 노력하면 성공한다"라고 하는 것도 '잘못된 믿음'이다. 왜냐하면 그 분야에 재능이 없거나, 환경이 변한다거나 할 수 있기 때문이다. 이러한 것은 한 개인의 인생을 허비하게 하거나 시간 낭비가 될 수 있다.

끊임없이 노력하면 성공할 것이라는 믿음은 흔하지만 상당히 문제가 있는 개념이다. 근면과 끈기가 성공을 이루는 데 의심할 여지 없이 중요한 요소이지만, 그것만으로는 충분하지 않을 것이다. 개인이 목표를 향해 지칠 줄 모르게 노력했지만 결국 재능 부족이나 예기치 못한 상황, 환경변화 등으로 인해 목표를 달성하지 못한 경우는 많다.

예를 들어, 프로가 되기 위해 수년간 훈련을 하였지만 타고난 능력의 부족으로 인해 궁극적으로 그들의 목표에 도달하지 못하는 야심 찬 운동

선수를 생각해 보자. 또는 모든 시간과 자원을 비즈니스 아이디어 마련에 투자하고, 뒤늦게 시장을 전환하여 개념을 쓸모없게 만드는 기업가를 생각해 보라.

이런 경우 역경 앞에서 끈질기게 목표를 추구하는 것은 시간과 노력의 낭비가 될 수 있다. 자신의 능력에 대해 현실적으로 생각하고 자신의 환경에서 변화하는 역학관계를 명확히 이해하는 것이 중요하다. 이를 통해 개인은 자신의 노력을 어디에 집중해야 하는지 그리고 언제 다른 경로로 전환해야 하는지에 대한 정보에 입각한 결정을 내릴 수 있어야 한다. 성공 가능성을 극대화하기 위해서는 끈기와 적응력 사이에서 균형을 맞추는 것이 중요하다.

그렇다면 언제, 어떨 때, 하던 노력을 중단하거나 다른 분야로 바꿔야 할지 그 판단 방법에 대해 생각해 보기로 하자.

시도를 중단하거나 다른 영역으로 전환할 시기를 결정하는 것은 어려운 선택일 수 있지만, 결정을 내리는 데 도움이 될 수 있는 몇 가지 사항이 있다.

첫째, 우리의 목표와 동기를 평가하는 것이 중요하다. 특정한 길을 추구하는 이유는 그것이 자신의 관심사와 가치에 부합하기 때문인가, 아니면 단순히 외부의 기대에 부응하기 위해 노력하는 것인가? 만약 당신이 단지 자신이 해야 한다고 생각하거나 다른 사람들을 기쁘게 해 주고 싶어서 특정한 길을 추구하고 있다는 것을 알게 되었다. 그렇다면, 당신의 목표를 재평가하고 자신의 이익과 가치에 더 잘 맞는 것으로 바꾸는 것을 고려해야 할 때일지도 모른다.

둘째, 자신의 진행 상황과 결과를 평가하는 것이 중요하다. 우리가 목표를 향해 나아가고 있는가, 아니면 계속해서 지지부진한가? 상당 기간 노력했지만 별다른 성과를 거두지 못했거나, 어느 정도 성공을 거뒀지만 정체기에 이르렀다면 새로운 영역으로의 전환을 고려해 볼 때가 될 수도 있다.

마지막으로, 사용 가능한 기회와 자원을 고려하는 것이 중요하다. 현재 당신의 분야에서 활용하지 못하고 있는 기회가 있는가? 아니면 당신의 기술과 경험을 더 잘 활용할 수 있는 다른 분야가 있는가? 만약 당신이 다른 분야에서 더 나은 기회가 있다는 것을 발견한다면, 그러한 선택들을 고려할 가치가 있을 것이다.

궁극적으로, 노력해 오던 시도를 중단하거나, 다른 영역으로 전환하는 결정은 개인의 목표, 진행 상황, 이용 가능한 기회를 포함한 다양한 요소에 따라 달라질 개인적인 결정이다. 이러한 요소들을 신중하게 평가하고 당신에게 가장 이익이 되는 결정을 내리는 것이 중요하다.

위의 결정 방법에 관한 사례를 살펴보자.

좋은 사례로 미국 농구 선수 마이클 조던이 있다. 조던은 역사상 가장 위대한 농구 선수 중 한 명으로 널리 여겨지지만, 그의 성공은 쉽게 이루어지지 않았다.

고등학생 때 조던은 그의 학교 농구 대표팀에서 잘렸다. 하지만 그는 주니어 대표팀에서 계속 뛰었고 그의 기술을 향상시키기 위해 열심히 노력했다. 그는 결국 다음 해에 대학팀에 들어갔고 성공적인 대학 농구 경력을 가졌다.

대학 졸업 후, 조던은 1984년 시카고 불스에 의해 드래프트 되었다. 그가 초기에 가능성을 보여 주었음에도 불구하고, 불스는 7년 후인 1991년까지 챔피언십을 우승하지 못했다. 그런 기간 동안, 조던은 부상과 시즌 패배를 포함한 많은 좌절에 직면했다. 하지만 그는 계속해서 열심히 노력하고 자신의 경기력을 향상하여 결국 불스를 6개의 챔피언십으로 이끌었고 역사상 가장 성공적이고 상징적인 농구 선수 중의 하나가 되었다.

그런데 조던의 성공은 한 목표에 대한 끊임없는 맹목적인 추구 때문이 아니었다. 그는 자신의 접근법을 필요에 따라 적응하고 조정했고, 열심히 노력하고 좌절과 도전을 견뎌 냈다.

■ 끌어당김의 법칙 Law of Attraction 따라가기

끌어당김의 법칙 Law of Attraction은 그 내력이 깊고 활용자들이 상당한 성공을 거둔 바 있어 인기 있는 사례 중 하나이다. 그러나 그 이론적 근거나 기반이 견고하지는 못해 많은 비판도 함께하고 있다.

끌어당김의 법칙은 19세기 말과 20세기 초에 미국에서 시작된 철학적이고 영적인 운동으로, 종종 좌파적인 성향의 신사고 New Thought 운동과 연관된다. 끌어당김의 법칙을 지지하는 대표적인 사람들과 그들의 성공을 살펴보자.

우선 끌어당김의 법칙을 크게 대중화한 호주의 론다 번의 성공작

『The Secret』에서 주장하는 바를 보자.[8] 론다는 공통적으로 우주나 지구에는 우리에게 보이지 않는 파장이란 에너지가 분명히 존재하며, 본인이 어떤 생각을 함에 따라서 그 에너지가 반드시 본인에게 찾아온다고 주장한다. 긍정적인 생각은 긍정적인 결과를 끌어당기며, 부정적인 생각은 부정적인 결과를 끌어당김에 따라 사람의 운명이 정해져 있다는 논리 구조로, 긍정심리학과 약간은 유사한 면이 있다. 바라는 바를 끌어당길 때 바람$_{desire}$이 들어 있는 말을 하지 말고 현재완료형으로 말해야 한다고 강조한다. 우리의 신년 세배 덕담과 같이 "올해는 장가갔다지?"와 비슷하다.

  당연히 이런 법칙은 실제로 존재하지 않으며, 상식적인 내용이 아니다. 그래서 끌어당김의 법칙은 여러 사람들이 비과학적이라며 비판하는 경우가 늘어나고 있다.

  끌어당김의 법칙은 경험적 증거가 부족하고 인간의 사고와 행동에 수반되는 복잡한 과정을 지나치게 단순화시켜 과학계로부터 광범위한 비판을 받아 왔다는 점에 주목할 필요가 있다. 그럼에도 불구하고, 다음과 같이 그들은 상업적으로 상당하고 현실적인 성공을 거두었다. 이 책들에 대한 의견은 개인적인 믿음과 경험에 따라 크게 달라질 수 있기 때문에, 이 책들에 대한 결정적인 평가를 내리기는 쉽지 않다. 그들의 인기와 판매에 대한 정보를 살펴보기로 한다.

- ◆ 월러스 D. 워틀스: 그는 1910년 책 『부자가 되는 과학』으로 가장 잘 알려져 있는데, 이 책은 사람들이 끌어당김의 법칙을 사용함으로써 부와 성공을 얻을 수 있다고 가르친다.[9] 이 책은 개인의 자기 계발서 분

야에서 고전으로 널리 받아들여지고 있으며, 끌어당김의 법칙을 지지하는 사람들 사이에서 큰 영향을 끼쳤다. 오늘날에도 여전히 인쇄되어 널리 사용되고 있으며, 종종 물리적 서적 형식과 디지털 형식으로 판매된다.

◆ 찰스 F. 해낼: 그는 끌어당김의 법칙에 기초한 개인의 발전과 성공을 위한 시스템을 정리한 책 『마스터 키 시스템』을 쓴 미국인 작가이자 사업가였다.[10] 이 책은 새로운 사상운동의 초석으로 여겨지며, 여전히 개인 개발 커뮤니티에서 많은 사람들에게 높은 평가를 받고 있다. 이 또한 여전히 인쇄 중이며, 물리적 형식과 디지털 형식 모두에서 쉽게 구매할 수 있다.

◆ 나폴레온 힐: 그는 미국인 작가이자 강사로, 끌어당김의 법칙을 포함한 성공과 부의 창출의 원리를 가르치는 책 『생각하라 그리고 부자가 되어라』Think and Grow Rich를 썼다.[11] 이 책은 전 세계적으로 수백만 부가 팔리는 등 역대 가장 많이 팔린 자기 계발서 중 하나다. 이것은 고전으로 널리 간주되며, 오늘날에도 여전히 매우 인기가 있으며, 물리적, 디지털 형식으로 이용할 수 있다.

◆ 론다 번: 그녀는 2006년 책과 영화 『The Secret』으로 끌어당김의 법칙을 대중화시킨 호주의 텔레비전 작가이자 프로듀서이다. 이 책은 2006년에 출간된 후 엄청난 베스트셀러가 되었고 전 세계적으로 수백만 부가 팔렸다. 이 책은 끌어당김의 법칙에 관한 가장 영향력 있는 책 중 하나로 널리 여겨지고 있으며, 많은 언론의 관심과 토론을 불러일으켰다. 물리적 및 디지털 형식으로 제공되고 있다.

이러한 책들은 대중적이고, 널리 읽힐 수도 있지만, 많은 비판과 회의의 대상이기도 하다. 그들의 생각과 개념이 반드시 과학적 증거에 의해 뒷받침되는 것은 아니라는 점에 주목할 필요가 있다.

과학적 기반이 약했음에도 불구하고 사람들에게 인기 있는 이유는 무엇인가?

비록 그들의 과학적 기초가 약하다고 여겨지지만, 끌어당김의 법칙과 같은 아이디어의 인기는 다음과 같은 몇 가지 요인들에 기인할 수 있다.

- 단순성: 끌어당김의 법칙의 개념은 간단하고 이해하기 쉬우며, 이것은 그들의 문제에 관한 빠르고 쉬운 해결책을 찾는 사람들에게 매력적이다.
- 감정적 호소: 끌어당김의 법칙을 지지하는 많은 사람들은 감정적 호소와 긍정적인 사고를 이용하는데, 이것은 부정성과 불안으로 힘들어하는 사람들에게 매력적일 수 있다.
- 개인적인 일화: 사람들은 종종 다른 사람들에게 설득력 있고 영감을 줄 수 있는 끌어당김의 법칙과 관련된 개인적인 경험과 성공 사례를 공유한다.
- 과학적 이해의 부족: 대체로 사람들은 과학에 대한 이해가 강하지 않을 수도 있고, 제기되고 있는 주장들을 비판적으로 평가할 수 없을 수도 있다.
- 긍정적 사고의 힘: 긍정적인 사고와 시각화는 자신의 정신적, 정서적 상태에 강력한 영향을 미칠 수 있으며, 많은 사람들은 개념 자체가 과학적으로 뒷받침되지 않더라도 자신의 긍정적인 변화를 끌어당김의 법칙 덕으로 돌릴 수 있다.

전반적으로, 이러한 요소들은 과학적 증거의 부족에도 불구하고 끌어당김의 법칙과 같은 아이디어의 인기에 기여할 수 있다. 그러나 그러한 생각에는 비판적이고 회의적인 마음으로 접근하고, 그 한계를 인식하는 것이 중요하다.

결론적으로, 끌어당김의 법칙과 같은 생각을 평가할 때 비판적이고 회의적이며, 그것들을 무비판적이거나 맹목적으로 받아들이지 않는 것의 중요성을 강조하고자 한다. 이것은 이용 가능한 증거를 고려하고 잠재적인 한계, 편향 또는 과도한 단순화를 염두에 두는 것을 의미한다. 비판적이고 회의적인 마음으로 이러한 생각에 접근함으로써, 정보에 입각한 결정을 내릴 수 있고, 지지받지 못하거나 잘못된 주장에 의해 오도되는 것을 피할 수 있다.

2-2. 성공전략에 관한 잘못된 믿음에 현명하게 대처하기

성공하기 위한 전략에 대한 '잘못된 믿음'을 어떻게 대처할 것인가에 관한 이야기이다. 사람들은 믿고 싶은 것을 그대로 쉽게 받아들이는 경향이 있다. 이것은 여러 가지 종류의 심리적 편향성에 기인한다. 사람들은 자신이 원하는 결과를 바라거나 어떤 사건을 접하고 감정이 앞설 때, 그리고 저마다의 신념을 지키고자 할 때 확증편향을 보인다.

확증편향은 원하는 정보만 선택적으로 모으거나 어떤 것을 설명하거나 주장할 때 편향된 방법을 동원한다. 인지심리학에서 확증편향은 정보의 처리 과정에서 일어나는 인지편향認知偏向, cognitive bias 가운데 하나이다. 인지편향은 경험에 의한 비논리적 추론으로 잘못된 판단을 하는 것을 말한다.

보스턴대의 리 매킨타이어 교수는 그의 저서 『포스트트루스Post Truth:

가짜 뉴스와 탈진실의 시대』를 통해 근래의 탈진실 문제에 대해 논하고 있는데, 그것이 형성된 원인을 '과학 부인주의science denialism, 인간 심리에 내재된 인지편향, 전통적 미디어의 쇠퇴로 자정 기능 상실, 소셜미디어의 등장'으로 설파하고 있다.[12] 처음에 공정 보도를 표방하던 전통적 미디어들조차 점차 당파적 뉴스의 상업성에 눈길을 돌렸다. 또한 소셜미디어의 등장으로, 이제는 누구나 뉴스를 만들고 뉴스를 골라 볼 수 있다. 특히 정치적 의도와 상업적 의도가 뒤섞여 출처가 불분명한 가짜 뉴스가 쏟아져 나오는 시대가 되었다.

성공전략과 관련하여, 앞에서 살펴보았던 '잘못된 믿음'에 이어서, 베스트셀러의 함정, 저명인사 인지도 활용 문제, 유사과학과 인기영합적 용어에 의한 호도, 거대한 음모와 이권 카르텔 문제에 대한 현명한 대처가 관건이 된다.

■ 베스트셀러의 함정에 빠지지 마라

특정 서적이 베스트셀러라는 사실이 반드시 좋은 책이라는 것을 의미하지는 않는다. 서적들은 다음과 같은 몇 가지 이유로 질적인 가치 수준을 떠나서 베스트셀러가 될 수 있기 때문이다.

첫째는 마케팅 영향이다. 서적은 광범위한 마케팅 노력으로 베스트셀러가 될 수 있는데, 이는 책의 실제 품질을 반영하는 것이 아닐 수 있다. 출판사들은 특정한 책이 널리 알려지고 구입되도록 하기 위해 마케팅 캠페인에 많은 돈을 투자하며, 그 결과로 나타난 베스트셀러라면 그 내용의 수준과 질의 우수성을 의미한다고 보기 어렵다.

둘째는 시류 편승의 인기이다. 서적이 잘 쓰였거나 유익한 책이기 때문이 아니라, 시사 문화적 경향, 유명인들의 지지와 같은 화제성 요인들로 인해 인기를 얻을 수 있다. 트렌디하거나 논란이 많은 내용 때문에 널리 읽히는 경우 반드시 좋은 책을 의미하지는 않는다.

셋째는 작가의 명성, 특정 집단의 편견, 출판사 마케팅 등의 효과이다. 베스트셀러 목록은 종종 판매 수치를 기반으로 하며, 이는 작가의 명성이나 출판사의 마케팅 캠페인 또는 특수 집단의 선호도와 같은 요소에 의해 영향을 받을 수 있다. 이것은 특정한 문화나 인구 통계학에서 인기 있는 책이 다른 문화에서 똑같이 인기가 있거나 좋은 평가를 받지 못할 수도 있다는 것을 의미한다.

판매 부수가 반드시 글의 질, 제시된 정보의 정확성 또는 책의 내용과 메시지의 가치를 반영하는 것은 아니다. 책은 잘 팔릴지 모르지만, 그 내용이 잘 쓰인 것도, 가치 있는 것도, 의미를 주는 것도 아닌 경우가 상당하다. 요컨대, 베스트셀러가 되는 것이 책의 인기와 판매 성공의 지표가 될 수 있지만, 그것이 반드시 질이 높고, 유익하거나 읽는 것이 즐겁다는 것을 의미하지는 않는다.

책의 인기나 판매 수치에만 의존하지 말고, 자신의 기대에 부응하는지와 해당 서적이 가진 가치나 장점에 근거하여 책을 평가하는 것이 중요하다.

다음으로 베스트셀러이기는 한데, 좋은 책으로 보기 어려운 사례와 그것들이 지닌 문제점을 살펴보자.

베스트셀러임에도 불구하고 비판을 받은 책들의 몇 가지 예는 다음과 같다.

- E. L. 제임스의 『그레이의 50가지 그림자』의 경우다.[13] 이 책은 내용이 좋거나 유익해서라기보다는 논란이 많고 성적으로 노골적인 내용 때문에 베스트셀러가 되었다. 얄팍한 등장인물, 반복적인 줄거리, BDSM* 관계에 대한 문제적 묘사로 비판을 받아 왔다.
  * BDSM: 성도착性倒錯. BDSM은 Bondage(구속)와 Discipline(훈육), Dominance(지배)와 Submission(굴복), Sadism(가학)과 Masochism(피학)의 세 가지 성적 지향을 일컫는 말이다.
- 댄 브라운의 『다빈치 코드』의 경우이다.[14] 이 책은 흥미로운 줄거리와 역사적, 종교적 주제의 사용으로 베스트셀러가 되었다. 하지만, 그것은 부정확성, 역사적 사건에 대한 오해의 소지가 있는 묘사 그리고 줄거리를 주도하기 위한 선정주의에 대한 의존 등으로 비판을 받아 왔다.
- 론다 번의 『시크릿』의 경우이다. 이 책은 '끌어당김의 법칙'과 성공과 행복을 이루는 방법을 밝히겠다는 약속으로 엄청난 베스트셀러가 되었다. 그러나 사이비과학과 비현실적인 기대를 조장하는 것은 물론 성공과 행복과 관련된 복잡한 문제를 지나치게 단순화했다는 비판을 받아 왔다.

이것들은 단지 몇 가지 예에 불과하다. 책에 대한 의견은 매우 다양할 수 있다는 것에 주목하는 것이 중요하다. 누군가가 "이것은 좋은 책이 아니다"라고 생각하더라도 다른 누군가에게는 훌륭한 책으로 여겨질 수도 있기 때문이다. 각각의 책을 자신의 기준과 목적에 따라 평가하고 읽을 가치가 있는지 스스로 판단하는 것이 중요하다.

■ 저명인사 인지도 활용 마케팅을 경계한다

서적에서 유명인의 사례들을 자의적으로 활용하며, 책의 내용을 그럴듯하게 꾸미는 것에 관한 이야기이다. 저명인사나 연예인 예시를 사용하여 내용을 꾸미는 것에는 몇 가지 이유가 있다. 그 명성과 인지도를 활용하여 관련한 내용의 정당성과 보편성을 높이기 위한 수단으로 종종 활용된다.

첫째로, 유명 인사들의 사례가 독자들의 개인적인 상황에 항상 관련되거나 적용될 수 있는 것은 아니다. 유명인의 경험은 독자의 현실이나 맥락을 반영하지 못할 수도 있고, 제공된 조언이나 해결책은 효과적이거나 실용적이지 않을 수도 있다.

둘째로, 내용을 표면적이거나 현란한 요소로 장식하는 것은 독자들의 주의를 책의 실제 내용으로부터 분산시킬 수 있다. 메시지보다는 유명인의 언급에 초점이 맞춰져 내용의 깊이와 내용이 부족해질 수 있다. 심한 경우 유명인이 언급한 내용을 거두절미하고 맥락을 무시하며, 정반대의 논리로 둔갑시키는 경우도 허다하다.

세 번째로, 유명인들의 사례들을 장식으로 사용하는 것은 작가가 독자들을 진정으로 돕는 것보다 제품을 파는 마케팅에 더 관심이 있다는 것을 암시할 수 있다. 이는 일종의 조작으로 볼 수 있다.

전반적으로 저명인의 예를 자의적으로 이용하고 책의 내용을 꾸미는 것은 관련성, 실체성, 신뢰성의 결여로 이어져 궁극적으로 책의 실효성과 가치를 떨어뜨릴 수 있다.

문제점이 있는 책이 저명인사의 인지도를 마케팅하는 데 활용한 구체적인 사례들을 살펴본다.

서적의 가치나 질에 대한 의견은 개인마다 크게 다를 수 있기 때문에 특정 서적의 내용이 별로 좋지 않다고 판단하는 것은 어렵다. 하지만 유명인들의 사례나 화려한 마케팅에 너무 많이 의존한다는 비판을 받아 온 책들의 몇 가지 예는 다음과 같다.

- 론다 번의 『시크릿』의 경우이다. 이 자기 계발서는 긍정적 사고가 바람직한 결과를 가져올 수 있음을 시사하는 '끌어당김의 법칙'이라는 아이디어를 홍보해 베스트셀러가 됐다. 이 책은 성공한 사람들에 대한 몇몇 유명인들의 지지와 언급을 담고 있지만, 과학적인 증거의 부족과 복잡한 문제들에 대한 지나친 단순화로 비판을 받아 왔다.
- 데일 카네기의 『데일 카네기 인간관계론』 경우이다.[15] 이 고전적인 자기 계발서는 1936년에 출간된 이래로 인기를 끌었으며, 사장들과 사업가들을 포함한 수많은 성공한 사람들의 사례들이 특징이다. 그러나 사회적 상호작용을 위한 단순하고 조작적인 전술과 더불어 체계적인

문제에 대한 관심이 부족하다는 비판도 받고 있다.
- ◆ 팀 페리스의 『나는 4시간만 일한다』The 4-Hour Work Week[16]는 라이프스타일 디자인과 '주9-5 근무제' 탈출에 대한 아이디어를 홍보하고, 몇몇 유명인들의 지지와 화려한 마케팅을 특징으로 한다. 하지만, 그것은 비현실적인 기대와 기업가정신과 디지털 유목주의에 대한 좁은 초점으로 비판을 받아 왔다.

이러한 책들은 많은 독자들에게 도움이 되었다는 평판을 받았다. 그러나 그것들의 효과에 대한 의견은 다양할 수 있다는 사실에 주목하는 것이 중요하다. 여기에서의 비판은 저명인들의 광고와 화려한 마케팅 전략에 지나치게 의존하는 함정을 겨냥한 것이다.

■ 유사과학과 인기영합적 용어에 의한 호도에 넘어가지 않는다

다음은 "유사과학, 양자물리학, 과학적 방법, 검증된, 단 1%의 비밀" 등의 인기영합적 용어를 사용해 책의 이목을 끌거나 내용을 그럴듯하게 만드는 것들의 문제점에 관한 이야기이다.

책 내용을 그럴듯하게 만들기 위해 "유사과학, 양자물리학, 과학적 방법, 검증된" 등으로부터 가져온 그럴듯한 이론이나 인기 있는 용어들을 사용하는 것의 문제점은 다음과 같은 몇 가지이다.

첫째, 오해의 소지이다. 이러한 방법의 사용은 그 개념의 뉘앙스를 활용해 독자들을 현혹하고, 주장하는 내용에 쉽게 휘둘릴 수 있기 때문이다. 과학적 배경이나 근거가 불명확한 내용으로 그럴듯하게 장식하여 오해를 가져올 소지가 될 수 있다.

둘째, 근거나 정확성 결여이다. 많은 저자들이 이러한 방법이나 용어들을 잘못 사용하거나 기초 과학에 대한 적절한 이해 없이 사용할 수 있다. 이로 인해 부정확하거나 오해의 소지가 있는 정보가 독자에게 제공된다. 의도적으로 비과학적인 내용을 과학적인 것처럼 꾸미거나, 주장을 뒷받침할 충분한 증거를 제공하지 못하기 때문일 수 있다. 이는 근거 없는 주장을 사실로 받아들이게 되는 결과를 초래하게 된다.

셋째, 권위를 이용하는 경우이다. 일부 저자들은 과학과 과학적 방법의 권위에 호소하기 위해 사용할 수 있는데, 이는 논리적 오류이다. 대체로 과학적인 전문 지식이 부족한 일반인들에게 자신의 주장을 더 신뢰할 수 있는 것처럼 보이도록 유명인들의 관련성을 은근하게 활용하는 경우가 있다.

전반적으로, 책을 그럴듯하게 만들기 위해 인기 있는 시대적 흥행 용어를 사용하여 독자들을 오도할 수 있다. 과학성이 중요하게 인식되는 현대사회에서 '과학적으로 검증된' 또는 '양자 물리학'에서 양자量子, quantum 특성들을 견강부회하여 활용하며, 마치 앞서가는 과학적 이론인 것처럼 꾸미는 경우가 많다. 이러한 경우는 대체로 정확성과 증거가 부족하며, 더 신뢰할 수 있는 것처럼 보이기 위한 치장에 의존할 뿐이므로 문제가 될 수 있다. 과학적 주장의 타당성에 관한 결정을 내릴 때에는 그러한 주장에 비판적인 시각으로 접근하고 신뢰할 수 있는 정보 출처를 찾는 것이 중요하다.

"유사과학, 양자물리학, 과학적 방법, 검증된" 등의 인기영합적 용어를 사용한 문제점이 있는 책들의 사례를 살펴본다. 다음은 책의 내용이 비사실적이거나 대중적인 용어를 부적절 내지 부정확하게 사용하여 비판을 받고 있는 책들의 몇 가지 사례이다.

에모토 마사루의 『물은 답을 알고 있다』水は答えを知っている의 경우이다.[17]

일본의 작가이자 연구원인 에모토 마사루는 이 책에서 물의 분자구조가 인간의 생각과 말, 감정에 영향을 받을 수 있으며, 이는 물이 얼었을 때 형성되는 결정의 변화를 통해 관찰할 수 있다고 주장했다. 그는 이러한 변화들이 사람들의 건강과 복지를 향상시킬 뿐만 아니라 물을 치료하고 정화하는 데 사용될 수 있다고 주장했다.

이 책은 과학적 근거가 부족하다는 이유로 과학자들과 전문가들로부터 광범위한 비판을 받아 왔다. 에모토의 연구와 발견은 통제된 실험의 부족, 주관적이고 일화적인 증거의 사용, 그리고 그 결과의 반복 또는 복제의 부족으로 비판을 받아 왔다. 많은 과학자들은 그가 관찰한 물 결정체의 외관 변화가 인간의 생각, 말, 감정의 영향과 관련이 있는 것이 아니라 온도, 압력, 불순물의 존재와 같은 다른 요인들 때문이라고 주장한다. 아울러 에모토의 연구는 비과학적이고 유사과학적인 생각을 조장하고 그의 주장을 뒷받침할 경험적 증거가 부족하다는 비판을 받고 있다. 이러한 비판에도 불구하고, 에모토의 작품은 정신과 물질 사이의 연결을 이해하는 방법으로 보는 일부 영적 및 뉴에이지 공동체 사이에서 계속 인기가 있다.

전반적으로, "물로부터의 메시지"와 인간의 생각, 말, 감정이 물에 미치는 영향에 대한 에모토의 주장은 사이비 과학에 기반을 두고 과학적 근거가 부족하다는 비판을 폭넓게 받아 왔다. 비판적이고 회의적인 마음으로 그러한 주장에 접근하고, 그것들을 받아들이기 전에 이용 가능한 증거를 고려하는 것이 중요하다.

론다 번의 『시크릿』의 경우이다.
이 책은 '끌어당김의 법칙'에 대한 것으로 현실적으로 서적 판매에 매우 큰 성공을 거두었다. '끌어당김의 법칙'은 생각의 힘을 고취시키고 긍정적인 사고가 물질적 부와 행복으로 이어질 수 있음을 제시한다. 그러나 이는 그것의 아이디어를 뒷받침하기 위해 가짜 과학적 주장에 의존하고 양자물리학과 같은 과학적 개념을 잘못 사용한다는 비판을 받아 왔다.

조 디스펜자 Joe Dispenza, 『브레이킹, 당신이라는 습관을 깨라』의 경우이다.[18]
이 책은 사람들이 생각과 감정을 바꿈으로써 그들의 삶을 바꿀 수 있다는 생각을 홍보하고, 이러한 주장을 뒷받침하기 위해 신경가소성과 같은 과학적 개념을 끌어낸다. 하지만 그것은 뇌에 대해 근거 없는 주장이며 이를 뒷받침하기 위해 과학적 연구를 필요에 따라 짜깁기식으로 선택했다는 비판을 받아 왔다.

브루스 H. 립튼의 『믿음의 생물학』The Biology of Belief이다.[19]

이 책은 신념과 사고가 인간의 생물학과 유전자 발현에 영향을 미칠 수 있다고 주장하며 후생유전학과 같은 과학적 개념을 활용해 이를 뒷받침한다. 그러나 과학적 개념을 지나치게 단순화하고 신념과 생물학의 관계에 대해 뒷받침되지 않는 주장을 한다는 비판을 받아 왔다.

루이스 L. 헤이의 『힘은 당신 안에 있다』 관련이다.[20]

이 책은 신체적 질병이 정서적, 정신적 요인에 의해 발생한다는 생각을 고취시키고 긍정적인 사고와 긍정을 통해 사람들이 스스로를 치유할 수 있음을 시사한다. 그러나 이는 사이비 과학적 주장에 의존하고 복잡한 건강 문제에 대한 단순한 해결책을 제공한다는 비판을 받아 왔다.

이러한 사례들은 사이비 과학이나 거짓 과학에 기반을 둔 책으로 비판을 받아 온 몇 가지 예에 불과하다. 물론 이러한 책들에서 우리가 얻을 것이 전혀 없는 것은 아니다. 일반적으로 우리의 삶에서 긍정적인 생각이나 믿음을 갖도록 그것이 미치는 영향을 강조하는 것은 바람직하다. 문제는 그것만으로 우리가 찾고자 하거나 얻고자 하는 어떤 것도 이룰 수는 없다는 것이다. 그것과 함께 우리의 '행동'이나 '노력' 등을 통해서만 가능한 것이기 때문이다.

비판적이고 회의적인 마음으로 그러한 주장에 접근하고, 그것들을 받아들이기 전에 이용 가능한 증거를 고려하는 것이 중요하다.

■ 거대한 음모와 이권 카르텔에 매몰되지 않는다

　1970년대의 로마 클럽 등과 같이 "식량 위기, 기후 위기, 환경 위기" 등을 왜곡하고 확대하여, 사람들에게 두려움을 주어서 그 결과로 자신들 집단과 관계있는 특정한 산업이나 패거리에 이익이 되도록 조장한 이권 카르텔 형태들을 살펴보자.

　1968년에 설립된 로마 클럽은 특정 산업과 그룹에 이익을 주기 위해 "성장의 한계" 문제를 악용한 이익 카르텔의 대표적인 예이다. 로마 클럽은 과학자, 경제학자, 정치인들로 구성된 세계적인 싱크 탱크이다. 1970년대 로마 클럽은 「성장의 한계」라는 제목의 보고서를 발표했는데, 이 보고서는 세계 인구가 현재 속도로 계속 증가하고 천연자원을 소비할 경우 재앙적 결과를 초래한다고 예측했다.[21]

　이 보고서는 널리 발표되었고 "식량 위기, 기후 위기, 환경 위기" 및 기타 관련 문제에 대한 공포감을 조성하는 데 도움이 되었다. 이 공황 조성은 환경 연구와 정책에 대한 자금을 증가시켰고, 이는 결국 로마 클럽과 회원들에게 이익이 되었다. 추가적으로, 이 보고서는 로마 클럽의 회원들과 재정적으로 관련이 있는 재생 에너지와 보존과 같은 특정 산업의 의제를 지원하기 위해 사용되었다.

　비평가들은 로마 클럽의 보고서가 잘못된 가정과 잘못된 자료에 근거하고 있으며, 그 결과로 발생한 공황은 과장되고 부당하다고 주장했다. 그들은 또한 그 보고서가 객관적인 분석과 권고를 제공하기보다는 특정 정치적 의제를 촉진하기 위해 사용되었다고 제안한다. 전반적으로, 로마 클럽은 대중들 사이에 공포와 공포를 조성하면서 이익 카르텔이 어떻게 자신들의 이익을 위해 문제를 왜곡하고 확대할 수 있는지를 보여 주는 사례의 역할을 한다.

로마 클럽이 아닌 현대에 와서 '기후 위기, 환경 위기'를 왜곡하고 확대하며, 결과적으로 자신의 집단과 관련된 특정 산업이나 파벌에 이익이 되도록 겁을 준 이익 카르텔의 다른 사례를 살펴보자.

양식 있는 전문가들은 특정 환경 단체와 옹호 단체들이 자신들의 권력과 영향력을 유지하기 위한 목적으로 이익 카르텔이 되었다고 주장한다. 기후 위기를 조성하기 위해 온난화와 한랭화 관련 통계자료를 체리피킹하여 의도적으로 정보를 왜곡하며 공포를 조장한다고 주장한다. 이산화탄소 관련 문제도 산업화로 인한 후유증인가 여부를 첨예하게 다투고 있다. 이는 과학적으로 건전한 해결책을 모색하기보다는 선정적인 서술에 초점을 맞추고 지원과 자금을 얻기 위해 두려움을 부추길 수 있다. 이는 또한 다른 그룹 및 이해관계자와의 협력과 협력의 부족을 초래하여 환경 문제 해결의 진전을 방해할 수 있다.

전반적으로, 이익 카르텔은 사회 전체에 이익이 되는 의미 있는 행동과 해결책을 방해하면서 자신의 좁은 이익에 봉사하기 위해 환경 위기를 왜곡하고 확대할 수 있다.

"빈부, 젠더, 연령, 지역, 이념" 등의 갈등을 조장하여 정치적이나 사회적인 이익을 얻으려는 내용들의 문제점을 살펴보자.

빈부·성별·연령·지역·이념 등의 요소를 바탕으로 갈등을 부추겨 정치적·사회적 이익을 얻으려는 콘텐츠의 문제점은 사회의 양극화와 분열을 초래할 수 있다는 것이다. 통합과 이해를 촉진하는 대신, 긴장을 강화하여 "우리 대 그들" 사고방식을 만들 수 있다. 더욱이, 그러한 내용은 종종 복잡한 문제를 지나치게 단순화하고 개별 경험의 뉘앙스를 무시한다. 그것은 또한 해로운 고정관념을 영구화시키고 편견과 차별을 강화시킬 수 있다.

전반적으로 갈등을 부추겨 정치적 또는 사회적 이익을 얻으려는 콘텐츠는 개인과 사회 전반에 악영향을 미쳐 진보를 저해하고 공동의 목표를 달성하는 데 장벽을 만들 수 있다. 개인의 가치관에 혼란을 가져오고 사회에 대한 이해의 시각을 좁게 만들어 결국 개인의 건전한 발전과 성장을 저해하게 된다. 자신의 문제에 대한 잘못된 인식은 타인과 사회에 대한 책임으로 전가하며 성장을 포기하거나 지연시키거나 불가능하게 만들 수 있다.

특정한 조류나 서적에 대한 가치 판단은 어렵고, 양면성이 있을 수도 있다. 다만 개인의 이익을 위해 사회적 또는 정치적 이슈를 악용하거나 특정 의제를 홍보하는 책으로 비판을 받아 온 책들이 있다는 점은 주목할 필요가 있다.

예를 들어, 일부 비평가들은 마이클 울프의 『화염과 분노』[22]나 밥 우드워드의 『공포』[23]와 같은 책들이 당면한 문제들에 대한 균형적이고 미묘한 시각을 제공하기보다는 정치적 갈등과 드라마를 선정적으로 만드는 데 초점을 맞추고 있다고 주장한다.

헌스타인과 머레이 Herrnstein and Murray는 1996년도에 발간한 『종형곡선』 The Bell Curve[24]을 통해 IQ로 대변되는 지능이 인간의 사회경제적 성공에 가장 중요한 영향을 미친다는 주장으로 학계의 논란을 일으켰다. 이들은 지능이 대부분 선천적이며, 미국 사회가 뛰어난 지적 능력을 지니고 평판이 높은 고소득 직종의 인지적 엘리트층과 저지능 저수입 직종에 종사하는 대다수 사람들로 분화되고 있다고 주장하였다. 이 서적은 사회과학 서적 중 베스트셀러로 50만 부 이상이 팔렸으나, 사회과학계의 커다란 비판에도 직면하였다.

이것들은 단지 몇 가지 예시일 뿐이며, 사례로 활용된 책들과 그 내용에 대한 의견은 매우 다양할 수 있다는 것을 주목하는 것이 중요하다. 궁극적으로 어떤 책에서든 제시된 주장과 주장을 비판적으로 평가하고, 저자의 관점 뒤에 숨겨진 잠재적 편견이나 동기를 고려하는 것은 독자들의 몫이다.

성공전략에 대한 잘못된 믿음과 이에 대한 대처 방안을 여러 측면에서 살펴보았다. 성공전략에 대한 보편적인 내용이 모두에게 도움이 되기는 어렵다. 타고난 역량과 적성은 물론 후천적으로 경험하고 개발한 역량이 더해지고, 시대나 사회에 맞는 환경적 변화 속에서 우리의 인생은 얼마든지 달라질 수 있다. 사회의 편견이나 남들의 평가에 휘둘리지 않고, 우리의 내일을 어떻게 만들어 갈 것인가는 결국 자신의 결심과 선택에 달려 있다.

쓸데없는 것에 시간과 노력을 허비하는 일이 없도록 우리 자신이 현명해질 필요가 있다.

제3장
성공을 방해하는 편견·망상·오해

Be not careless in deeds, nor confused in words, nor rambling in thought.

행동에 부주의하지 말며, 말에 혼동되지 말며, 생각에 방황하지 말라.

- 마르쿠스 아우렐리우스Marcus Aurelius

탐구하여 찾을 수 없을 정도로 어려운 문제는 존재하지 않는다.

- 테렌티우스Publius Terentius Afer

성공을 이루어 가는 데 지장을 주는 "편견·망상·오해"는 성공이 무엇인지, 그것이 어떻게 성취될 수 있는지 그리고 성공한다는 것이 무엇을 의미하는지에 관한 부정확하거나 결함이 있는 믿음과 태도를 말한다.

성공에 대한 편견은 제1장에서 살펴본 바와 같이, 사람들이 성공을 어떻게 보아야 하는지 또는 누가 그것을 성취할 수 있는지에 대한 선입견이나 편견을 가지고 있을 때 발생할 수 있다. 예를 들어, 누군가는 성공은 오직 부, 권력 또는 명성을 통해서만 달성될 수 있다고 믿거나, 특정 그룹의 사람들이 본질적으로 다른 사람들보다 더 성공적이라고 믿을 수 있다.

성공에 대한 망상은 사람들이 성공이 가져올 수 있는 것에 대해 비현실적이거나 과장된 기대를 가지고 있거나, 성공이 그들의 모든 문제를 해결할 것이라고 믿을 때 발생할 수 있다.

성공에 대한 오해는 사람들이 그들이 성취하기를 원하는 것이 무엇인지 혹은 그들에게 성공이 무엇을 의미하는지에 대한 명확한 이해가 없을 때 발생할 수 있다. 이것은 그들이 열심히 일하고도 그들이 원하는 결과를 얻지 못한다고 느낄 수 있기 때문에 혼란과 좌절로 이어질 수 있다.

이러한 편견, 망상, 오해는 개인적이고 직업적인 삶에서 성공을 거두는 사람들의 능력을 방해할 수 있고 실망과 환멸을 초래할 수 있다. 이러한 태도들을 인식하고 그것들을 바로잡기 위해 노력함으로써, 각 개인은 성공에 대한 보다 현실적이고 성취감 있는 이해를 발전시킬 수 있다.

다음에서 성공에 대한 편견, 망상, 오해에 대해 좀 더 구체적으로 살펴보자.

■ 성공에 대한 편견

성공에 대한 편견은 많은 형태를 취할 수 있으며 문화적 규범, 사회적 신념, 개인적 경험을 포함한 다양한 출처에서 비롯될 수 있다. 일반적인 예는 다음과 같다.

- ◆ 고정관념: 사람들은 인종, 성별, 계급 또는 민족성과 같은 요소에 근거하여 누가 성공할 수 있는지에 대한 선입견을 가지고 있을 수 있다. 예

를 들어, 누군가는 성공은 특정 배경을 가진 사람들에 의해서만 달성될 수 있거나 특정 그룹이 본질적으로 다른 그룹들보다 덜 성공적이라고 믿을 수 있다.
- ◆ 특정 유형의 성공 이상화: 사람들은 부, 명성, 권력과 같은 요소들에 근거하여 성공이 어떻게 보여야 하는지에 대한 관념을 이상화했을 수도 있다. 이것은 그들이 이러한 것들을 가지고 있지 않으면 그들이 "성공하지" 못한다고 믿을 수 있기 때문에 부적절함이나 좌절감을 느끼게 할 수 있다.
- ◆ 성공은 제한적이라고 믿는다: 사람들은 돌아다닐 수 있는 제한된 양의 성공이 있고 한 사람의 성공은 다른 사람들을 희생시켜 올 것이라고 믿을 수도 있다. 이것은 그들이 유한한 자원을 위해 경쟁하는 것처럼 느낄 수 있기 때문에 원망이나 경쟁의 감정으로 이어질 수 있다.
- ◆ 성공은 부자연스럽다고 생각한다: 사람들은 성공을 운이 좋은 소수에게만 오는 것이고 그것은 노력과 헌신을 통해 성취될 수 있는 것이 아니라고 믿을지도 모른다. 이것은 절망감이나 자신의 상황을 바꿀 힘이 없다는 느낌으로 이어질 수 있다.

성공에 대한 이러한 편견은 심지어 누군가가 그들의 목표를 향해 상당한 진전을 이루고 있을 때에도 부적절함, 좌절감 그리고 분노의 감정으로 이어질 수 있다. 이러한 태도들을 인식하고 그것들을 바로잡기 위해 노력함으로써, 개인들은 성공과 그것이 그들에게 무엇을 의미하는지에 대한 더 긍정적이고 힘을 실어 주는 이해를 발전시킬 수 있다.

- **성공에 대한 편견 관련 더 읽을거리**
  - 『사기꾼 증후군: 지적 가짜주의의 내적 경험』, Pauline Rose Clance 와 Suzanne Imes[25]
  - 『자신감 격차: 두려움과 자기 의심을 극복하기 위한 지침』, Russ Harris[26]
  - 『백인의 취약성: 백인들이 인종차별에 대해 이야기하는 것이 왜 그렇게 어려운가』, 로빈 디앤젤로 Robin DiAngelo[27]

■ 성공에 대한 망상

성공에 대한 망상은 성공을 달성하기 위해 무엇이 필요한지 또는 심지어 성공이 무엇을 의미하는지에 대한 잘못된 믿음이나 오해를 만들어 낼 수 있다. 일반적인 예는 다음과 같다.

- 빠른 해결책: 사람들은 성공이 힘든 일과 인내보다는 지름길이나 빠른 해결책을 통해 빠르고 쉽게 성취될 수 있다고 믿을 수 있다. 이러한 지름길들이 잘 풀리지 않을 때 실망과 좌절로 이어질 수 있다.
- 성공이 행복을 가져다줄 것이라고 생각한다: 사람들은 일단 성공을 이루면 행복할 것이고 모든 문제가 해결될 것이라고 믿을지도 모른다. 그러나 성공이 반드시 행복과 동일한 것은 아니며, 사람들은 목표를 달성한 후에도 여전히 도전과 어려움에 직면할 수 있다.
- '성공이 전부다'라고 생각한다: 사람들은 성공이 인생에서 가장 중요한 것이고, 성공을 이루기 위해 그들 삶의 다른 모든 측면들이 희생되어야 한다고 믿을지도 모른다. 이것은 삶의 다른 영역에서 탈진, 스트레

스, 불균형의 감정으로 이어질 수 있다.
- ◆ 물질적 성공을 과대평가: 사람들은 성공은 개인적인 만족, 의미 있는 관계 그리고 내면의 평화와 같은 다른 요소들을 고려하는 것이 아니라 부, 명성 또는 권력의 관점에서만 측정된다고 믿을 수 있다.

성공에 대한 이러한 망상은 미루거나 너무 쉽게 포기하는 것과 같은 비생산적인 행동으로 이어질 수 있고, 사람들이 그들의 잠재력을 완전히 달성하는 것을 막을 수 있다. 이러한 망상들을 더 잘 인식하고 그것들을 바로잡기 위해 노력함으로써, 개인들은 성공을 달성하기 위해 무엇이 필요한지 그리고 성공이 그들에게 진정으로 무엇을 의미하는지에 대해 더 정확하게 받아들이며 힘을 실어 줄 수 있다.

- ● 성공에 대한 망상 관련 더 읽을거리
  - ◆ 『죽음에 관한 5대 후회: 떠난 자들에 의한 변형된 삶』, 브로니 웨어 Bronnie Ware[28]
  - ◆ 『지금의 힘: 영적 계몽의 길잡이』, 에크하르트 톨레 Eckhart Tolle[29]
  - ◆ 『의미를 찾는 인간』 Man's Search for Meaning, 빅토르 프랭클 Viktor E. Frankl[30]

- 『죽음에 관한 5대 후회』에서

브로니 웨어는 호스피스 간호사 출신 작가로 인생의 마지막 순간에 서 있는 사람들의 회한과 후회를 통해 얻은 삶의 통찰력을, 『내가 원하는 삶을 살았더라면』The Top Five Regrets of the Dying에 담았다. 그녀는 자신의 깨달음을 다음의 다섯 가지로 정리했다.

1. 다른 사람이 아닌, 내가 원하는 삶을 살았더라면
2. 내가 그렇게 열심히 일하지 않았더라면
3. 내 감정을 표현할 용기가 있었더라면
4. 친구들과 계속 연락하고 지냈더라면
5. 나 자신에게 더 많은 행복을 허락했더라면

1. I wish I'd had the courage to live a life true to myself, not the life others expected of me.
2. I wish I hadn't worked so hard.
3. I wish I'd had the courage to express my feelings.
4. I wish I had stayed in touch with my friends.
5. I wish that I had let myself be happier.

죽음을 앞둔 사람은 남이 자신을 어떻게 생각하는지에 대해 더 이상 고민하지 않는다. 모든 허울을 던져 버리고 활짝 웃으며 다시 살 수 있다면 얼마나 좋을까…

인생은 선택이다. 그리고 당신의 인생이다. 의식적으로, 현명하게, 그리고 솔직하게 선택하라. 행복을 선택하라.

- 『빅터 프랭클의 죽음의 수용소에서』로부터

정신과 의사 빅토르 프랭클의 회고록은 나치의 죽음 수용소에서의 삶과 정신적 생존을 위한 교훈에 대한 묘사로 수 세대의 독자들을 매료시켰다. 1942년과 1945년 사이에 프랭클은 아우슈비츠를 포함한 4개의 수용소에서 일했고, 그의 부모, 형제 그리고 임신한 아내는 죽었다. 프랭클은 자신의 경험과 나중에 그가 치료한 다른 사람들의 경험을 바탕으로 우리는 고통을 피할 수 없지만 그것에 대처하고, 그 안에서 의미를 찾고, 새로운 목적을 향해 나아갈 수 있는 방법을 선택할 수 있다고 주장한다. 그리스어 로고스_{의미}에서 로그테라피로 알려진 프랭클의 이론은 프로이트가 주장한 것처럼 삶의 주된 추진력은 즐거움이 아니라 우리가 개인적으로 의미 있다고 생각하는 것을 발견하고 추구하는 것이라고 주장한다.

1997년 프랭클이 사망했을 때, 『의미를 찾는 인간』Man's Search for Meaning은 24개 언어로 1,000만 부 이상이 팔렸고, 국내에는 2020년 『빅터 프랭클의 죽음의 수용소에서』로 번역 출간되었다. 1991년 미국 의회도서관의 독자 설문조사에서 "당신의 삶에 변화를 준 책"의 이름을 묻는 질문에 미국에서 가장 영향력 있는 10권의 서적 중에 이 책이 있음을 발견하였다.

■ 성공에 대한 오해

성공에 대한 오해는 많은 형태를 취할 수 있고 다양한 출처에서 비롯될 수 있다. 일반적인 예는 다음과 같다.

- ◆ 명확성 결여: 우리는 성취하기를 원하거나 성공이 무엇을 의미하는지에 대한 명확한 이해를 가지고 있지 않을 수도 있다. 이것은 목표에 도달하기 위해 어떤 조치를 취해야 하는지 알지 못하기 때문에 혼란과 목적의식 결여로 이어질 수 있다.
- ◆ 비현실적인 기대: 성공이 무엇을 가져올지 혹은 그것을 이루기 위해

무엇이 필요한지에 대해 비현실적이거나 과장된 기대를 가질 수 있다. 예를 들어, 누군가는 성공이 자동적으로 행복과 성취감을 가져다줄 것이라고 믿거나, 성공이 빠르고 쉽게 성취될 수 있다고 믿는다.
- 성공의 좁은 정의: 부, 명성, 권력과 같은 요소에 근거하여 성공에 대한 정의가 좁거나 제한적일 수 있다. 이것은 이러한 것들을 가지고 있지 않다면 "성공하지 못했다"라고 느낄 수 있기 때문에 부족함이나 좌절감을 초래할 수 있다.
- 다른 사람들과의 비교: 사람들은 자신을 다른 사람들과 비교하고 성공은 다른 사람과 같은 수준을 달성하는 것을 의미한다고 믿을 수 있다. 이것은 성공으로 가는 다른 길들이나 다른 누군가의 성공에 기여하는 다른 요소들을 알지 못할 수 있기 때문에 부적절함이나 분노의 감정으로 이어질 수 있다.
- 외부 검증을 중심으로: 성공이 다른 사람들로부터 승인, 인정 또는 검증을 받는 것을 의미한다고 믿을 수 있다. 그들은 다른 사람들의 의견을 통제할 수 없기 때문에 불안감이나 불안감을 초래할 수 있다.

성공에 대한 이러한 오해는 많은 것을 성취했을 때에도 좌절, 실망 그리고 실패감으로 이어지게 할 수 있다. 이러한 태도들을 인식하고 그것들을 바로잡기 위해 노력함으로써, 개인들은 성공과 그것이 그들에게 무엇을 의미하는지에 대해 더 현실적이고 성취감 있는 이해를 발전시킬 수 있다.

- **성공에 대한 오해 관련 더 읽을 거리**
  - 『린 스타트업: 오늘날의 기업가들이 어떻게 지속적인 혁신을 사용하여 근본적으로 성공적인 비즈니스를 창출하는가』, 에릭 리스 Eric Ries[31]
  - 『마인드셋: 성공의 새로운 심리학』, 캐롤 드웩 Carol S. Dweck[32]

◆ 『아웃라이어: 성공담』, 말콤 글래드웰[33]

- 『린 스타트업』에서

　창업이나 비즈니스 세계의 성공은 창업자 개인의 영웅담이나 미담형 교훈으로 장식된다. 에릭 리스는 『린 스타트업』을 통해 창업과 사업 성공이 단지 개인의 뛰어난 마법이 아니라 재현 가능한 과학적 실천에서 비롯될 수 있음을 밝힌다. 에릭은 사용자의 최소 요구만 만족시키는 시제품을 신속하게 만들어 사용자에게 선보이고 그에 대한 피드백을 수집해 측정할 수 있는 지표로 만들어 그를 통해 실질적인 학습을 한 후 그 교훈을 제품 개발에 다시 반영하는 순환 방법을 제시한다.

- 『마인드셋』에서

　스탠퍼드대학교 심리학과의 세계적 석학 캐럴 드웩 교수는 성공의 비밀에 관한 수십 년간의 연구 끝에, 단순하고 놀라운 사실을 발견한다. 바로 '마인드셋(마음가짐)이 모든 것을 결정짓는다'는 것이다. 성공하는 사람과 실패하는 사람의 차이는 무엇인가? '재능'이라는 선천적인 차이만이 존재하는가? 선천적인 재능이 없으면 성공할 수 없는가? 드웩에 의하면, 능력은 얼마든지 발전시킬 수 있다고 믿는 '성장 마인드셋'을 가진 사람들이, 능력은 변하지 않는다고 믿는 '고정 마인드셋'을 가진 사람들에 비해, 성공할 가능성이 확연하게 높다는 것이다.

- 『아웃라이어』에서

　아웃라이어라고 부르는, 다시 말해 보통 사람들의 범주를 뛰어넘는 탁월한 성공을 거둔 사람들을 보며 지능과 재능, 열정과 노력이라는 개인적인 특성에 탄복하고 경의를 표해 왔다. 그런데 복잡한 업무를 수행하는 데 필요한 탁월성을 얻으려면, 최소한의 연습량을 확보하는 것이 결정적이라는 사실은 수많은 연구를 통해 거듭 확인되고 있다. 진정한 전문가가 되기 위해 필요한 '매직넘버', 바로 1만 시간이다. 신경과학자인 다니엘 레비틴Daniel Levitin은 어느 분야에서든 세계 수준의 전문가, 마스터가 되려면 1만 시간의 연습이 필요하다는 연구 결과를 내놓았다.[34] 글래드웰은 또한 '사회적 환경'이라는 문화적 유산이 21세기 기적적 성공을 이끄는 큰 요인이 될 수 있음을 여러 사례를 들어 증명하고 있다.

■ 성공을 방해하는 편견·망상·오해에서 벗어나기

성공에 대한 오해, 편견, 망상을 피하는 것은 개인의 성장과 발전에 대한 총체적이고 균형 잡힌 접근법을 채택하는 것을 포함한다. 다음에서 이러한 함정을 피하기 위한 몇 가지 방안을 제안한다.

- ◆ 성공을 당신이 정의하라: 다른 사람들이 당신의 성공을 정의하게 하지 말아라. 성공이 여러분에게 무엇을 의미하는지에 대한 명확하고 개인적인 정의를 갖는 것이 중요하다. 이것은 우리가 우리 자신을 다른 사람들과 비교하거나 다른 사람의 성공에 대한 정의를 우리가 추구하는 것을 피하는 데 도움이 된다. 나에게 있어서 성공은 무엇이며 어떤 것인가?
- ◆ 자신의 신념에 도전하라: 성공에 대해 듣거나 읽는 모든 것을 그냥 믿지 말아라. 우리가 가질 수 있는 제한적인 믿음과 편견에 도전하는 것이 중요하다. 이것은 자기 성찰, 다양한 관점을 추구하고 새로운 아이

디어와 경험에 자신을 노출시킴으로써 이루어질 수 있다.
- ◆ 성장 마인드를 가져라: 성공이 특정한 사람들만을 위한 것이라고 생각하지 말아라. 성공이 고정된 것이 아니며 시간이 지남에 따라 계속 성장하고 발전할 수 있다고 믿는 성장 마인드를 채택하는 것이 중요하다.
- ◆ 인생 여정을 즐겨라: 성공은 단지 어떤 목표에 도달하는 것이 아니다. 목적지뿐만 아니라 인생 여정에 집중하는 것이 중요하다. 성공은 단지 특정한 목표나 결과에 도달하는 것이 아니라, 그 과정에서 일어나는 경험, 성장 그리고 학습에 관한 것이다.
- ◆ 실패를 두려워하지 말아라: 실패는 학습 과정의 일부이다. 실패를 포용하고 배우고 성장할 수 있는 기회로 보는 것이 중요하다.
- ◆ 자기 연민과 감사를 실천하라: 부족한 것보다는 가진 것에 초점을 맞춰 자기 연민과 감사를 실천하는 것이 중요하다. 당신이 부족한 것에 집중하지 말아라. 여러분이 가진 것에 감사하고, 자기 자신을 친절하게 대하라.

이것들은 우리가 성공에 대한 오해, 편견, 망상을 피하라고 제안할 수 있는 몇 가지 방법들일 뿐이다. 궁극적으로 개인의 성장과 발전을 추구하면서 열린 마음, 호기심, 자기 성찰이 중요하다.

이러한 조언들을 따름으로써, 여러분은 성공에 대한 편견, 망상, 오해를 피할 수 있고 개인적인 성장과 성취에 대한 더 명확하고 건강한 관점을 가질 수 있게 된다. 이러한 인식과 노력은 우리가 인생에서 궁극적으로 도달하고자 하는 성공으로 인도할 것이다.

제2편
인간 본성에 대한 이해로 환경변화에 대처하라

There is a great deal of human nature in people.
사람들에게는 엄청나게 다양한 본성이 존재한다.

- 마크 트웨인 Mark Twain

Man is the only creature who refuses to be what he is.
사람은 자기 자신을 부정하는 유일한 피조물이다.

- 알베르 카뮈 Albert Camus

Our life is what our thoughts make it.
우리의 인생은 우리의 생각이 만드는 것이다.

- 마르쿠스 아우렐리우스 Marcus Aurelius

    인간의 본성이 무엇인가에 대한 논쟁은 오랜 역사를 가지고 있다. '본성本性, nature' 이란 "처음부터 가지고 있는 보편적인 고유한 특성"을 의미한다. 이는 생태적이며 본질적인 것으로 후천적으로 인위적이나 사회적으로 획득하게 된 특성들 이전부터 지니고 있는 고유한 특성을 의미한다. 인간 본성을 이해하고자 하는 이유는 인간의 본성을 어떻게 파악하는가에 따라 성공을 위한 교육이나 자기 계발에 있어서 접근 방법이 크게 달라질 수 있기 때문이다.

철학이나 윤리학적 기준이나 생물학적 기준에서 인간의 본성을 어떻게 이해했는가를 살펴보자. 맹자나 루소는 인간이 원래 '선善하다'고 보아 '부드러운 교육'이 필요하다고 판단하였고, 반면에 순자나 홉스는 원래부터 '악하다'고 생각하여 '엄격한 교육'의 필요성을 주장하였다. 고자告子와 R. Owen은 인간은 선하지도 악하지도 않은 '미정未定' 상태로 '후천적으로 결정'된다고 생각하였으며, 교육에 있어서 '환경의 체계적 조작과 강력한 교육'을 주장하였다.

생물학적 입장에서는 인간을 포함하여 모든 '생명의 본성 이론'으로 '자연선택'에 의한 진화 이론을 영국의 박물학자 찰스 다윈이 주장하였다.[35] 번식을 높이는 형질은 증가하고 낮추는 형질은 도태한다고 설명하였다. 인간의 행동을 추동하는 '마음'의 복잡한 구조를 진화의 시각에서 파악하고자 하는 학문을 진화심리학이라 한다. 마음의 진화적 기능은 외부에서 입력된 정보를 처리해 태초부터의 조상들이 생존과 번식에 도움이 된 행동을 분석하는 것이다. 그러므로 '행동'과 연계된 '마음'은 인류가 진화해 온 먼 과거의 환경과 상황에서 마주치게 된 적응적 문제들을 잘 해결하게끔 자연선택에 의해 설계된 심리기제들의 묶음으로 파악한다.

하버드대 곤충학자 에드워드 윌슨은 『사회생물학: 새로운 종합』(1976년)에서 미생물부터 곤충, 조류, 포유류, 인간 등 모든 생물종의 사회적 특성에서 "왜 동물이 그런 방식으로 행동하도록 자연 선택되었나?"에 관심을 보였다.[36]

옥스퍼드대 동물학 교수인 도킨스는 그의 저서 『이기적 유전자』(1976년)에서 "자연선택에 의해 복제 성공도가 최대화되는 단위는 유전자이다"라고 주장하여, 세계에 큰 반향을 일으켰다.[37] 여기서 '이기적'이라는 말의 뜻은 '자연선택'의 단위가 집단이나 개체가 아니라 유전자라는 의미이다. 인간은 이러한 '이기적 유전자'의 생존 기계라는 설명이 된다. 유전자들의 자기 복제는 다른 개체의 자원을 사용해 자신을 복제하므로 '이기적'으로 본다는 것이며, 의도가 아니라 성향이 이기적이라는 설명이다. 그에 의하면 오직 인간만이 이러한 이기적 유전자의 폭정에 반역할 수 있다고 한다. 신, 우주 섭리, 역사의 운행 법칙이 아니라 자연선택에 의한 진화가 '인간 본성'을 만들었으며, 특정한 행동을 하게 하는 심리적 적응이 진화했다고 해서 우리에게 반드시 그 행동을 해야 하는 당위나 의무는 없다고 설명한다.

인간 본성에 관한 이해와 함께 인간 개개인 누구나 가지고 있는 '성격'을 살펴보는 것도 중요하다. 이는 성공을 위한 교육이나 자기 계발의 접근방식에 큰 영향을 주는 요소이기 때문이다. 성격이 성공에 미치는 영향을 알아보고, 최신의 뇌과학 이론을 활용하여 인간 행동의 근원인 '마음'의 작동 방식을 살펴본다. 뇌는 무엇을 하는 기관이며 어떤 진화를 거쳐 왔는지 자기 계발 전략과의 연계성을 생각하기로 한다. 아울러 제4차 산업혁명 시대라고 하는 현대사회의 급변하는 환경과 관련하여 우리의 적응 역량과 노력의 방향성을 생각해 보는 것이 제2편의 주요 논의 주제이다.

제4장
인간 본성과 성격

The deepest principle in human nature is the craving to be appreciated.
인간 본성의 가장 깊은 원칙은 인정받고자 하는 욕망이다.

- 윌리엄 제임스 William James

Once we realize that imperfect understanding is the human condition, there is no shame in being wrong, only in failing to correct our mistakes.
불완전하게 이해하는 것은 인간에게 있어서 당연하다는 것을 알게 되면, 틀리는 것에 대해 수치스러워할 필요가 없으며, 실수를 그저 바로잡으면 되는 것이다.

- 조지 소로스 George Soros

■ 인간 본성에 관한 철학적 접근

인간의 본성은 오랜 시간을 걸쳐 서양과 동양의 철학자들에 의해 광범위하게 탐구되어 왔다. 이 분야에 기여한 가장 저명한 철학자 중에는 아리스토텔레스, 플라톤, 공자, 노자, 부처 등이 있다.

아리스토텔레스는 인간은 이성적인 동물이며 이성은 인간 본성의 구별되는 특징이라고 믿었다. 그는 인간은 행복을 성취하고자 하는 자연스러운 욕구를 가지고 있으며, 이는 덕행의 추구를 통해 이루어질 수 있다고 주장했다.

반면에 플라톤은 인간의 본성은 이성, 정신, 욕망의 세 부분으로 나뉜다고 믿었다. 그는 이성이 나머지 두 부분을 지배해야 하며, 지식과 진리의 추구가 인간 삶의 궁극적인 목표라고 주장했다.

중국의 철학자인 공자는 인간의 본성은 근본적으로 선하지만 부정적인 영향으로 타락할 수 있다고 믿었다. 그는 윤리적 행동, 사회 질서, 전통과 권위에 대한 존중의 중요성을 강조했다.

또 다른 중국 철학자 노자는 인간의 본성은 본질적으로 평화롭고 조화로운 것이며, 개인은 자연계와 조화롭게 살기 위해 노력해야 한다고 믿었다. 그는 단순함, 겸손함, 내면의 평화를 기르는 것의 중요성을 강조했다.

고대 인도의 정신적 지도자이자 철학자인 붓다는 인간이 애착과 욕망에 의해 야기되는 고통의 순환 속에 갇혀 있다고 가르쳤다. 그는 인간 삶의 궁극적인 목표는 이러한 고통의 순환으로부터 깨달음과 해방을 이루는 것이라고 믿었다.

전체적으로 이들 철학자들은 아리스토텔레스가 강조한 합리성과 행복의 추구에서부터 노자와 부처가 가르치는 평화로운 조화와 초연함에 이르기까지 인간 본성에 대한 다양한 관점을 제시해 왔다.

인간 본성을 '선善하다' 또는 '악惡하다'고 보는 두 가지 관점에서 살펴보자.

인간의 본성을 '선'과 '원초적으로 나쁜 것'으로 나눈다는 생각은 역사를 통틀어 다양한 철학자들에 의해 논의되어 왔다. 다음은 대표적인 철학자들과 그들의 이론들이다.

- 플라톤: 플라톤에 따르면, 인간의 본성은 본질적으로 선하다. 그는 모든 개인은 태어나기 전에 습득하고 태어날 때 잊어버리는 선천적인 지식을 가지고 있다고 믿었다. 그러므로 인간의 삶의 목적은 이 지식을 재발견하고 선량한 상태로 돌아가는 것이다.
- 아리스토텔레스: 아리스토텔레스는 인간의 본성은 본질적으로 좋은 것도 나쁜 것도 아닌 중립적인 것이라고 믿었다. 그는 인간은 미덕과 악덕 모두의 잠재력을 가지고 태어나고, 그들의 양육과 교육이 그들이 어떤 것을 발전시키는지를 결정한다고 주장했다.
- 성 아우구스티누스: 아우구스티누스는 아담과 이브가 저지른 원죄로 인해 인간의 본성은 본질적으로 죄악이라고 믿었다. 그는 개인은 죄를 짓는 경향을 가지고 태어났으며 신의 은총을 통해서만 구원받을 수 있다고 믿었다.
- 토마스 홉스: 홉스에 따르면, 인간의 본성은 본질적으로 이기적이고 폭력적이다. 그는 강력한 중앙 권력이 없다면 인간은 끊임없는 전쟁과 갈등 상태에 빠질 것이라고 주장했다.
- 공자: 공자는 인간의 본성은 본질적으로 선하며 개인은 교육, 의식, 도덕적 자기 계발을 통해 덕을 닦을 수 있다고 믿었다.
- 맹자: 유교의 신봉자인 맹자는 인간의 본성은 본질적으로 선하며, 개인에게는 "어질고, 의롭고, 겸손하고, 지혜로운" 인의예지仁義禮智의 네 가지 선천적인 덕목이 있다고 믿었다.

이런 내용은 인간 본성에 관한 다양한 철학적 접근의 몇 가지 예에 불과하다.

■ 인간 본성에 관한 생물학적 이해

인간 본성에 대한 생물학적 접근으로 저명한 학자 중 한 명은 미국의 생물학자이자 사회생물학 분야의 연구자인 에드워드 윌슨이다. 그는 인간의 행동은 유전적 요인과 환경적 요인에 의해 형성되며, 유전학은 우리의 사회적 행동을 형성하는 데 중요한 역할을 한다고 주장한다.

사회생물학으로 알려진 윌슨의 이론은 이타주의와 공격성과 같은 인간에게서 볼 수 있는 특정한 행동들이 우리의 진화적 과거에 의해 설명될 수 있다고 제안한다. 예를 들어, 그는 친족에 대한 이타적인 행동은 개인이 유전자를 공유하는 사람들을 더 도울 가능성이 있는 친족 선택의 개념으로 설명될 수 있다고 주장한다. 마찬가지로, 그는 외부인에 대한 공격성은 개인이 외부인에 대해 경쟁하고 그들의 집단을 방어할 가능성이 더 높은 집단 선택의 개념으로 설명될 수 있다고 주장한다.

윌슨의 이론은 복잡한 인간의 행동을 지나치게 단순화하고 문화와 사회화의 영향을 무시한다는 주장과 함께 칭찬과 비판을 동시에 받아 왔다. 그럼에도 불구하고, 그의 연구는 인간 본성의 생물학적 기초를 이해하는 데 상당한 기여를 했다.

- ◆ 찰스 다윈: 다윈은 인간은 진화의 산물이며, 우리의 생물학적 구성이

우리의 행동과 심리를 형성했다고 믿었다. 그는 생존과 번식에 유리한 형질이 세대를 거쳐 전해져 오늘날 우리가 알고 있는 인간 본성의 발전을 이끌었다고 주장했다.

- 콘라드 로렌츠: 로렌츠는 동물의 행동을 연구하고 그의 발견을 인간에게 적용한 동물학자였다. 그는 인간의 행동이 우리의 진화 역사에 뿌리를 둔 선천적이고 생물학적인 요인에 의해 크게 결정된다고 믿었다. 예를 들어, 그는 공격성은 우리 조상들이 혹독하고 경쟁적인 환경에서 살아남도록 도와준 타고난 특성이라고 주장했다.[38]

- E. O. 윌슨: 윌슨은 인간 행동의 생물학적 기초에 대해 광범위하게 저술한 생물학자이자 사회생물학자이다. 그는 인간의 본성은 우리의 유전적 구성에 의해 형성되며, 우리의 행동은 주로 우리의 선천적인 동기와 충동에 의해 결정된다고 주장한다. 그는 인간이 집단 정체성에 대한 선천적인 감각을 가지고 있으며, 이는 우리가 한 종으로서 살아남고 번영하는 데 도움을 주었다고 제안한다.

- 스티븐 핑커: 핑커는 인간 행동의 생물학적 기초에 대해 광범위하게 저술한 인지 심리학자이다. 그는 인간의 행동의 많은 부분이 우리의 진화 역사에 의해 설명될 수 있으며, 우리의 유전자가 우리의 심리적 구성을 심오한 방식으로 형성했다고 주장한다. 그는 개인과 집단 사이의 많은 심리적 차이가 그들의 유전적 구성의 차이로 거슬러 올라갈 수 있다고 제안한다.[39]

전반적으로 이 학자들은 인간의 본성은 생물학에 의해 형성되며, 우리의 행동과 심리는 진화 원리의 관점에서 이해될 수 있다는 견해를 공유한다. 그러나 그들은 이론의 구체적인 내용과 인간 본성의 다른 측면에 대한 강조에서 차이가 있다.

■ 인간 본성이 성격에 미치는 영향

인간 본성이 인간 성격에 미치는 영향은 철학자들에 의해 수 세기 동안 논의되어 왔다. 한 가지 주장은 인간 본성이 인간 인격의 기초이며 그것이 우리의 행동과 의견을 결정한다는 것이다. 이것은 본질주의로 알려져 있고, 이의 지지자들은 우리의 본질적인 본성은 변하지 않고 미리 결정되어 있다고 주장한다.

반면에, 인간의 성격은 문화, 양육, 교육과 같은 환경적 요인에 의해 형성된다는 주장이 있다. 이것은 환경주의로 알려져 있고, 그것의 지지자들은 우리의 행동과 성격이 우리의 본성에 의해 미리 결정되는 것이 아니라, 오히려 우리의 경험과 환경에 의해 형성된다고 주장한다.

이 논쟁에 기여한 유명한 철학자 중에는 본질주의를 옹호하고 인간은 선천적으로 좋지만 사회에 의해 타락했다고 믿었던 장 자크 루소가 있고, 환경주의를 주장하며 인간은 빈 슬레이트로 태어나 그의 경험에 의해 형성된다고 믿었던 존 로크가 있다.

인간 본성과 인간 성격 사이의 관계를 탐구한 다른 저명한 철학자들로는 이마누엘 칸트, 프리드리히 니체, 장 폴 사르트르가 있다. 이러한 철학자들은 이 문제에 대해 다양한 관점을 제시했는데, 칸트는 인간이 선천적인 도덕적 나침반을 가지고 있다고 주장하고, 니체는 인간의 성격이 권력에 대한 의지에 의해 형성된다고 주장하고, 사르트르는 인간의 성격이 전적으로 우리의 선택과 행동에 의해 형성된다고 주장했다.

■ 성격이란 타고난 것인가?

성격이란 타고난 것인가 아니면 살아가면서 형성되는 것인가?

심리학자들 사이에서는 성격이 선천적인지, 삶에서 형태를 갖추는지에 대한 논쟁이 진행 중이다. 성격이 경험과 사회적 맥락에 의해 형성된다는 것을 시사하는 한 유명한 이론으로는 심리학자 알버트 반두라에 의해 제안된 사회 학습 이론이 있다.

반두라에 따르면, 성격은 개인의 유전적 구성, 환경, 행동 사이의 복잡한 상호작용에 의해 형성된다. 그는 개인이 다른 사람들을 관찰함으로써 배우고, 행동은 강화, 처벌, 모델링과 같은 외부적인 요소에 의해 영향을 받는다고 믿었다.

반두라의 사회적 학습 이론은 성격이 고정되어 있지 않으며 경험과 학습의 결과로 시간이 지남에 따라 변할 수 있다는 것을 시사한다. 그는 개인의 인격 형성에 있어 사회화의 중요성과 가족, 또래, 문화적 규범과 같은 환경적 요인의 역할을 강조했다.

반두라의 이론은 성격이 유전학에 의해서만 결정된다는 개념에 이의를 제기하며, 대신 그것이 환경적 요인과 학습 경험에 의해 형성된다는 것을 제시한다.

■ 성격이 인간 성공에 주는 영향은?

성격은 개인 삶의 성공에 큰 영향을 미칠 수 있다. 성실성, 개방성, 정서적 안정성과 같은 특정한 특징들은 학업, 직업 그리고 관계를 포함한 다양한 영역에서의 성공과 긍정적인 상관관계가 있는 것으로 밝혀졌다.

성실한 사람들은 전형적으로 조직적이고, 책임감 있고, 목표 지향적이며, 이것은 학업과 직업 추구에서 성공으로 이어질 수 있다. 개방적인 개인은 창의적이고 호기심이 많은 경향이 있으며, 이는 예술적이고 기업가적인 벤처에서 성공으로 이어질 수 있다. 정서적 안정, 즉 감정을 조절하는 능력은 더 나은 대인관계와 전반적인 행복으로 이어질 수 있다.

반면, 신경증, 충동성, 동조성agreeableness과 같은 부정적인 성격 특성은 성공과 부정적인 상관관계가 있는 것으로 밝혀졌다. 신경질적인 사람들은 불안과 감정의 기복이 심하여 스트레스 관리와 목표 달성에 어려움을 겪을 수 있다. 충동적인 사람들은 자기 통제와 의사결정에 어려움을 겪을 수 있으며, 이는 다양한 영역에서 성공을 방해할 수 있다. 동조적 성향을 보이는 사람들은 자기 의견을 주장하고 협상하는 데 어려움을 겪으며, 이 성향은 대인관계와 직업에서의 성공에 영향을 미칠 수 있다.

이러한 생각들은 성격을 이해하기 위한 심리학에서 널리 받아들여지는 틀인 "빅 파이브" 성격 특성 이론과 일치한다. 이 이론은 성격이 개방성, 성실성, 외향성, 우호성, 신경증의 다섯 가지 주요 특징으로 설명될 수 있다고 가정한다.

■ 성격의 유형에 관한 이해

성격의 유형은 어떻게 구분하나?

성격 유형을 구분하는 방법은 여러 가지가 있으며, 학자마다 다른 접근법을 제안했다. 다음은 몇 가지 예이다.

- Five-Factor Model FFM: openness to experience, conscientiousness, extraversion, agreeableness, and neuroticism. "빅 파이브" 성격 특성으로도 알려진 이 모델은 루이스 골드버그와 폴 코스타를 포함한 여러 연구자들에 의해 개발되었다.[40] 그것은 경험에 대한 개방성, 성실성, 외향성, 우호성, 신경증의 다섯 가지 차원으로 개인을 측정한다. 연구에 따르면 이 다섯 가지 특성은 문화 전반에 걸쳐 비교적 안정적이며 직무 성과와 웰빙을 포함한 다양한 결과를 예측할 수 있다.
- A형 대 B형 성격: 이 이분법은 1950년대 심장학자 마이어 프리드먼과 레이 로젠먼에 의해 제안되었다. A형 성격은 경쟁심이 강하고 시간이 촉박하며 성격이 급한 반면, B형 성격은 더 느긋하고 털털한 것이 특징이다. 연구에 따르면 A형 사람들은 스트레스와 관련된 질병에 걸리기 쉽고 직업 만족도가 낮을 수 있다.
- 마이어-브릭스 유형 표시(MBTI)[41]: 이것은 칼 융이 제안한 유형론에 기초한 인기 있는 성격 평가 도구이다. MBTI는 외향 대 내향, 감지 대 직관, 사고 대 느낌, 판단 대 지각의 네 가지 이분법으로 개인을 측정한다. 이것은 각각 독특한 강점과 약점을 가진 16개의 성격 유형을 낳는다. MBTI는 종종 진로 상담과 팀 구성 연습에 사용된다. 심리학적 기반의 취약성에 관한 반론에도 불구하고 일반인들에게는 큰 호응을 얻고 있다.

- 에니어그램[42]: 이러한 성격 체계는 기본적인 성격 유형이 9가지가 있으며, 각각의 기본적인 동기와 세계관을 가지고 있다는 생각에 기초하고 있다. 에니어그램은 개인적이고 영적인 성장 맥락에서 종종 사용되며 한 사람의 강점, 약점, 사각지대에 대한 통찰력을 제공할 수 있다.
- 특성론: 성격 특성 이론은 주장, 사회성 또는 정서적 안정성과 같은 특정 성격 특성을 식별하고 측정하는 데 초점을 맞춘다. 이 이론들은 형질이 시간이 지남에 따라 상대적으로 안정적이고 사람들은 각각의 형질의 수준이 다르다고 가정한다. 특성이론은 성격을 지나치게 단순화하고 상황적 요인을 설명하지 못한다는 비판을 받아 왔다.
- 휴머니즘: 인성에 대한 인문학적 이론은 개인의 성장과 자아실현의 중요성을 강조한다. 이러한 이론들은 사람들이 선천적으로 착하고 개인적인 성장과 발달을 통해 그들의 잠재력을 최대한 발휘할 수 있는 잠재력을 가지고 있다고 가정한다. 가장 잘 알려진 휴머니즘 이론은 매슬로의 욕구 계층으로, 사람들이 자기실현을 위해 노력하기 전에 기본적인 생리적, 안전적 욕구를 충족시켜야 한다고 제안한다.

이것들은 단지 성격 유형 이론의 몇 가지 예시일 뿐이고, 다른 많은 접근법들도 있다는 것을 주목할 필요가 있다. 게다가, 일부 연구자들은 성격이 이러한 이론들이 제시하는 것보다 더 유동적이고 맥락(상황)에 의존적이며, 사람들은 다른 상황에서 다른 특성들을 보일 수 있다고 주장한다.

이 이론들은 각각의 장단점을 가지고 있고, 특정의 서로 다른 목적에 유용할 수 있다. 예를 들어, Big Five는 업무 성과를 예측하는 데 더 유용한 반면, 인성에 대한 휴머니즘 이론은 개인의 성장과 발전을 촉진하는 데 더 유용할 수 있다.

■ 성격에 대한 편견

성격과 관련하여 형성된 몇 가지 편견이 있다. 가장 일반적인 편견 중 하나는 사람들이 그들의 성격 특성에 따라 개인을 고정화하는 경향이 있다는 것이다. 예를 들어, 만약 어떤 사람이 내성적이라면, 그들은 불친절하거나 접근하기 어려운 사람으로 보일 수 있는 반면에, 외향적인 사람들은 종종 외향적이고 자신감 있는 것으로 보일 수 있다. 또 다른 일반적인 편견은 사람들이 성격이 고정되어 있고 변할 수 없다고 믿는 것이다. 이것은 개인의 성장과 발전의 잠재력을 제한할 수 있다. 마지막으로, 개인을 행동이나 성취보다는 성격 특성에 따라 판단하는 경향이 있다. 이는 그들의 성격과 능력에 대한 불공정하고 부정확한 평가로 이어질 수 있다.

■ 본성과 성격을 통한 성공 가능성 높이기

우리는 성공하기 위해 본성과 성격을 어떻게 개발해 나가야 하는가? 개인의 본성과 성격의 발달은 유전, 양육, 삶의 경험, 개인의 목표와 포부 등 다양한 요인에 의해 영향을 받는 복잡하고 다면적인 과정이기 때문에 이 질문에 대한 일률적인 답은 없다. 하지만 바람직한 성격의 발달을 촉진하고 인생에서 성공할 가능성을 높이는 데 도움이 될 수 있는 몇 가지 일반적인 원칙들이 있다.

- ◆ 자기 인식: 자신의 성격, 장점, 약점, 가치관에 대한 깊은 이해를 기르는 것은 강한 성격을 형성하고 성공을 거두기 위한 중요한 첫 번째 단계이다. 이것은 자신의 경험을 반성하고, 다른 사람들로부터 피드백을 구하고, 명상이나 저널링과 같은 자기 발견 활동에 참여하는 것을 포함할 수 있다.
- ◆ 성장 마인드: 지능과 재능은 고정된 특성이 아니라 근면과 인내를 통해 발전할 수 있다는 믿음을 강조하는 성장 마인드를 채택하면 개인이 장애물을 극복하고 목표를 달성하는 데 도움이 될 수 있다.
- ◆ 복원력: 회복력, 즉 좌절과 실패에서 회복하는 능력을 배양하는 것은 성공을 달성하는 핵심 요소이다. 이것은 대처 전략을 개발하고, 다른 사람들로부터 지원을 구하고, 실수로부터 배우는 것을 포함할 수 있다.
- ◆ 감성지능: 자신과 타인의 감정을 인식하고 관리하는 능력을 포함하는 감성지능을 개발하는 것은 개인적이고 직업적인 관계에서 귀중한 자산이 될 수 있다.
- ◆ 지속적인 학습: 공식적인 교육, 훈련 프로그램 또는 자기 주도적인 학습을 통해 지속적인 학습과 성장에 전념하는 것은 빠르게 변화하는 세상에서 개인이 관계성과 적응력을 유지하도록 도울 수 있다.

궁극적으로, 자신의 본성과 성격을 개발하는 것은 지속적인 노력과 자기 성찰이 필요한 평생의 여정이다. 개인의 성장과 발전에 집중함으로써, 개인들은 삶의 모든 영역에서 성공의 기회를 높일 수 있다.

- 더 읽을거리

다음은 우리가 논의한 주제와 관련된 책과 논문이다.

- 『성공하는 사람들의 7가지 습관』, 스티븐 코비
- 『마인드셋: 성공의 새로운 심리』, 캐롤 드웍
- 『흐름: 최적 경험의 심리학』, 칙센트미하이 Cskszentmihalyi
- 「성격: 이론과 연구」, 대니얼 서보니, 로렌스 A. 퍼빈
- 「성격의 본질: 이론적 관점과 경험적 조사」, 댄 P. 맥아담스, 에드워드 D. 로우리

제5장
최신 뇌과학 이론을 통해서 보는 마음의 작동 방식

> 의식적인 마음은 두뇌의 일부 부분 혹은 많은 부분이 잘 조직된 활동의 결과이다. 우리는 긍정적인 감정을 일으키는 환경을 만들 수 있어야 한다. 그렇게 해야 번영할 수 있고, 서로를 더 잘 이해할 수 있다.
>
> - 안토니오 다마지오 Antonio Damasio

인간의 뇌를 이야기하기 전에 좀 더 거슬러 올라가 보자. 지구가 45억 년 전에 탄생했고, 화학과 원시세포에 이어 최초의 세포가 38~37억 년 전에 형성되었다. 이어서 다세포 생물이 7~6억 년 전에 탄생하고, 신경계가 약 5억 년 전에 출현하였으며, 인간은 30만 년 전에 지구별에 등장하였다.

신경계의 시작은 감지sencing와 반응responding이다. 인간 의식과 마음 연구의 석학이며 인지과학과 과학철학 분야의 대가인 대니엘 데닛의 저서 『마음의 진화』에서 말하는 것과 동일하다. 신경계가 느낌을 만들고, 근육과 골격이 몸의 표상image을 만들고, 이 두 가지가 결합해 '의식'을 만든다. 그 후 이것이 언어와 지능, 문화를 만들게 된다.

리스본 태생 미국의 세계적인 신경과학자인 안토니오 다마지오는 2019년 그의 저서 『느낌의 진화: 모든 것의 이상한 순서』에서 "언어와 사회성, 지능"을 인간만이 가진 '문화의 탄생' 원인으로 간주하였다.[43] 인간을 포함한 생물은 호메오스타시스_(항상성恒常性, homeostasis)_ 유지를 위한 '느낌'이 있다고 한다. 그는 '느낌'은 호메오스타시스의 대리인이고 이것이 문화 탄생의 원인이라 설명한다.

호메오스타시스는 생명체 내의 균형과 조화의 상태를 뜻한다. 단위 생명체는 체온, 체액, 혈압 등 균형과 조화의 상태를 유지하려는 본성이 있다. 이를 항상성 즉, 호메오스타시스라 한다. 생물은 여러 환경에 처해서도 체내의 상태는 대체로 일정한 상태로 유지한다. 몸속의 혈액 산도가 pH7.4로 일정한 것 등을 의미하며, 주로 자율신경과 내분비계에 의해 유지된다.

'느낌'은 정서가_(情緒價)_를 갖는다. 즉, 쾌/불쾌라는 정서 가치이며, 이것이 생물의 항상성을 유지하도록 하는 가장 큰 원동력이다. '느낌'_feeling_이란 원초적 상태(배고픔, 갈증, 고통, 쾌락 같은 항상성 느낌)나 정서에 의해 촉발되는 상태(공포, 분노, 기쁨 같은 정서적 느낌) 등 다양한 항상성 상태들에 의해 발생하는 마음속 경험이다. 느낌은 현재 상황에서 가장 적절한 행동을 하도록 하는 욕구와 동기를 제공한다.

'느낌'을 가진 생물은 항상성 유지와 자연선택에서 이점을 가진다. '항상성'이란 기계적인 평형상태를 찾아 가는 것이 아니라 더 편하고 좋은 상태를 향해 스스로를 상향 조절_up-regulate_ 하는 것이다. 그러므로 마음이란 '뇌'에만 의존된 그 무엇이 아니라 '몸'을 통해, '몸'과 함께, '몸'을 느끼며 생겨나는 그 무엇이다. 인간이란 존재는 이성적인 듯 보이지만 중요한 결정은 결국 '감정과 무의식'에 의해 하게 된다. 다마지오는 올바른 선택을 하는 판단력은 이성이 아니라 감정에서 생긴다고 주장한다.

뇌의 핵심 임무는 '이성, 감정 조절, 상상, 창의성, 공감' 등이 아니다. 과학자들의 과학자로 불리며, 하버드대 '법·뇌·행동센터장'인 리사 펠드먼 배럿의 저서 『이토록 뜻밖의 뇌과학』(2021)에 의하면 뇌는 알로스타시스 신항상성新恒常性, allostasis를 하는 기관이다.[44] "뇌는 생존을 위해 에너지가 언제 얼마나 필요할지 예측함으로써 가치 있는 움직임을 효율적으로 해내도록 신체를 제어하는 것 즉, 알로스타시스를 해내는 것이다." 알로스타시스(신항상성)는 몸에서 뭔가 필요할 때 충족할 수 있도록 자동으로 예측하고 대비하는 것이며, 외부 스트레스를 이겨 내는 신경과 호르몬 작용을 의미한다. 한정적인 '신체 예산'을 적절하고 효율적으로 운영하는 것이 알로스타시스이다. 리사는 '뇌'의 가장 중요한 일은 생각하는 것이 아니라, 신체를 운영하는 것이라고 강조한다.

■ 뇌는 무엇을 하는 기관인가?

뇌腦, brain는 신경세포가 하나의 큰 덩어리를 이루고 있으면서 동물의 중추 신경계를 관장하는 기관이다. 뇌는 크게 대뇌, 소뇌, 뇌간의 3부분으로 구분되며 다시 뇌간은 간뇌, 중뇌, 교뇌, 연수의 4부분으로 구분된다.

뇌는 어떤 기능을 담당하는가? 물질로서의 뇌의 실체는 무엇인가?
우리의 몸은 60조 개의 세포로 이루어져 있고, 체내의 정보 전달 역할을 담당하는 것은 신경세포이다. 신경세포는 온몸에 뻗어 있는 신경계에 있으며, 이를 통괄하는 뇌에 집중되어 있다. 대뇌피질에만 140억 개,

뇌 전체에 약 1천억 개가 있다. 뇌는 본능적인 생명 활동에 있어서 중요한 역할을 담당하는데, 여러 기관의 거의 모든 정보가 일단 뇌에 모이고, 뇌에서 여러 기관으로 활동이나 조정 명령을 내린다. 뇌는 대부분의 움직임, 행동을 관장하고, 신체의 '호메오스타시스'항상성, Homeostasis를 관장한다. '심장의 박동, 혈압, 혈액 내의 농도, 체온' 등을 일정하게 유지하는 호메오스타시스 기능과 함께, '인지, 감정, 기억, 학습, 운동, 수면' 등을 담당한다.

신체의 내외부로부터 접하게 되는 감각 정보가 어떤 경로를 거쳐 뇌에 전달되어, 느낌과 지각이 생기고, 행동하게 되는지 뇌의 메커니즘을 생각해 보자.

우리는 어떻게 사물을 볼 수 있는가? 시각 정보는 분해되어 전송된다. 인간의 뇌는 시각 정보를 해마나 편도체로 보내서 기억이나 감정을 불러일으킬 수 있다. 뇌는 시각 정보를 지각이나 행위로 변환하는 일도 가능하다. 우리가 외부 세계에서 받아들이는 정보의 약 80%는 시각 정보라고 한다. 뇌가 시각 정보를 처리하는 데는 0.2~0.3초가 걸린다고 한다. 우리는 실시간으로 보는 것이 아니라 약간 늦은 영상을 보고 있는 셈이다.

청각 구조 역시 시각과 기본적으로 동일하다. 소리 정보는 귀에서 뇌로 전달되어 시상視床, thalamus의 안쪽 무릎체내측슬상체를 거쳐 1차 청각 영역에서 처리된다.

후각은 대뇌에 직접 도달하는 유일한 감각이다. 후각은 오감 가운데 가장 강하게 기억에 남는 것으로 알려져 있다. 시각, 청각, 미각, 체성 감각은 모두 뇌의 감각 중계센터인 시상을 거쳐서 각각의 감각 영역으로 정보가 보내진다. 그러나 후각 정보는 유일하게 시상을 거치지 않고 대뇌피질이나 그 안쪽에 있는 대뇌변연계에 직접 도달한다.

대뇌변연계에는 기억을 담당하는 해마와 감정을 담당하는 편도체가 있다. 이처럼 특이한 전달 경로가 냄새와 기억, 기억에서 떠오르는 감정을 강하게 연결하고 있는 것으로 보고 있다.

시각, 청각, 후각, 미각, 촉각을 다섯 가지 감각, 흔히 오감이라 한다. 그런데 요즈음에는 더 많은 감각이 있는 것으로 알려졌다. 온몸의 피부나 근육 등에서 느끼는 감각을 '체성體性 감각'이라 하며 촉각도 그중 하나이다. 체성 감각에는 아픔을 느끼는 통증 감각, 압력을 느끼는 압박 감각, 온도 감각, 위치 감각, 운동 감각 등을 포함한다. 신체 내부에도 감각이 있으며, 배고픔, 위통, 구토, 변의, 요의 등의 감각을 '내장 감각'이라고 한다. 이런 감각은 온몸에 있는 센서에서 뇌로 전달되어 몸의 변화나 상태를 알린다.

체성 감각과 내장 감각 등 온몸으로부터 감각 정보를 모아 몸을 지키기 위해 작용하는 기능을 호메오스타시스라고 한다. 몸의 어디에서 이상 신호가 오면 뇌는 그것을 원래 상태로 되돌리려고 명령을 내린다. 몸의 상태를 정상으로 유지하려 하는 피드백 기능이 '호메오스타시스'이다. 호메오스타시스를 통제하는 것은 간뇌의 시상하부이다. 시상하부는 주로 자율신경이나 호르몬 분비를 컨트롤하여 체내의 균형을 조절하는 역할을 한다. 체온이 오르면 체온을 낮추기 위해 땀을 흘리고, 체내에 독이 들어오면 면역 시스템을 발동하여 몸 밖으로 내보내려 한다. 뇌가 자동적으로 방어 태세에 들어가 생명을 유지하려고 한다. 호메오스타시스가 제대로 작동하지 않으면 컨디션이 나빠지고 기분도 좋지 않아지고 정서 불안이 되기도 한다. 이런 기분이나 정서 情緒, emotion 의 근원이 되는 것을 '각성 覺醒, awakening' 또는 '정동 情動, affect'이라고 한다.

뇌는 이처럼 우리의 신체 기능을 유지하는 기능을 통하여 각성과 정동을 일으키고, '마음'이라는 의식과 감정의 근원이 생겨나서 우리의 행동을 일으키는 역할을 수행한다. 앞에서 언급하였던 하버드대의 리사 펠드먼 배럿의 저술서 『이처럼 뜻밖의 뇌과학』의 이야기를 생각해 보자. 리사가 "뇌의 가장 중요한 일은 '생각'하는 것이 아니라, 신체를 운영하는 것이다"라고 주장할 정도로 뇌가 알로스타시스를 행하는 기능에 더 큰 중점을 두기도 하는 점을 이해할 필요가 있다. 이것이 생명체의 하나인 우리 인간의 생각과 행동을 만들고, 이러한 경험의 누적이 개인의 미래를 만들어 가는 데 결정적인 역할을 한다는 것이다.

그러나 "뇌의 중요한 기능은 생각하기보다는, 신체를 운영하는 것이다"라는 설명은 부분적으로 옳지만, 인간 뇌의 복잡성을 지나치게 단순화시킨 것이 된다. 뇌가 알로스타시스와 같은 과정을 통해 신체를 조절하고 호메오스타시스를 유지하도록 진화한 것은 사실이지만, 나아가 복잡한 사고와 의사결정도 수행한다.

인간의 뇌는 정보를 처리하고 그 정보를 기반으로 결정을 내리는 정교한 능력을 개발하여 우리가 환경을 탐색하고, 다른 사람들과 의사소통하고, 문제를 해결할 수 있게 해 준다. 사고와 의사결정은 생존의 중요한 요소이며, 추상적이고 창의적으로 생각하는 능력은 인류가 하나의 종 species으로서 번영하고 발전할 수 있도록 해 주었다. 이러한 높은 수준의 기능은 감각 정보의 처리, 기억의 형성 그리고 그 정보를 기반으로 결정을 내리는 능력에 기초한다.

따라서 인간의 뇌는 알로스타시스에서 자신의 역할에만 집중하기보다는 신체의 조절과 복잡한 사고 등 다양한 기능을 수행하도록 진화했다고 보는 것이 더 정확하다.

■ 뇌와 '마음'의 관계와 마음의 작동 방식

마음은 몸의 어디에 존재하는가? BC 5세기 그리스 의사 히포크라테스는 마음이 뇌에 있다고 주장하였고, BC 4세기 철학자 플라톤도 뇌는 정신 작용의 원천이라 생각했다. 아리스토텔레스는 마음은 심장에 있고 뇌는 심장의 열을 식혀 주는 장치라고 보았다. 17세기 프랑스 철학자 데카르트는 마음과 몸은 별개라는 '심신이원론'을 주장했다. 이후 프로이트는 물질로서의 뇌의 기능을 떠나서 마음을 연구하는 심리학을 발전시켰다.

뇌는 '마음'을 어떻게 만들어 낼까? 온몸에서 뇌에 도달한 신체 정보가 정동을 일으키는 구조는 무엇인가? 마음과 몸을 연결하는 '정동'은 몸의 반응을 동반한다. 마음은 어디에 있을까? 인류는 오래전부터 이를 탐구해 왔다. 마음이란 인간의 지식과 의식, 감정의 근원이 되는 것이다. 이 중에서 가장 어려운 것이 감정이다. 감정은 주관적이라 과학적으로 조사하기 어렵다. 그러나 감정 중에는 무서움으로 심장이 뛰거나 화가 나서 얼굴이 빨개지는 것과 같이 몸의 반응으로 나타나는 것도 있다. 이처럼 몸의 반응을 동반하는 충동적인 감정을 각성 또는 '정동情動, affect'이라고 한다. 정동은 인간과 동물에게 공통되어 MRI 등 영상 기술이 발달하기 이전의 뇌 연구에서는 동물 실험을 통해 알아보려고 하였다.

정서emotion는 생리적 각성awakening과 표현 행동 그리고 의식 경험을 수반하는 유기체의 반응이다. 혼잡한 속에서 "아이가 보이지 않을 때" 정서는 심장이 뛰는 신체 각성과 페이스가 빨라지는 표현 행동, "유괴되었나?"라고 하는 사고와 "못 찾을지 모른다"라는 두려움 등의 감정을 포함한 의식 경험 같은 것들의 혼합체이다.

심리학자들은 이 세 가지 성분이 어떻게 하나로 묶이는지를 알아내고자 하였다. 이를 해결하기 위해서는 "신체 각성이 정서적 감정에 앞서는가, 아니면 뒤따르는 것인가?"라고 하는 문제와 "사고인지認知와 감정은 어떻게 상호작용하는가? 인지는 항상 정서에 선행하는가?"라고 하는 문제에 대한 대답을 모색해 왔다.

19세기 말의 심리학자 제임스William James와 랑게Carl Lange는 "각성이 정서에 선행한다"제임스-랑게 이론라고 주장하였다.[45] 이는 우리가 상식적으로는 "슬퍼서 울고, 화나서 때리며, 무서워서 벌벌 떤다"라고 이해하는 것을 완전히 뒤집는 견해이다. 그들은 "울기 때문에 슬프고, 때리기 때문에 화나며, 떨기 때문에 무서움을 느낀다"라고 하였다. 외부 자극에 대해 몸이 먼저 반응하고, 그것이 뇌로 전달되어 정동이 나중에 생긴다는 주장이다. 이에 반하여 20세기 생리학자 캐넌W. B. Cannon과 바드Philip Bard는 "각성과 정서는 동시에 발생한다"캐넌-바드 이론라고 주장하였다.⁴⁶ 정서 유발 자극이 신체 반응을 촉발하는 동시에 주관적 경험도 촉발한다는 것이다. 즉, 공포를 경험함과 동시에 심장이 빨리 뛴다는 것이다. 그런데 오늘날 대부분의 연구자들은 정서가 인지를 수반한다는 사실에 동의하고 있다. 어두운 밤길에 뒤따르는 사람이 두려운지는 그의 행동을 위협적인가 친근한 것인가로 해석하는지에 전적으로 달려 있다는 것이다.

이후 샤터와 싱어는 정서를 경험하려면 각성을 의식적으로 해석하는 것이 필요하다고 생각했다.⁴⁷ 신체 반응과 사고(지각, 기억, 해석)가 함께 정서를 생성한다는 것이다. 이들의 주장은 "2요인 이론"으로 부른다. 정서를 경험하기 위해서는 신체적으로 각성되고, 인지적으로 그 각성에 이름을 붙이는 인지적 평가가 이루어진다는 것이다.

정서 유발 자극을 어떻게 해석하고 이름 붙이느냐에 따라서 전혀 다른 정서를 경험할 수 있다는 결과는 수많은 실험에서 반복되었다. "깎아지른 낭떠러지 앞에서는 공포로 해석되는 감정이, 멋진 블라우스 앞에서는 환희로 해석될 수 있다"라고 하버드대 심리학자 대니엘 길버트(2006)가 말한 바 있다. 각성은 정서에 에너지를 공급하고, 인지는 그 정서를 이끌어 간다.

정서이론[48]

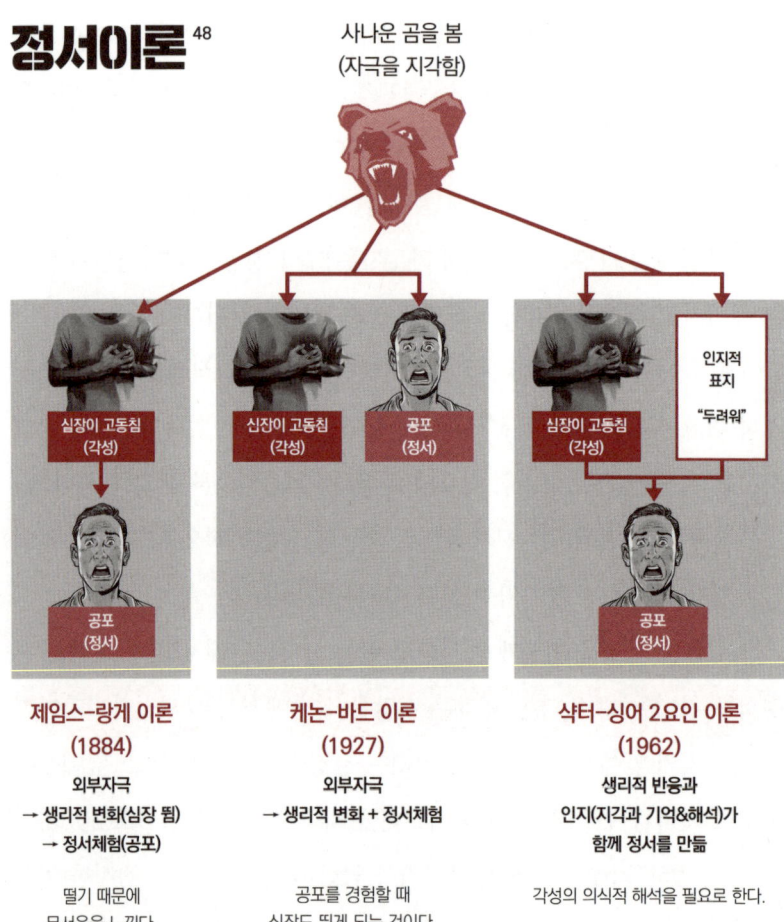

정서를 경험하려면 '항상' 각성을 해야만 하는 것인가? 인지는 항상 정서에 선행하는가?

　상황의 해석과는 분리된, 심지어 해석보다 앞서는 많은 심리적 반응이 존재한다. 우리가 이유를 알지 못한 채 어떤 대상(사물, 사람 등)을 즉각적으로 좋아하였던 경험을 회상할 수 있을 것이다. 우리는 정서적으로 의미 있는 정보를 탐지하는 매우 예민한 자동 레이더를 가지고 있어서 아주 사소한 자극조차도 뒤따르는 자극에 대해 좋게 또는 나쁘게 느끼도록 점화시킬 수 있다.

정서 반응은 두 가지 다른 두뇌 회로를 경유할 수 있다. 전달 경로를 아랫길과 윗길로 명명한다. 좋아함, 싫어함, 두려움 같은 단순한 정서는 피질을 우회하는 신경 지름길을 택하며, 이를 '아랫길'이라고 한다. 공포 유발 자극은 아랫길을 따라 눈이나 귀에서 시상視床을 경유하여 편도체로 직접 이동한다. 피질을 우회하는 지름길은 지능이 개입하기도 전에 번개같이 신속한 정서 반응을 일으킨다. 비교적 복잡한 정서인 사랑이나 증오와 같은 정서는 '윗길'을 따라 전달된다. 감각 입력은 분석을 위해 시상하부를 경유하여 두뇌피질로 전달된 다음 피질에서 자극을 분석하고 이름을 붙인 다음에 정서 제어 중추인 편도체를 경유하여 반응 명령을 신체로 내보낸다.

편도체 반응은 뇌의 사고피질思考皮質과 독립적으로 작동하는 반사처럼 매우 신속하기에 무슨 일이 발생하였는지 자각하지 못하기도 한다. 두뇌가 의식적인 자각 없이 엄청난 양의 정보를 처리하며, 대부분의 정서는 자동적이고 신속한 아랫길을 통해 작동된다. 그러나 어떤 방식이든지 상황이나 사건을 평가하지 않는다면 우리가 반응하는 것이 무엇인지 어떻게 알 수 있는가? 그 평가는 무노력, 무의식이더라도 이것 또한 심리적인 기능이다. 특정 자극의 유·무해有無害를 알기 위해 두뇌는 그 자극이 무엇인지에 관한 어떤 아이디어를 가지고 있어야만 한다. 그러므로 어떤 사건의 유·무해 여부를 평가할 때 정서가 발생하는 것이라고 정서 연구자인 리처드 라자루스는 주장한다(1991, 1998). 우리가 가지고 있는 기억과 기대, 해석도 감정에 영향을 미친다. 사건들을 개인화할 수 있으며, 한 사건에 매우 큰 비중을 두어 경험을 과잉 일반화할 수도 있게 된다.

현대 뇌신경과학자 안토니오 다마지오Antonio Damasio는 실험을 통해 감정이 정동 때문에 생긴다는 가설을 얻었다. 결과는 제임스-랑게의 가설 "울기 때문에 슬프다"와 겹치지만, 다마지오는 자극에 의해 무의식으로 유발되는 신체 반응을 '정동'이라 부르며, 감정은 정동을 인식함으로써 생긴다고 하였다. 사람은 감정을 의식하기 전에 감정의 근원이 되는 희로애락의 정동에 지배되어 몸이 먼저 반응하며 감정은 그 후에 의식으로 올라온다는 것이다.

다마지오는 감정, 의식, 그리고 신체 사이의 관계에 대한 우리의 이해에 상당한 기여를 제공한 신경과학자이다. 그에 따르면, 감정은 우리의 행동과 의사결정을 안내하는 데 중요한 역할을 한다. 그는 감정은 자극에 대한 신체의 반응에 기초하며, 이 반응은 의식적인 감정과 생각에 영향을 준다고 제안한다.

다마지오가 보기에 감정은 생리적 변화 후에 발생하는 별도의 과정이 아니라 자극에 대한 신체적 반응의 직접적인 결과이다. 그는 감정이 신체의 조절 시스템, 즉 신체가 균형 상태를 유지하도록 돕는 "알로스타시스", 즉 "호메오스타시스"의 중요한 구성 요소라고 주장한다. 그의 이론은 감정이 신체의 생리적 상태와 밀접하게 연관되어 있으며, 신체 상태의 변화가 감정에 영향을 미칠 수 있으며, 이는 다시 우리의 행동에 영향을 미칠 수 있다고 제안한다.

다마지오의 핵심 통찰 중 하나는 감정이 단순히 주관적인 경험이 아니라 자극에 대한 신체의 생리적 반응에 뿌리를 두고 있다는 것이다. 그에 따르면, 감정은 뇌의 의사결정 과정의 필수적인 부분이며, 우리의 생존과 행복에 부합하는 선택을 하도록 도와준다. 그의 이론은 감정, 의식 그리고 몸 사이의 연관성을 이해함으로써 우리의 감정이 우리의 생각, 태도, 행동에 어떻게 영향을 미치는지에 대한 포괄적인 견해를 제공한다.

의식consciousness이란 깨어 있는 상태에서 자기 자신이나 사물에 대해 인식하는 작용이다. 어떤 때든 우리가 자각하고 있는 모든 것, 생각, 느낌, 감각 및 외부 환경에 대한 지각으로 정의된다. 의식은 마음과 몸의 관계가 아직 잘 이해되지 못하고 있어 심리학의 미스터리 중 하나로 여겨지고 있다. 의식은 수준, 즉 최소한의 의식, 충만한 의식과 자의식의 수준에서도 이해될 수 있고, 의식의 내용물, 즉 관심이 있는 것과 관심이 없는 생각들을 연구할 수도 있다. 사람들이 자신의 의식을 보고하는 것을 통하여 의도, 단일화, 선택과 유동성 같은 의식의 기본적인 속성을 이해할 수 있다. 의식의 반대 개념인 무의식은 역동적 무의식과 인지적 무의식 두 가지로 구분할 수 있다. 프로이트는 역동적 무의식을 단순히 숨겨진 과정의 집합체로 보기보다는 개인이 일생 동안 숨겨 온 기억, 깊숙이 존재하는 본능과 욕망, 이런 것들을 통제하려는 내적 노력 등을 포함하는 능동적 체계라고 설명하였다. 현대 심리학자들은 무의식적 정신 과정이 의식과 행동에 영향을 미친다는 프로이트의 견해에 동의한다. 그러나 현대의 무의식적 마음의 연구는 무의식이 동물적인 충동과 억압된 사고로 채워져 있다는 프로이트의 주장에 동의하지는 않는다. 대신에 무의식이 의식적인 사고와 행동을 생산하는 공장 역할을 하는 것으로 여긴다. 인지적 무의식은 개인이 경험하지 않아도 개인의 사고, 선택, 정서와 행동에 영향을 미치는 모든 정신 과정으로 설명된다.

물질인 뇌가 어떻게 '의식'이나 '마음'을 가질까? 라는 철학적인 질문에 현대의 뇌과학은 뇌의 정보처리라는 논리로 답하려 한다. 현재 널리 지지를 받고 있는 뇌과학 이론은 위스콘신 대학 매디슨 캠퍼스의 신경 과학자인 줄리오 토노니 팀의 '의식의 통합정보 이론 IIT'이다. 마르첼로 마시미니와 줄리오 토노니는 『의식은 언제 탄생하는가?』라는 저서에서 "의식의 통합정보 이론 IIT"를 설명하고 있다.[49] 이는 '의식'을 수학적으로 이해하려 하는 것으로, 의식이 생성되려면, '정보의 풍부함'과 '정보의 통합'이 필요하다고 본다. 디지털카메라는 많은 양의 영상 정보를 처리할 수는 있지만, 본 것을 의식하지는 못한다. 반면 인간의 뇌는 신경세포들이 정보를 주고받으며, 그것들이 통합되기 위해 의식이 생겨난다고 보는 것이다. 통합된 정보량은 의식의 양과 대응한다는 이론으로 보면 의식이 없는 것으로 보이는 식물 상태도 의식 수준을 측정할 가능성이 있음을 시사한다.

이러한 연구 결과들을 볼 때, 머지않아 의식을 특정한 방향으로 통제하는 것이 가능할 수 있을 것으로 보인다. 현실적인 방안으로는 긍정적으로 생각하는 것을 학습하여 사람들이 더욱 좋은 감정을 갖도록 유도할 수 있다. 정서의 자동적인 아랫길 기능이 있더라도 사고의 윗길은 인간의 정서적 삶을 제어할 수 있게 해 준다. 지금까지 우리가 정서에 대해 지루하고, 복잡하며, 길게 살펴보게 된 이유이다.

■ 인간의 뇌는 어떻게 진화했는가?

인간은 약 200만 년 전 호모 하빌리스에서 호모 에렉투스를 거쳐 20만 년 전에 호모 사피엔스로 진화해 왔다. 호모 사피엔스의 뇌는 호모 하빌리스와 비교하여 2배(1,500㎤)로 커졌다. 진화의 과정에서 인간은 몸집에 비해 다른 동물보다 큰 뇌를 갖게 되었다. 인간을 동물과 구분하는 사고능력 발달의 원천으로 뇌 용량 크기의 차이를 말하곤 한다.

왜 인간이 다른 동물보다 뇌가 상대적으로 크게 되었는지를 설명하는 데에 대표적인 세 가지 가설이 각축하고 있다. 그것은 '사회성'과 '환경 적응' 및 '유전자 이론'이다. 인간이 집단을 이루고 사회성을 유지하며 서로 소통하는 과정에서 사고를 담당하는 뇌가 커졌다는 가설이 지난 수십 년간 정설로 받아들여져 왔다. '사회적 뇌 가설'이다.

앨리슨 졸리는 '영장류의 지능은 사회적 관계의 복잡성에 좌우'한다고 주장하였다(사이언스, 1966).[50] 사회에 대한 추론 능력은 물체 인식 능력, 조작 능력, 채집 능력보다 훨씬 복잡하며, 사회적 상호작용에 대한 복잡한 추론 능력이 중요하다고 설명하였다. 1980년대 말 옥스퍼드대 문화인류학자 로빈 던바 연구진은 "사회화가 지능에 영향을 준다면 이는 뇌 발달에 미치는 영향이 크다"라고 주장하며, 사회 복잡성과 뇌 발달 간의 진화 연결고리를 탐색하였다. 그들은 "어떤 종은 사회화될수록 뇌의 크기가 커진다"라는 가설을 세우고, 신뢰할 만한 척도로 인간의 '사회 집단 규모'를 제시하였다.

● **참고 - 던바의 법칙**

문화인류학자인 옥스퍼드대 로빈 던바 교수는 원숭이나 침팬지 같은 영장류들을 대상으로 사교성 연구를 했다. 그 결과 「신피질 크기가 영장류의 그룹 규모에 미치는 제약 요건」이라는 논문을 1992년에 발표했다. 복잡한 사고를 담당하는 대뇌 영역인 신피질이 클수록 알고 지내는 친구가 많다는 내용이었다. 그리고 이러한 관계를 인간에게 적용해 보니 인간의 신피질이 더 큰 만큼 인간이 안정적으로 형성할 수 있는 친분 관계는 150명이 될 것이라고 추정했다. 그래서 150을 '던바의 수(Dunbar's number)'라고 말한다. 호주, 뉴기니, 그린란드에 거주하는 원시 부족을 조사한 던바 교수는 마을을 구성하는 주민의 규모가 평균 150명이라는 사실을 발견했다. 또 인간이 효과적인 전투를 하려면 필요한 부대 인원 역시 200명이 넘지 않아야 한다는 점도 확인했다. 이를 통해 던바 교수는 조직에서 집단을 관리할 때 150명이 최적이라는 자신의 추론이 틀리지 않다는 것을 확신하게 됐다.[51]

뇌의 가장 중요한 부위 가운데 하나인 '정신화 네트워크'라 부르는 두 부위가 신피질의 측두엽과 전두엽에 있다. 이 부위가 인간의 사회화 능력과 서로에 대한 이해 능력을 관장한다. 정신화 네트워크 덕분에 타인의 생각에 대한 이해 능력이 생긴다. 신경과학자 매튜 리버만에 의하면, "정신화 네트워크는 배내측 전전두엽피질과 측두엽-두정엽 연접부위, 쐐기앞소엽, 후방대상피질, 측두엽극을 활성화하며 타인 마음(생각, 감정, 목표 등)에 대해 생각하게 되고, 이해·공감·협동·배려 등을 촉진한다"라고 설명한다.[52]

MIT대 레베카 색스 교수도 "정신화 네트워크가 타인에게서 나오는 사회적 신호들을 처리해 줌으로써 그들의 마음 상태와 의도를 파악하여 적절히 대응할 수 있게 한다"라고 말한다.[53]

　신경과학자는 사회적 생각을 하는 우리 뇌를 '디폴트 네트워크'라 여긴다. 다른 사람들에 대한 신호들(강조점, 내용, 선호, 의식주 등)을 처리한다. 소셜미디어상에서 게시물을 올리고, 상호작용할 때 정신화 시스템을 이용한다고 한다.[54]

　근래에 와서 사회성보다는 환경에 적응해 생존하기 위한 고뇌의 결과 뇌 용량이 커지게 되었다는 '생태지능 뇌 가설'이 제기되어 논란이 일고 있다. 사회적 뇌 가설의 허점으로 지적하는 부분 중 하나는 인간과 유전적으로 1.6%밖에 차이가 나지 않은 보노보(침팬지) 역시 수많은 감정을 표현하고 동료들과 소통하며 살고 있지만 뇌가 그다지 크지 않다는 점이다. 즉, 뇌 용량의 증가는 사회성으로 비롯된 것이 아니라는 것이다. 그런데 인간과 비교하여 뇌가 작은 영장류 역시 집단을 이뤄 산다는 것이나, 인간 이외의 다른 동물도 환경에 적응하기 위해 부단히 노력한다는 관점에서, 기존의 사회적 뇌 가설과 새로운 생태지능 뇌 가설 모두 뇌 용량 변화에 대해 명확히 설명되지 않는다는 문제가 있다.

　이에 대한 새로운 시도로 뇌가 커지는 데 관여하는 유전자를 연구해 그 기원을 찾아 보려는 연구가 진행 중이다. 스코틀랜드 세인트앤드루스대 모리시오 곤살레스-포레로 연구팀은 사회 환경이나 자연환경 속에서 인간이 세포 조직별로 써야 하는 에너지가 있으며, 그 에너지를 쓰는 비

중에 따라 신체적 변화가 일어났다고 가정했다.⁵⁵

연구팀은 여러 세대에 걸친 다양한 여성 인류의 신체를 뇌와 생식, 기타 체세포 조직 등 세 가지로 구분했다. 이들 세포 조직별로 어떻게 에너지를 쓰며, 에너지를 씀에 따라 뇌 등 신체 모습이 어떻게 진화해 가는지 컴퓨터 프로그램으로 시뮬레이션했다. 그 결과 호모 사피엔스의 뇌와 신체의 모습은 생태·환경적 문제(60%), 사회적 협력 문제(30%), 집단 간 경쟁 문제(10%)에 기인해 나타난 것으로 드러났다.

그러나 이 이론 역시 인류의 뇌가 커지는 데 기여한 사회와 생태적 이유를 다루었을 뿐 다른 동물의 뇌가 커지지 않은 이유는 설명하지 못한다는 문제가 남게 된다. 결과적으로 세 가지 가설 모두 인간 뇌 용량이 커진 이유를 명확히 말하지는 못하고 있는 상태로 남는다. 현재는 사회적 뇌 가설이 통상적으로 가장 널리 받아들여지고 있다는 점을 참고 바란다.

■ 뇌가 나를 통제하는가, 내가 뇌를 통제하는가?

우리의 몸에서 뇌의 질량은 체중의 2% 정도에 불과하나 신체에서 사용하는 총에너지의 20% 이상을 소모한다. 뇌가 사용하는 주된 에너지원은 포도당으로, 전체 포도당의 60%가량을 사용하며, 모든 에너지 대사를 전적으로 신체에 의존한다.

뇌가 신체의 주인인가? 내 몸은 대체로 내 마음대로 움직이며, 뇌는 마음과 밀접하게 관련된 기관이기에 그렇게 여겨진다. 뇌는 몸이 전해 주는 외부 환경에 대한 정보와 신체 내부 상태에 따라 다르게 작동한다. 먹이나 안전과 번식 등의 보상을 높이는 데 필요한 적절한 운동을 일으키기 위해서는 외부 환경과 신체 상태를 모두 반영해야 하기 때문이다. 이처럼 뇌의 활동은 신체의 영향을 받을 뿐만 아니라, 받아야만 하기에 주인이라고 단정하기는 어렵겠다.

동물들이 움직이는 이유는 먹이나 안전이나 이성 상대와 같은 보상을 획득해 그것을 바탕으로 생존하고 번식하기 위해서이다. 이와 같은 움직임에 목적이 있으므로 무작위적으로 움직여서는 안 된다. 감각 정보를 활용해서 보상과 위험을 예측하고, 그 예측에 맞추어 움직여야 하는데, 적절한 움직임을 만들어 내기 위해서는 뇌가 필요하다. 그래서 뇌 활동은 몸으로 들어오는 감각 정보의 영향을 받는다.

뇌는 외부 환경과 신체의 내부 상태를 모두 반영하여 신체 기능을 조절하고, 적절한 행동을 일으키는 동인을 만든다. 우리가 '뇌와 마음의 작동 방식'에서 살펴본 바와 같이 '각성'과 '정서' 중 어떤 반응이 먼저 오는지, 함께 오는지 등에 관하여 생각해 보았다. 감정이 없으면 기본적인 의사 선택도 어렵다. 선택이란 나의 현재 상태를 고려하여 이뤄지는 것이고, 나의 몸과 긴밀하게 연결된 감정은 나의 현재 상태를 요약해서 알려 주는 역할을 하기 때문이다. 감정은 어떤 대상이나 상태에 관한 좋음과 나쁨으로 구분되며, 좋은 것을 선택하고 싫어하는 것은 회피한다.

사람들은 '인간의 의식이 마음을 조정한다'라고 생각한다. '생각하거나, 느끼는 데 따라' 마음을 움직일 수 있다고 여긴다. 사람이 '의식이 있다'라고 한다면 이것은 '깨어 있다'라는 자각이며, 이것은 우리가 생각, 감정, 경험 등을 통제하고 가지고 있다라는 느낌을 준다. 우리는 '의식'을 두 가지로 나눌 수 있다. 그중 하나는 '깨어 있다는 자각'이며, 또 하나는 '의식의 내용'이다. 의식의 내용이란 '생각, 신념, 감각, 인식, 의도, 기억, 감정' 등을 말한다.

의식이 인간의 마음을 움직이는 것이 아니라면?

우리는 통상적으로 '의식'의 내용이 사람들의 개인적인 자각에 의해 선택되고 통제되고 비롯한다고 여긴다. 그러나 영국의 데이비드 오클리 David Oakley UCL 교수와 피터 핼리건 Peter Halligan 카디프 대학 교수는 "이것은 잘못된 것"이라고 주장했다. 그들은 "사람의 개인적인 자각은 우리의 생각이나 감정이나 인식을 창조하지도 발생시키지도 선택하지도 않는다.[56] 대신 의식의 내용물은 '무대 뒤에서' 인간의 뇌에 있는 빠르고 효율적이고 '비의식적인 시스템'에 의해서 생성된다"라고 논문에서 주장했다. 중요한 것은 "이것은 인간의 개인적인 자각으로부터 오는 어떤 간섭과도 상관없이 일어난다. 이 같은 과정이 발생할 때, 인간의 의식은 마치 '탑승객처럼 수동적으로' 그저 앉아 있을 뿐"이라고 이들은 설명했다. 간단하게 말하면 "우리는 우리의 생각이나 감정을 의식적으로 선택하는 것이 아니고, 그냥 그것들을 인지할 뿐"이라는 것이다.

이에 대해 오클리와 핼리건은 '자유의지와 개인의 책임'은 사회에 의해 구성된 관념으로, 개인과 하나의 종(種)으로서 자신을 이해하고자 하는 의도에서 '만들어진 것'으로 보고 있다. 그들은 "자유의지와 개인의 책임에 관한 문제는, 우리가 살아가고 있는 이 사회 안에서 이미 그 자체로 강력한 목적을 지니며, 이미 우리의 무의식 깊숙한 곳에 뿌리박힌 채로, 우리가 우리 자신을 이해하는 방식에 깊은 영향을 미치고 있다"라고 결론을 내리고 있다.[57]

한편, 텍사스 대학 오스틴의 연구팀이 발표한 새로운 연구는 "무언가를 의도적으로 잊어버리려는 시도는 그것을 기억하려고 하는 것보다 더 많은 정신적 노력을 필요로 할 수 있다"라는 것을 밝혔다(The Journal of Neuroscience, 2019).[58]

몸과 마음은 긴밀한 상호작용을 한다. 그러므로 우리가 바라는 어떤 '마음'을 작위적으로 형성하기 위해서는 이러한 몸과 마음의 상호작용을 이용할 수 있다. 몸의 자세를 바꿈으로써 '감정 상태와 행동'을 바꿀 수 있다는 것이다. 다음의 동영상에서 소개된 실험 내용과 결과를 살펴보자.[59]

● **동영상(youtu.be/Ks-_Mh1QhMc)**
이 동영상에 소개된 연구에서는 피험자들을 실험실로 불러서 2분 동안 힘이 약한 사람처럼 보이는 자세나 힘이 센 사람처럼 보이는 자세를 취하게 했다. 2분간 자세를 취하기 전후에 침(타액)을 채취해서 검사했더니, 힘센 자세를 취한 사람들은 불안한 상황에서 분비되는 호르몬인

코르티솔이 25% 정도 감소한 반면, 약한 자세를 취한 사람들은 15% 정도 증가했다고 한다. 또 힘센 자세를 취한 사람들은 적극적이고 자신만만한 느낌과 관련된 호르몬인 테스토스테론이 20% 증가한 반면, 힘이 약한 자세를 취한 사람들은 테스토스테론이 10%가량 감소했다고 한다.

(자료: 송민령, 뇌는 몸의 주인일까?, 사이언스, 2017)

지금까지 살펴본 내용이 우리에게 시사하는 점은 무엇인가? 뇌는 우리의 신체 외부 환경과 내부 상태에 따라 호메오스타시스와 알로스타시스를 수행한다. 몸과 마음의 상호작용을 이해하고 활용함으로써 우리가 바라는 방향으로 '감정과 행동'을 바꿀 수 있다는 것을 이해하게 되었다. 이것이 우리가 '뇌 과학' 지식을 이해하고 활용하고자 하는 이유가 된다.

■ 뇌 속이기

건강하고 행복한 삶을 위한 심리적인 상태를 유지하기 위해, 우리는 무엇을 할 수 있을까?

'뇌를 속인다'라는 말은 뇌를 속이거나 조작해 어떤 것이 사실이 아닐지라도 그것이 사실이라고 인식하게 하는 생각을 가리키는 말로 자주 사용된다. 좋은 심리적 건강과 행복한 삶을 유지하기 위해, 개인은 마음 챙김, 긍정적인 자기 말하기, 운동과 같은 기술과 수면과 관계 등과 같은 건강한 습관을 연습할 수 있다. 게다가 치료와 다른 정신 건강 요소 개입은 개인들이 그들의 감정과 생각을 더 잘 이해하고 관리하는 것을 도울 수 있다.

<u>제임스-랑게 이론</u>에서 '슬프니까 우는 것이 아니라, 우니까 슬프다'라는 이론을 알아보았다. 각성이 정서에 앞선다는 가설이다. '기쁘니까 웃는 것이 아니라, 웃으니까 기쁘다'라는 학설이다. 감정이 먼저 있고 얼굴 표정을 짓게 되는 것이 아니라, 자극에 의해 표정이 반사적으로 나타나고 그 표정이 개개인이 느끼는 감정을 좌우하게 된다는 주장이다.

이러한 이론을 '<u>안면 피드백 가설</u>facial feedback hypothesis'이라 한다.[60] 1988년 독일의 심리학자 프리츠 슈트라크Fritz Strack, 레너드 마틴Leonard Martin 그리고 자비네 스테퍼Sabine Stepper는 피험자들에게 한 그룹은 볼펜을 코와 윗입술 사이에 물게 하고, 나머지 그룹은 볼펜을 위아래 어금니 사이에 물게 했다. 이 상태에서 두 그룹에게 똑같은 만화를 보여 준 후 나중에 얼마나 재미있게 봤는지 평가해 보도록 하였다. 흥미롭게도 후자가 훨씬 더 재미있게 보았다고 평가했다. 볼펜을 코와 입술 사이에 물면 자연히 찡그리게 된 반면, 이 사이에 물면 저절로 웃는 얼굴이 되었기 때문이다. 비록 억지웃음이라고 해도, 웃으면서 경험한 것에 대해선 더 긍정적인 평가를 내리게 된다는 것이다.

데이비드 하바스David Havas가 이끄는 연구진은 2010년에 좀 더 과감한 실험 결과를 발표하였다. 그들은 피험자들의 이마 근육에 보톡스 주사를 하고, 화가 치밀거나 슬퍼지는 내용의 짧은 이야기를 읽도록 하였다. 그

랬더니 보톡스 주사를 맞기 전에 비해 똑같은 이야기임에도 불구하고 읽는 데 훨씬 시간이 더 걸린다는 사실을 발견하였다. 그들의 해석에 따르면 보톡스 주사를 맞은 피험자들은 안면을 찡그릴 수가 없었기 때문에 그만큼 이야기 속의 주인공의 심리를 따라가는 데 힘이 들었다는 것이다. 적어도 '웃으면 복이 온다'는 아니더라도 '찡그리지 않으면 화가 달아난다'라는 게 되는 셈이다.[61]

제임스-랑게의 가설인 '각성이 정서에 앞선다'와 다마지오의 이론 등을 살펴보면 우리는 자신의 뇌를 쉽게 속일 수 있다. 긍정적인 마음 챙김, 긍정적인 자기 확언, 운동 등을 활용하여 우리가 실현하고자 하는 바를 성취하는 데 도움이 될 수 있다. 다이어트 프로그램에서 이를 이용하는 프로그램의 효과성이 큰 사례가 흔하다.

■ 뇌 과학과 자기 계발

인간의 뇌는 운동과 반응을 포함한 신체의 다양한 기능을 통제하기 위해 수백만 년에 걸쳐 진화해 왔다. 뇌의 전두엽에 있는 운동피질은 움직임을 계획하고 실행하는 역할을 하는 한편, 소뇌는 움직임의 시기와 정확성을 조정한다. 감각 피질은 감각으로부터 정보를 처리하고 그 정보를 기반으로 움직임을 안내하기 위해 운동피질로 신호를 보낸다.

아울러, 뇌는 또한 감정을 조절하고 스트레스와 위험에 반응하는 데 중요한 역할을 한다. 측두엽에 있는 편도체는 감정 정보를 처리하고 스트레스 호르몬의 분비를 유발하는 역할을 하며, 전두엽에도 있는 전전두피질은 감정 반응을 조절하고 결정을 내리는 데 도움을 준다.

뇌가 발달하는 동안, 뇌는 우리가 생각하고, 느끼고, 반응하는 방식을 형성하면서, 경험과 환경적 요인에 기초하여 계속해서 변화하고 적응한다. 이 신경 가소성神經 可塑性, neuroplasticity은 우리가 새로운 기술을 배우고, 기억을 형성하고, 새로운 신경 연결을 개발할 수 있게 해 주는데, 이 모든 것은 우리를 둘러싼 세상에서 채우고, 움직이고, 반응하는 우리의 능력에 기여한다.

● **감정의 조절과 통제**

지금까지 살펴본 뇌 과학 지식을 활용하여, 우리는 어느 정도 감정을 조절할 수 있다. 이를 위한 다음과 같은 방법이 있다.

- ◆ 마음 챙김을 연습하라: 생각, 감정, 그리고 신체적 감각을 인식하는 것은 감정을 통제할 수 있도록 도와줄 수 있다.
- ◆ 호흡을 조절하라: 천천히 심호흡하는 것은 몸을 진정시키고 감정을 조절하는 데 도움을 줄 수 있다.
- ◆ 트리거를 식별하라: 감정을 유발하는 것을 이해하는 것은 감정을 더 잘 준비하고 관리하는 것을 도울 수 있다.
- ◆ 긍정적인 자기 이야기를 사용하라: 부정적인 생각을 재구성하고 긍정적인 자기 이야기를 사용하는 것은 감정 상태를 변화시키는 데 도움을 줄 수 있다.

- 규칙적으로 운동하라: 운동은 기분을 조절하고 스트레스와 불안을 줄이는 데 도움을 줄 수 있다.
- 다른 사람의 도움을 구하라: 신뢰하는 누군가에게 자신의 감정에 관해 이야기하는 것은 그것들을 처리하고 관리하는 방법을 찾는 데 도움을 줄 수 있다.
- 스트레스 관리 기법을 연습하라: 명상, 요가 또는 점진적인 근육 이완과 같은 활동은 스트레스를 관리하고 감정 조절을 개선하는 데 도움이 될 수 있다.

모든 사람의 감정 조절 능력은 다르며, 어떤 사람들은 의료적 치료나 약물 치료와 같은 추가적인 지원이 필요할 수도 있다는 것에 유념하는 것이 중요하다.

우리는 마음 챙김, 인지행동치료, 긍정적인 자기 대화 등 다양한 전략을 통해 어느 정도 감정과 생각을 조절할 수 있다. 이러한 기술들은 개인들이 그들의 감정을 조절하고, 부정적인 생각을 줄이고, 전반적인 행복을 향상하는 데 도움을 준다. 아울러, 규칙적으로 운동하고, 적절한 수면을 하고, 건강한 관계를 유지하는 것과 같은 활동에 참여하는 것은 또한 정서 조절에 긍정적인 영향을 미치고 성공적인 삶에 기여할 수 있다.

제6장
인류의 진화와 적응 역량-성공론 4.0

> 성공한 사람이 될 수 있는데, 왜 평범한 이에 머무르려 하는가?
>
>   - 베르톨트 브레히트 Bertolt Brecht

> 단순히 생존을 위한 투쟁이 좋든 싫든 향상을 위한 투쟁이며, 생존의 개념이 보여 준다고 생각되는 단순한 동위同位 관계가 아니라 오히려 승리, 격동, 우월에 의해서만 도달할 수 있다는 사실은 생물 진화에 있어서의 경이이다.
>
>   - 게오르크 짐멜 Georg Simmel

46억 년 전쯤 탄생한 지구별에서 우연히 형성된 미세한 생명체에서 분화와 진화를 연속하며 탄생한 인류는 20만 년 전에 아프리카에서 출현한 호모 사피엔스로 보고 있다. 호모 사피엔스의 일부 집단이 6만 5천 년 전부터 7만 년 전 무렵에 아프리카를 벗어나, 전 대륙으로 확산하고 진화하면서, 여러 인종과 민족이 현재 지구촌에 분포하게 되었다는 것이다.

호모 사피엔스에 훨씬 앞서 40~50만 년 전 무렵에 아프리카를 벗어나 이미 여러 지역에 흩어져 살던 다른 네안데르탈인과 데니소바인들은 멸종하였으며, 호모 사피엔스가 그 자리를 대체했다는 것이 지금까지의 학계 통설이다. 근래의 연구들을 종합하면 그 과정에서 이종 간의 결합

흔적이 있는 것으로도 분석되고 있으나, 호모 사피엔스만이 생존한 현생 인류이다.

호모 사피엔스는 어떻게 네안데르탈인 등 유사 종들을 멸절시키며 살아남게 되었는가? 약 35만 년 전에 유럽에서 처음 나타난 네안데르탈인은 서아시아와 유럽 등지에서 오랫동안 생존을 해 왔으나 2~3만 년 전에 멸종했다.

이들의 멸종 이유에 대해서는 오랜 논쟁과 새로운 학설 및 연구 결과 보고가 계속되고 있다. 네안데르탈인의 머리 크기 즉 두뇌 용적은 현생 인류보다 10% 정도 더 컸던 것으로 밝혀졌다. 두뇌가 크기에 정비례해서 지능이 더 높다고 말하기는 어려우나 네안데르탈인은 호모 사피엔스 못지않게 머리가 좋았던 것은 분명하며, 체격 역시 근육질의 강인한 몸을 지니고 있었다. 이들의 멸종 이유로는 호모 사피엔스와의 경쟁에서 패배, 갑작스러운 기후 변화에 부적응, 각종 질병에 의한 절멸, 근친교배로 인한 인구 감소 등을 들거나, 여러 가지가 복합적으로 작용하여 멸종했을 것으로 설명한다.

반면에 호모 사피엔스는 석기와 같은 도구의 사용으로 신체적 약점을 극복하게 되었고, 수백 명 이상의 큰 집단을 유지하며 사회적 관계가 결정적인 기능을 하게 되었다. 호모 사피엔스는 네안데르탈인보다 두뇌 용량은 약간 적지만 앞부분인 전두엽과 두정엽이 더 발달해 있었으며, 이는 사회적 관계와 밀접한 부분이다. 호모 사피엔스는 집단공동체의 협력과 의사소통 등이 중요시되었기 때문이다. 획기적인 도구 발명과 사용은 소속 집단의 범위를 넘어 다른 집단에게도 전달되어 종족 전체의 생존에 도 크게 기여한 것으로 본다.

호모 사피엔스가 상대적인 약점을 극복하고 최종 승자로 남은 비결은, '지능 수준이 높아서도, 육체적으로 강인해서도' 아니라, '높은 사회성을 통한 소통과 협력 및 혁신' 덕분이었다고 할 수 있다.

인류가 진화와 발전을 거듭하는 과정에서 무엇이 중요한 성공 요소가 되었을까? 시대 환경의 변화에 따라 성공 요소와 성공을 위한 전략이 변해 왔다는 것은 분명한 사실이다. 인류가 문명을 이루고 발전해 온 시대별로 형성된 성공 요소가 지금도 유효한 것, 쓸모없는 것, 크게 바뀌거나 새로운 것이 있을 것이다. 오랜 세월 동안 형성된 성공 습관이 그 효력을 다하거나 오히려 급변한 시대 환경에 전혀 맞지 않은 것을 붙들고 있을 필요가 있겠는가?

⟨인류의 진화도⟩

연대	400만 년 전	170만 년 전	20만 년 전	5만 년 전	1만 년 전
고고학 연대		구석기			중·신석기
인류의 진화	오스트랄로피테쿠스 (뇌 용량: 400~700cc)	호모 에렉투스 (뇌 용량: 800~1,000cc) 자와인 베이징인 하이델베르크인	호모 사피엔스 (뇌 용량: 1,200cc) 네안데르탈인		호모 사피엔스 사피엔스 (뇌 용량: 1,500cc) 크로마뇽인 그리말디인 상동인
	직립 보행, 도구 제작	불과 언어 사용	시체 매장 풍습		동굴 벽화 제작

THE HUMAN STRAIN
As Homo sapiens evolved and migrated across the world, they apparently interberd with archaic humans such as Neanderthals and Denisovans.
(source: Nature)

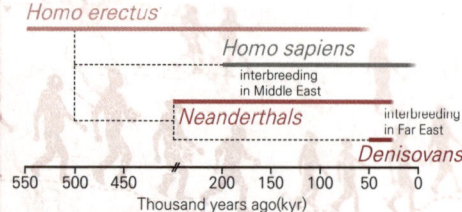

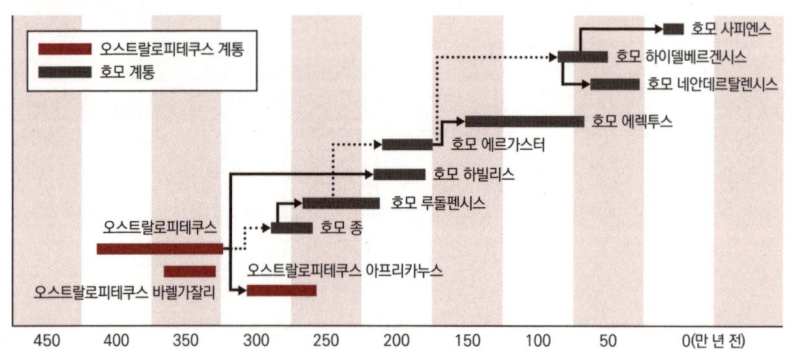

■ 인류의 운명을 바꾼 세 가지 변화

호모 사피엔스 이래 현세까지 인류의 운명을 바꾼 세 가지 주요 진화는 인지적 진화와 문화적 진화, 기술적 진화이다.

첫 번째, 인류의 운명을 바꾼 최초의 진화는 인지적 진화다. 시기는 약 7만 년 전에 발생하여 현대 인류의 의식을 발전시킨 인지 혁명이다. 이것은 인간 두뇌의 진화와 언어와 추상적 사고의 발달로 가능했다. 이것은 인간의 지능, 언어, 의사소통 능력의 점진적인 발전을 의미한다. 그것은 인간이 복잡한 사회를 만들고, 도구와 기술을 개발하고, 문명을 발전시킬 수 있게 해 주었다.

이 진화는 인간 두뇌의 점진적인 발전과 생각, 추론, 정보처리 능력을 의미한다. 그것은 초기 인류가 언어를 개발하고, 도구를 만들고, 복잡한 사회 구조를 형성할 수 있게 해 주었고, 결국 문명의 부상으로 이어졌다. 이러한 인지적 진화는 이후의 모든 기술적, 사회적, 문화적 진보의 토대를 마련했기 때문에 인류 역사에서 가장 중요한 사건 중 하나로 여겨진다.

인지 진화의 일부 핵심 발전은 기호를 사용하는 능력, 복잡한 도구를 만들고 사용하는 능력, 언어와 같은 정교한 형태의 의사소통을 개발하는 능력을 포함한다. 이러한 능력들은 초기 인류가 환경에 더 잘 적응하고, 생존 가능성을 높이고, 지식을 미래 세대에 물려줄 수 있도록 해 주었다.

두 번째, 문화적 진화이며, 시기는 약 1만 년 전에 일어난 농업 혁명으로 농업의 발전과 동물의 가축화로 이어졌다. 이것은 초기 인류 사회의 발전과 안정적인 식량 공급의 필요성 때문에 가능했다.

이것은 인간의 문화와 사회적 규범의 발달을 의미하며, 이는 인간이 서로 그리고 그들을 둘러싼 세계와 상호작용하는 방식을 형성해 왔다. 문화적 진화는 인간이 지식과 전통을 한 세대에서 다음 세대로 물려줄 수 있게 했고, 신념, 종교, 도덕의 복잡한 시스템을 만들 수 있게 했다.

인류의 운명을 바꾼 두 번째 진화인 문화적 진화는 문화혁명으로 인간의 지능과 상상력, 언어의 발달을 의미한다. 이러한 진화는 인간이 복잡한 정신적 과정을 개발하고 효과적으로 의사소통할 수 있게 해 주었고, 이는 문화의 창조와 기술의 발전으로 이어졌다. 인간의 지능, 상상력, 언어의 발달은 추상적인 개념의 창조와 세대에 걸쳐 지식을 전달하는 능력을 가능하게 했고, 복잡한 사회와 문명의 형성으로 이어졌다. 문화혁명은 문자, 농업, 금속 가공을 포함한 광범위한 신기술 창조를 가능하게 하여, 인류 문명의 발전을 위한 기반을 마련했기 때문에 인류 진화의 중요한 단계였다.

세 번째, 인류의 운명을 바꾼 진화는 기술적 진화이다. 17세기에 시작되어 오늘날까지 이어지고 있는 과학·산업혁명이다. 이 혁명은 기술, 과학, 의학의 발전을 이끌었고, 인간 사회에 지대한 영향을 끼쳤다. 그것은 지식, 자원 그리고 통신 기술 발전의 조합에 의해 가능해졌다.

기술적 진화는 인간이 살고 일하는 방식을 변화시킨 새로운 도구와 기술의 개발을 말한다. 기술적인 진화는 인간이 그들의 환경을 변화시키고, 더 많은 음식을 생산하고, 먼 거리에서 의사소통을 가능하게 해 주었다. 그것은 또한 새로운 형태의 에너지, 교통, 그리고 의학의 창조를 이끌었고, 우주와 그 너머를 탐험하는 것을 가능하게 했다.

여기에서 우리는 캘리포니아 주립대 교수인 **재레드 다이아몬드의 역작인 『총 균 쇠』**와 관련된 이야기를 하기로 한다.[62] 이 책은 1998년 퓰리처상을 받게 된 명저로서, 지난 1만 3,000년간 지리적 조건이 전 세계인의 역사에 어떤 영향을 미쳤으며, 오늘날 세계에서 문명 간의 불평등 원인이 무엇인지에 대한 통찰을 제공하고 있다. 그는 그간의 역사 해석이 서구 문명 중심으로 인종적 우월주의적 의식에서 기술되어, 민족 간의 생리학적, 지능적, 기술적 차이가 있는 것처럼 인식하는 문제점을 질타한다.

그에 의하면 식량 생산은 개별 지역의 인구 규모나 사회 복잡성의 주요 결정 요소이며 문명의 우월성을 결정하는 궁극적인 요인임을 사례를 들어 설명하였다. 충분한 식량 생산으로 사회 규모가 커지고, 잉여 인력이 존재하여, 기술과 문화 발전을 통한 정치집단과 군대를 만드는 사회적인 힘이 형성된다는 것이다. 그리고 야생 동물의 가축화와 그 사용에 따른 면역력 강화와 식량 생산을 위한 기술 진보가 무기 발전을 가져와 타 대륙을 침략할 수 있는 기반이 되었다는 설명이다. 그러므로 역사가 크게 달라진 이유는 사람들의 타고난 능력이 아니라 환경 차이가 빚은 결과라는 인식이다.

아주 먼 과거로부터 인간의 진화는 현대 인류의 성공과 행복에 지대한 영향을 끼친다. 시간이 지남에 따라 인간의 기술, 지식, 태도의 발달은 우리의 현재 태도와 행동 패턴을 형성했고, 이는 다시 우리의 생각, 감정, 행동에 영향을 미쳤다. 우리의 경험, 환경, 문화적 배경은 우리의 성격과 성공과 행복을 포함한 세상에 접근하는 방법을 형성하는 데 중요한 역할을 한다. 인류의 운명을 바꾼 세 가지 진화의 시기는 우리가 세상에서 우리의 위치를 이해하는 방식, 우리가 서로 상호작용하는 방식 그리고 성공과 행복의 추구에 큰 영향을 미쳤다. 따라서 인간 본성의 진화와 우리의 기술과 태도의 발달을 이해하는 것은 우리의 성공과 행복을 형성하는 요소들에 대한 귀중한 통찰력을 제공할 뿐만 아니라 우리가 계속해서 개선할 수 있는 분야들을 식별하는 데 도움을 줄 수 있다.

■ 인류의 진화에 따른 시대적 요구 역량 변화

수렵채집시대hunting collection age, 농업시대agricultural age, 산업화시대industrialization age, 정보화시대information age, 지식산업시대knowledge industry age 라 불리는 5개의 시대는 각 시대의 지배적인 경제활동, 기술진보, 사회구조로 구분할 수 있다.

성공 요인과 전략은 다양한 시대에 걸쳐 진화해 왔으며, 사회 환경의 변화에 의해 형성되었다. 다음은 각 시대와 이와 관련된 성공 요인 및 전략에 대한 간략한 개요이다.

● **수렵-채집 시대**

수렵채집 시대는 약 250만 년 전부터 기원전 10,000년 전까지 지속된 것으로 추정된다.

이 시대에 인간은 유목민 사냥꾼과 채집자로 살았다. 그들은 생존하기 위해 사냥 기술, 과일과 식물을 모으고 낚시에 의존했다. 이 시대는 부족과 공동체에서 생활하는 작고 단순한 사회 구조로 특징지어졌다.

이 시대에서의 성공은 생존 기술, 체력, 사냥 능력에 의해 크게 좌우되었다. 이 시대에 성공의 핵심 요소는 자원에 접근할 수 있고 자원을 방어할 수 있는 것이었다. 성공전략에는 동맹을 형성하고, 사냥과 기술을 수집하고, 도구와 무기를 만드는 기술을 개발하는 것이 포함되었다.

● **농업시대**

농업시대는 기원전 10,000년경에 시작되어 산업혁명이 시작된 18세기까지 지속되었다.

이 시대는 농업이 발달하여 정착한 공동체가 형성되었고, 이는 문명으로 성장했다. 사람들은 식량의 과잉 생산과 무역 발전을 가능하게 하는 농업에 더 집중했다.

이 시기에, 성공은 주로 농작물을 경작하고 관리하는 능력에 의해 결정되었다. 성공의 핵심 요소는 토지에 대한 접근성, 농업에 대한 지식 그리고 잉여 식량을 저장하는 능력이었다. 이 시대의 성공전략에는 무역 관계를 발전시키고, 농업 흑자를 창출하며, 상품과 서비스를 거래하는데 이러한 흑자를 사용하는 것이 포함되었다.

● **산업화 시대**

산업혁명은 18세기 후반에 시작되어 20세기 중반까지 지속되었다.

산업혁명은 생산과 운송에 중대한 변화를 가져왔고, 공장의 증가, 도시화, 그리고 대규모 노동자 계급의 성장으로 이어졌다. 이 시대는 대량 생산, 기술 발전의 증가, 자본주의의 부상으로 특징지어졌다.

산업혁명은 효율적이고 저렴한 비용으로 상품을 생산할 수 있는 능력에 의해 성공이 크게 좌우되는 새로운 시대를 가져왔다. 성공의 핵심 요소는 리소스와 자본에 대한 접근성, 기술과 제조 프로세스에 대한 지식, 인력 관리 능력이었다. 이 시대의 성공전략에는 기술과 인프라에 대한 투자, 효율적인 제조 프로세스 창출, 혁신적인 비즈니스 모델 개발이 포함되었다.

● **정보화시대**

정보화시대는 일반적으로 20세기 중반에 시작되어 오늘날까지 이어지고 있는 것으로 여겨진다.

정보화시대는 컴퓨터, 인터넷, 통신 기술의 출현으로 세계적인 상호 연결과 정보의 광범위한 가용성으로 이어졌다. 이 시대는 기술 분야와 같은 지식 기반 산업의 성장과 디지털 서비스와 제품의 부상으로 특징지어졌다.

정보화시대에서 성공은 주로 정보를 처리하고 분석하고 활용하는 능력에 의해 결정되었다. 성공의 핵심 요소는 정보에 대한 접근, 기술 지식, 정보 및 데이터 관리 능력이었다. 이 시대의 성공전략에는 기술 및 인프라 투자, 데이터 분석 및 관리 기술 개발, 디지털 마케팅 및 커뮤니케이션 도구 활용 등이 포함되었다.

● **지식산업 시대**

지식산업은 정보화시대로부터 발생한 최근의 발전이며, 정확하게는 여전히 진화하고 있다.

지식산업은 지식과 정보가 지배적인 경제 동력인 시대를 말한다. 이 시대에 성공은 지식, 기술, 전문 지식을 활용하고 적용하는 능력에 크게 영향을 받는다. 혁신, 창의성, 변화에 적응하는 능력에 초점이 맞춰져 있다.

지식산업에서 성공은 주로 지식을 만들고, 처리하고, 적용하는 능력에 의해 결정된다. 성공의 핵심 요소는 정보에 대한 접근, 기술에 대한 지식 그리고 그 지식을 문제를 해결하고 새로운 해결책을 만드는 데 적용할 수 있는 능력이다. 이 시대의 성공전략에는 지식 관리 시스템 개발, 연구 개발 투자, 혁신, 문화 육성 등이 포함된다.

이상에서 살펴본 바와 같이 시대 구분에 따라 성공 양태와 성공 핵심 요소와 전략이 다르게 진화해 왔다. 시대와 세월이 지남에 따라 성공의 요소와 전략이 바뀔 수 있지만, 근면, 결단력, 적응력과 같은 특정한 자질은 항상 성공의 핵심 요소였고 앞으로도 계속될 것이라는 점에 주목하는 것이 중요하다.

■ 성공전략 변화, 성공론 4.0

20세기에 들어와 산업 사회로 진입하고 급변하는 환경 변화에 따라, 그 대응 전략들에 관한 관심이 형성되기 시작하였다. 개인의 성공 패러다임 변화는 기업 경영 전략의 발전과 시대적 맥락 속에서 서로 긴밀하게 연결되어 있다. 기업이나 개인에게 있어서 성공에 대한 패러다임은 시대 환경에 따라 변화해 왔다. 우리는 이를 경영전략의 시대적인 관심의 중심점과 연계하여, 개인적인 삶의 성공론을 '성공론 1.0부터 성공론 4.0'으로 나누어 살펴볼 수 있겠다.

성공론 1.0(노력과 근면의 시대)은 산업화 초기부터 20세기 중반까지 이어진 '근면, 성실과 인내'를 핵심 가치로 삼는 시대로 정의할 수 있다. 이 시기의 성공은 주로 꾸준한 노력과 물리적 노동을 통해 이루어졌다. 농업 사회에서 산업 사회로 전환되던 시기에 생산성과 규율이 개인의 성취를 평가하는 주요 기준이었다. 20세기 초 산업계에 있어서 경영은 프레더릭 테일러의 과학적 관리법과 헨리 페이욜의 경영 원칙으로 대표된다. 이는 **효율성과 근면**을 통해 노동 생산성을 극대화하는 데에 초점이 맞춰져 있었다. 테일러는 작업을 표준화하고 세분화하여 최적의 생산 방식을 도입했고, 페이욜은 조직 구조와 관리의 체계를 확립하고 하였다.

당시 개인의 성공은 규율과 근면, 반복적인 노력을 통해 성취되었으며, 단순하면서도 꾸준한 작업이 성과로 이어지는 것이 일반적이었다. 농업에서 산업화로 전환되던 시기의 특징인 기계적 효율성과 지속적인 노동은 개인과 조직 모두에게 주요한 성공 요건이었다.

"열심히 일하면 반드시 성공한다"라는 믿음이 강하게 자리 잡았고, 헨리 포드나 "끊임없는 실험과 실패를 통한 성공"으로 토머스 에디슨 같은 인물들이 그 대표적인 사례로 꼽힌다.

성공론 2.0(전문성과 네트워킹 시대)은 20세기 중반부터 21세기 초반까지의 '전문성과 체계적 접근'의 시대를 나타낸다. 산업계에 있어서는 1960~1980년대에 포지셔닝파의 등장으로 기업이 시장에서 유리한 위치를 점하고 경쟁 우위를 확보하는 데 중점을 두었다. 이는 마이클 포터의 **5 Forces 모델**과 같은 도구를 통해 시장 구조와 경쟁 환경을 분석하고, 적절한 포지션을 선택하여 성과를 극대화하는 전략을 제시했다.[63] 기업은 경쟁력을 확보하기 위해 차별화된 제품이나 서비스를 제공하고, 비용 우위를 확보하거나 틈새시장을 공략하는 방식으로 성공을 도모했다. 코카콜라는 포지셔닝 전략을 통해 글로벌 브랜드로 자리 잡았고, 맥도날드는 비용 우위와 표준화를 통해 시장을 장악했다.

이 시기에 개인의 성공은 이와 유사하게, **전문성과 네트워크**를 강조한다. 교육과 훈련을 통해 전문성을 쌓고, 조직 내에서 팀워크와 협력을 통해 시너지를 창출하며 성공을 이루는 방식이다. 안정적인 직업과 전문적 경력을 쌓는 것이 이 시대의 성공 모델이었다. 빌 게이츠나 워런 버핏은 전문성과 체계적 사고를 바탕으로 성공을 거둔 대표적인 인물들이다.

성공론 3.0(창의성과 자아실현의 시대)은 21세기 초반부터 현재까지 '창의성, 자율성, 개인화'를 기반으로 한 시대이다. 산업계에 있어서는 1980년대 이후 부상한 케이퍼빌러티파는 기업의 **내재적 역량**을 강조하며, 단순히 시장에서의 위치가 아니라 기업 자체가 가진 능력과 자산이 성공의 핵심이라고 주장했다. 프라할라드와 해멀의 **핵심 역량**Core Competency 이론은 기업이 보유한 독창적이고 지속 가능한 역량이 경쟁 우위를 창출한다고 보았다.[64] 이 시기의 전략은 조직 내 학습, 기술 혁신, 유연성과 같은 요소를 중시하며, 기업이 변화하는 환경에 스스로 적응하고 성장하도록 만들었다. 기업의 경우 애플은 기술 혁신과 디자인 역량을 통해 차별화된 제품을 지속적으로 선보이며 시장의 선두 주자로 사리 잡았다. 개인의 경우 유튜브 크리에이터, 인플루언서, 스타트업 창업자 등 자신만의 콘텐츠나 비즈니스 모델을 통해 성공한 사례들이다.

성공론 4.0(변화와 혁신의 시대)은 지식정보화 시대의 성공론이다. 21세기에는 복잡성과 불확실성이 증가하며, 환경 '변화에 적응하고 혁신을 지속하는 것'이 기업 성공의 핵심이 되었다. 마틴 리브스Martin Reeves는 "오늘날 경영 환경은 세계화와 급격한 기술 발전, 경제적 상호연관성으로 인해 그 어느 때보다 빠르게 변화하며 불확실한 상황에 직면해 있다"라고 진단하며, "전략에 전략을 더하라"라고 충고한다.[65] 이 시대는 기업이 끊임없이 외부 환경의 변화를 읽고, 빠르게 실험하고 학습하며, 유연하게 전략을 수정하는 능력을 중시하였다. AI, 데이터 분석, 디지털 전환이 이러한 적응 전략을 가능하게 하는 주요 도구로 자리 잡았다. 지식정보화 시대의 성공은 '변화와 혁신'이다. 기업의 경우, 넷플릭스는 디지털 스트리밍 서비스로 전환하며 빠르게 변화하는 미디어 환경에 적응해 성공을 거둔 대표적 사례이다. 개인 사례는 디지털 기술을 활용해 창업하거나, AI 및 데이터 분석을 통해 새로운 기회를 창출하는 전문가들이 된다.

디지털 혁명과 플랫폼 경제의 부상은 개인의 독창적인 아이디어와 자율적 접근 방식이 성공의 중요한 요소로 등장하였다. 이 시대에는 단순한 경제적 성공을 넘어 자신의 삶의 목적과 행복, 더 나아가 지속 가능성을 고려한 성공이 중요해졌다. 개인 브랜딩, 글로벌 접근 그리고 사회적 책임이 성공의 새로운 기준이 되고 있다. 일론 머스크는 기술 혁신을 통해, 테일러 스위프트는 팬들과의 소통을 통한 개인 브랜딩으로 성공의 새로운 모델을 제시한 사례라 할 수 있다. 지식정보화 시대의 개인 성공은 이러한 적응 전략과 밀접하게 연결된다. 개인은 빠르게 변화하는 환경에서 지속적으로 학습하며, 창의적이고 유연한 태도로 새로운 기회를 모색해야 한다. 또한, 디지털 도구를 활용해 자신의 가치를 극대화하고, 글로벌 시장에서 경쟁할 수 있는 능력을 키워야 한다.

이처럼 시대의 흐름에 따라 성공의 기준과 방식은 끊임없이 변화하고 있으며, 각 시대가 요구하는 가치와 역량을 이해하는 것이 성공으로 가는 중요한 열쇠라 할 수 있다. 개인의 성공 패러다임과 기업 경영 전략은 상호 영향을 주고받으며 진화해 왔다. 20세기 초 효율성과 규율을 중시하던 시대에서, 전문성과 차별화를 강조하던 시기를 지나, 오늘날에는 창의성과 적응력을 기반으로 변화와 혁신을 지속하는 데 초점을 맞추고 있다.

이 변화는 기업과 개인 모두에게 **자기 역량을 지속적으로 강화하고, 변화에 유연하게 적응하며, 혁신을 통해 새로운 가치를 창출**하는 것이 필수적임을 시사한다. 시대의 요구를 이해하고 이에 맞춘 전략을 구사하는 것이 성공의 열쇠이다.

● **성공전략에 관한 새로운 접근**

현재 우리는 어떻게 '성공'전략을 보아야 하는가? 지식정보화 시대에서 개인이 성공을 이루기 위해서는 과거의 성공론 1.0, 2.0, 3.0에서 배운 교훈을 현재의 환경에 맞게 창의적으로 적용하는 것이 중요하다. 정보와 기술이 중심이 되는 이 시대는 끊임없이 변화하며, 성공의 기준 또한 빠르게 진화하고 있다.

먼저, 성공론 1.0이 강조했던 근면과 성실의 가치는 여전히 유효하다. "열심히 하면 성공한다"라는 단순한 논리는 현대에 그대로 적용되기 어렵지만, 꾸준히 노력하고 지속 가능성을 추구하는 태도는 성공의 중요한 요소로 남아 있다. 이를 위해 최신 정보를 지속해서 학습하고 변화에 유연하게 적응하는 자세가 필요하다. 예를 들어, 디지털 기술이나 AI와 같은 분야에서 기본기를 다지며 점진적으로 전문성을 키우는 것이 이런 태도의 실천적 사례가 될 수 있다.

성공론 2.0에서 강조한 전문성과 네트워킹의 가치는 지식정보화 시대에서 더욱 확장된다. 이제 단순한 기술적 전문성을 넘어 융합적 사고와 다학제적 접근이 요구된다. 여러 분야의 지식을 조합하여 새로운 가치를 창출하고, 글로벌 네트워크를 통해 협력과 시너지를 극대화하는 것이 중요하다. 데이터 분석 전문가가 심리학이나 디자인을 접목해 창의적인 프로젝트를 수행하거나, 국제적 협업을 통해 새로운 시장을 개척하는 사례가 이러한 접근의 예가 될 수 있다.

또한, 성공론 3.0이 강조했던 창의성과 자율성은 오늘날 더욱 중요해졌다. 디지털 혁명과 플랫폼 경제가 부상하면서 개인의 독창성과 자율성이 성공의 핵심 요소로 자리 잡고 있다. 자신의 강점과 관심사를 바탕으로 독창적인 아이디어를 개발하고, 이를 디지털 플랫폼에서 실행하는 능력이 요구된다. 유튜버나 블로거처럼 개인 브랜딩을 통해 자신만의 콘텐츠를 창출하거나, 사회적 가치를 반영한 비즈니스 모델을 통해 공감을 얻는 것이 이에 해당한다.

궁극적으로, 성공론 4.0으로 지식정보화 시대에서 성공하기 위해서는 몇 가지 핵심 태도가 필요하다. 첫째, 끊임없는 학습과 디지털 도구의 활용을 통해 최신 기술과 지식을 습득해야 한다. 둘째, 글로벌 마인드셋을 가지고 다양한 문화적 배경의 사람들과 협력하며 네트워크를 확장해야 한다. 셋째, 단순히 개인의 성과를 넘어 사회적 책임과 지속 가능한 가치를 고려한 프로젝트를 통해 더 큰 공감을 얻어야 한다.

이 시대는 빠르게 변화하며 동시에 무한한 기회를 제공한다. 과거의 지혜를 현재의 도구와 융합하고 미래를 예측하며, 지속적인 자기 계발과 혁신을 추구하는 태도가 성공으로 가는 길을 열어 줄 것이다.

■ 제4차 산업혁명과 지식 정보화 시대 필요 역량

Digital, AI/*ChatGPT, IoT, Blockchain, NFT, Metaverse, Web 3.0

지식정보화 시대에 필요한 세부 역량 개발을 위해 다음 용어부터 간단히 알아보기로 한다(Digital, AI, IoT, Blockchain, NFT, Metaverse, Web 3.0).

- 디지털Digital: 전자 기술을 사용하여 정보를 생성, 처리 및 통신하는 것을 말한다. 지식과 정보의 시대에, 디지털 환경에서 항해하고 번영하기 위해서는 디지털 기술에 대한 강한 이해가 필수적이다.
- 인공지능AI: 학습, 문제 해결, 의사결정과 같이 일반적으로 인간의 지능이 필요한 작업을 수행하는 기계의 능력을 말한다. 2022년 11월 말 Open AI가 개발하여 출시한 대화 전문 인공지능 챗봇인 ChatGPT 등장은 관련 산업은 물론 사회와 개인에게 큰 파장을 일으키며 등장하였다. 지식과 정보의 시대에 인공지능은 의료, 금융, 제조 등은 물론 교육, 법률/세무/컨설팅 등의 전문 영역 많은 분야에서 점점 더 중요해지고 있다.
- IoT사물인터넷: 전자, 소프트웨어, 센서 및 연결이 내장된 물리적 장치, 차량 및 기타 항목의 네트워크를 말한다. IoT는 장치가 서로, 그리고 인간과 통신할 수 있도록 해 데이터 분석, 자동화 및 향상된 의사결정을 위한 새로운 기회를 창출한다.
- 블록체인Blockchain: 안전하고 투명한 방식으로 트랜잭션을 기록하는 분산형 디지털 원장을 말한다. 그것은 금융, 공급망 관리 및 의료를 포함한 다양한 산업에 혁명을 일으킬 수 있는 잠재력을 가지고 있다.
- NFTNon-Fungible Token: 소유권 증명 및 진위 증명을 제공하는 블록체인 기술을 사용하여 검증된 고유한 디지털 자산을 말한다. NFT는 예술계에서 인기를 얻었지만, 게임과 음악과 같은 다른 분야에서도 잠재적인 응용력을 가지고 있다.
- 메타버스Metaverse: 가상 현실 또는 증강 현실 기술을 통해 여러 사용자

가 공유하는 가상 세계를 말한다. 그것은 협업, 사회적 상호작용 및 교육을 위한 새로운 기회를 창출할 수 있는 잠재력을 가지고 있다.
◆ 웹 3.0: 보다 분산적이고 안전하며 사용자 중심적일 것으로 예상되는 차세대 인터넷을 말한다. 웹 3.0 기술은 개인 정보 보호를 강화하고, 피어 투 피어 트랜잭션을 가능하게 하며, 새로운 형태의 디지털 협업을 촉진하기 위해 개발되고 있다. 플랫폼 권력에서 벗어나 프로토콜 비즈니스로 가는 플랫폼 혁명의 기반으로 전망한다.

이러한 영역에서 역량을 개발하는 것은 지식과 정보화의 시대에 필수적 능력인 가치 있는 기술과 지식을 활용하는 데 대단히 중요하고 유리한 요소가 된다. 이러한 기술을 이해하고 활용하면 빠르게 변화하는 산업과 사회 환경에서 기업과 조직은 물론 개인도 경쟁력을 유지하고 번영할 수 있다.

현재는 4차 산업 혁명의 시대라고 불린다. 특히 블록체인, 암호화폐, NFT, 메타버스, IoT, AI 등 IT 관련 발전이 두드러진다. 이 시대에 성공적으로 살기 위해서는 어떤 역량을 키워야 할까?

4차 산업혁명 시대에 성공적으로 살기 위해서는 다음과 같은 다양한 역량을 개발하는 것이 중요하다.

먼저 디지털 기술을 사용하고 어떻게 작동하는지 이해하는 능력인 디지털 리터러시와 함께, 복잡한 상황을 분석하고 창의적인 해결책을 마련하는 능력인 비판적 사고와 문제 해결 능력이 필요하다.

다음으로는 변화와 신기술에 빠르게 적응하는 능력인 적응성 및 직접 만나거나 원격으로 다른 사람과 효과적으로 일할 수 있는 능력인 협업 기술이 매우 중요하다.

세 번째로는 디지털 환경에서 효과적이고 명확하게 의사소통할 수 있는 능력인 의사소통 능력을 들 수 있다. 그리고 새로운 기회를 식별하고, 벤처를 시작하고, 위험을 관리하는 능력인 기업가적 기술이 필요하게 된다.

네 번째로 자신과 타인의 감정을 이해하고 관리하는 능력인 감성지능이다. 사생활 및 보안과 같은 기술 사용 시 윤리적 고려 사항을 이해하는 윤리의식이 있어야 한다. 아울러, 꾸준한 학습과 개발에 대한 성장 사고방식인 지속적인 학습 등이 4차 산업혁명 시대에 성공하기 위해 개발해야 할 역량이 되고 있다.

기술은 계속해서 우리가 살고, 일하고, 상호작용하는 방식을 형성하기 때문에 이러한 역량은 4차 산업 혁명 시대의 성공에 중요하다. 빠르게 변화하는 세상에서 낙오하지 않고, 번창하기 위해서는 이러한 기술과 역량을 부단히 개발해 나가는 것이 중요하다.

● **4차 산업혁명 시대의 성공 미덕과 요소는 무엇인가?**

4차 산업혁명의 현대사회는 부와 권력과 같은 전통적인 성공 요인에서 새롭고 보다 총체적인 성공 척도로 전환되었다. 이 시대의 성공 여부의 핵심으로 근대 이전의 시대와 확연히 구분되는 요소에 관한 역량 개발이 필요하게 되었다.

단순한 금전적 성공을 넘어 삶의 목적과 의미에 대한 명확한 감각인 인생의 목적과 의미에 큰 가치를 부여하게 되었다. 규칙적인 운동과 자기 관리를 포함하여 정신적, 육체적 건강을 유지하는 정신과 신체적 웰빙에 초점을 맞춘다.

자신과 타인의 감정을 이해하고 관리하는 능력인 감성지능 및 변화하는 환경에 신속하게 적응하고 새로운 과제를 수용할 수 있는 능력인 적응성과 유연성이 중요한 미덕이 된다. 아울러, 복잡한 문제에 대한 새로운 해결책을 찾고 틀에서 벗어난 생각을 할 수 있는 능력인 창의성과 혁신 역량이 필요한 요소이다.

지식 정보화 시대의 업무, 커뮤니케이션 및 개인 개발을 지원하기 위해 기술을 효과적이고 효율적으로 사용할 수 있는 능력인 디지털 사용 능력은 필수적 요소가 된다. 자신의 행동이 다른 사람들과 지구 환경에 미치는 영향에 대한 인식과 긍정적인 변화를 만들기 위한 헌신인 사회적 및 환경적 책임에 대한 관념도 중요한 요소가 되고 있다.

시대의 흐름 속에서 개인적 삶의 성공으로 이어지는 요소들의 구체적인 조합은 사람마다 다를 수 있으며, 문화적 배경, 개인의 가치관, 진로 목표와 같은 요소들에 의해 영향을 받는다.

- 더 읽을 거리

디지털, AI, IoT, 블록체인, NFT, 메타버스, 웹 3.0 및 관련 주제에 대한 지식과 역량을 얻기 위해 이러한 기술의 다양한 측면을 다루는 다양한 책을 연구할 수 있다. 다음은 몇 가지 참고서들이다.

◆ 『인공지능: 현대적 접근법』, 스튜어트 러셀과 피터 노빅 - 자연어 처

리, 기계 학습, 로봇 공학과 같은 주제를 다루는 인공지능에 대한 포괄적인 소개를 제공한다.[66]

- 『4차 산업혁명』, 클라우스 슈밥 - AI, IoT와 같은 신흥 기술이 사회와 경제에 미치는 영향을 논한다.[67]

- 『블록체인의 기본: 25단계 비기술적 소개』, 다니엘 드레셔 - 이 책은 블록체인 기술의 역사, 기술적 측면, 다양한 산업 분야에서의 잠재적인 응용에 대해 포괄적인 개요를 제공한다.[68]

- 『미래는 당신이 생각하는 것보다 빠르다: 융합 기술이 비즈니스, 산업, 그리고 우리의 삶을 어떻게 변화시키고 있는가?』, 피터 H. 디아만디스와 스티븐 코틀러 - 인공지능, 로봇 공학, 블록체인과 같은 신흥 기술의 교차점과 그것들이 사회와 경제에 미치는 영향을 탐구한다.[69]

- 『암호화폐의 시대: 비트코인과 디지털 머니가 세계 경제 질서에 어떻게 도전하고 있는가?』, 폴 비냐와 마이클 J. 케이시 - 암호화폐의 부상과 전통적인 금융 시스템을 붕괴시킬 수 있는 잠재력을 살펴본다.[70]

- 『미래의 산업』, 알렉 로스 - 인공지능, 로봇 공학, 생명공학을 포함한 다양한 산업의 미래를 형성할 가능성이 있는 신흥 기술을 논한다.[71]

- 『비즈니스 블록체인: 차세대 인터넷 기술의 약속, 실천, 적용』, 윌리엄 무가야 - 블록체인 기술이 비즈니스 모델과 산업을 변화시킬 수 있는 잠재력을 탐구한다.[72]

- 『라이프 3.0: 인공지능 시대의 인간이 되다』, 맥스 테그마크 - 인공지능이 사회에 미칠 잠재적 영향과 개인과 정책 입안자들이 긍정적인 미래를 보장하기 위해 할 수 있는 일을 살펴본다.[73]

- 『진실의 기계: 블록체인과 모든 것의 미래』, 폴 비냐와 마이클 J. 케이시 - 블록체인 기술이 금융에서 의료에 이르기까지 다양한 산업에 미치는 잠재적 영향을 탐구한다.[74]

이러한 서적들과 다른 자료들을 공부함으로써 디지털, AI, IoT, 블록체인, NFT, 메타버스, 웹 3.0 그리고 관련 기술들에 대한 더 깊은 이해를 얻을 수 있고, 지식과 정보화의 시대에 번영하는 데 필요한 역량들을 개발할 수 있다. 블록체인 개발, 스마트 컨트랙트 프로그래밍, 분산형 애플리케이션 개발, 가상 세계 설계 등의 영역에서 역량을 개발하는 데 도움이 될 수 있다. 또한 블로그, 팟캐스트 및 온라인 커뮤니티를 통해 이러한 기술의 최신 발전을 따라가면 빠르게 발전하는 이 분야에서 최신 상태를 유지하는 데 도움이 될 수 있다.

● **지식과 정보화의 시대에 현명하게 살기**

현명하게 살기 위해서는 정보를 얻고 적응하는 것뿐만 아니라 개인적인 발전과 전문적인 발전의 조합을 포함한다. 다음은 이를 위해 수행할 수 있는 몇 가지 단계이다.

- ◆ 비판적 사고력을 길러라: 많은 정보를 이용할 수 있기 때문에, 무엇이 신뢰할 수 있고 정확한지를 분별할 수 있는 것이 중요하다. 비판적 사고 기술은 정보를 분석하고 출처를 평가하며 정보에 입각한 결정을 내리는 데 도움이 될 수 있다.
- ◆ 지속적으로 학습하라: 세미나, 웨비나 및 워크샵에 참석하여 해당 분야의 최신 동향과 기술에 대한 최신 정보를 얻어라. 지식을 넓히기 위해 책과 기사를 읽어야 한다.
- ◆ 변화에 적응하라: 세계는 빠르게 변화하고 있으며, 변화에 적응하는 능력은 매우 중요하다. 새로운 것을 배우고, 새로운 도전을 하고, 새로운 기회를 탐색하는 데 열려 있다.

- 강력한 네트워크 구축: 네트워킹은 어느 시대에나 중요하지만 지식과 정보화의 시대에는 더욱 중요하다. 업계 사람들과 관계를 맺고, 네트워킹 이벤트에 참석하고, 온라인으로 사람들과 연결하여 정보와 지식의 흐름에 동참한다.
- 건강한 일과 삶의 균형을 유지하라: 정보의 지속적인 흐름과 연결 상태를 유지해야 한다는 압박감으로 인해 쉽게 압도당할 수 있다. 여러분의 정신적, 육체적 건강을 우선시하고, 필요할 때 휴식을 취하고, 건강한 경계선 내에서 활동하도록 하는 것이 필요하다.

지식과 정보화의 시대에 현명하게 살아가는 데 도움이 될 수 있는 추천 서적으로 칼 뉴포트의 『딥 워크』[75], 클레이튼 크리스텐슨의 『혁신가의 딜레마』[76]가 있다.

■ 시대변화와 적응 노력

수렵채집 시대와 농업시대에 인류가 아주 오랜 기간에 걸쳐 형성한 성공적인 요소 중에서 빠르게 변화하는 현대의 지식과 정보 산업 사회에서도 유용한 성공적인 요소는 무엇일까? 어떤 요소들이 장애물인가?

강력한 대인관계, 적응성, 지략성 등 수렵채집이나 농업시대의 성공 요인은 여전히 현대 지식정보산업사회에서 유익할 수 있다. 그러나 체력이나 전통적인 사고방식과 같은 과거에 유리했던 몇몇 요소들은 빠르게 변화하는 사회에서 장애가 될 수도 있다.

현대사회에서 성공은 기술 리터러시, 비판적 사고, 문제 해결, 효과적인 의사소통과 같은 다른 기술을 요구할 수 있다. 적응하고 새로운 기술과 지식을 지속해서 배울 수 있는 사람은 이 시대에 성공할 가능성이 높다.

성공의 정의는 개인과 문화에 따라 달라질 수 있으며 시간이 지남에 따라 변할 수 있다는 점에 주목하는 것이 중요하다. 따라서 성공 요인과 전략은 고정된 것이 아니며, 급변하는 사회에서 성공하기 위해서는 이에 대한 접근방식을 지속적으로 평가하고 조정해야 한다.

- 다음은 현대사회에서의 성공 요인과 시대변화 적응 노력에 관한 참고서들이다.
  - ◆ 『성공: 우리가 목표에 도달하는 방법』, 하이디 그랜트 할보슨[77]
  - ◆ 『생각에 관한 생각』, 다니엘 카네만[78]
  - ◆ 『마인드셋: 성공의 새로운 심리』, 캐롤 드웍
  - ◆ 『드라이브: 우리에게 동기를 부여하는 것에 대한 놀라운 진실』, 다니엘 H. 핑크[79]
  - ◆ 『주 4시간 근무제: 9-5 탈출, 어디서나 살고, 새로운 부자에 가입하라』, 티모시 페리스

제시한 것들은 몇 가지 예에 불과하며, 현대사회에서 성공이라는 주제에 대해 이용할 수 있는 풍부한 문헌들은 이외에도 많이 있다.

현대에 성공하기 위한 위의 요소들을 포함한 다른 요소들은 무엇인가? 위에서 언급한 4차 산업혁명 기술과 관련된 역량 외에도 현대의 성공에 기여할 수 있는 다양한 요소들이 있다.

현대에서의 성공은 언급한 바와 같이 교육과 기술, 네트워킹, 효과적인 의사소통과 협업, 적응성과 회복력, 창의성과 혁신, 강한 직업윤리, 리더십 자질과 같은 다양한 구체적인 요소들에 달려 있다. 아울러, 명확한 목적의식과 성취 가능한 목표를 설정하고 향해 일할 수 있는 능력을 갖추는 것 또한 중요하다. 또한 성장 마인드를 함양하고 삶의 다양한 측면에서 자신을 향상하기 위해 지속적으로 노력하는 것이 중요하다. 물론, 이러한 요소들은 개인과 그들이 운영하는 구체적인 맥락이나 환경에 따라 다르겠지만, 이것들은 현대사회에서 성공을 기대하는 사람들에게 좋은 시사점을 제공할 수 있다.

지금까지의 논의에서 결론적으로 우리 시대 인생에서 성공을 거두기 위한 주요 요소들은 다음과 같이 요약될 수 있다.

- 목적 및 목표: 명확하고 정의된 목적과 목표를 갖는 것은 우리가 노력에 집중하고 성공이 우리에게 무엇을 의미하는지 결정하는 데 도움이 된다.
- 노력과 인내: 성공하려면 수많은 노력과 헌신 그리고 도전과 좌절을 이겨 내려는 의지가 필요하다.
- 지속적인 학습 및 개선: 성공한 사람들은 배움을 멈추지 않고 그들의 기술과 지식을 향상하기 위해 계속해서 노력한다.
- 바람직한 시간 관리: 시간을 효과적으로 관리하는 것은 개인적인 책임과 직업적인 책임 사이의 균형을 유지하는 데 중요하다.
- 강한 관계: 가족, 친구, 동료, 멘토와 강한 관계를 구축하고 유지하는 것은 지원, 격려 그리고 새로운 기회를 맞이하게 할 수 있다.

- 긍정적 사고방식: 긍정적이고 낙관적인 인생관을 갖는 것은 성취동기를 유지하고, 장애물을 극복하고, 목표를 달성하는 것을 도울 수 있다.
- 건강: 신체적, 정신적 건강을 돌보는 것은 성공하는 데 필요한 에너지와 집중력을 유지하는 데 중요하다.

사회 환경의 변화에 따른 성공전략의 공통점과 차별화 요인에 관해 생각해야 한다.

성공전략은 끊임없이 진화하며 사회 환경의 변화에 적응하고 있다. 그러나 다양한 시대나 기간 및 문화적 맥락에서 성공에 기여하는 몇 가지 공통적인 요소들은 "열심히 일하는 것, 인내심, 명확한 목표, 효과적인 시간 관리, 자기 수양 그리고 지속적인 학습"을 포함한다. 아울러, "의사소통, 감정 지능, 리더십 능력"과 같은 부드러운 기술의 발달 또한 성공에 결정적인 역할을 할 수 있다.

현대, 4차 산업혁명 시대의 성공전략은 점점 더 "혁신, 적응성 및 디지털 유창성"에 초점을 맞추고 있다. 기술 변화와 세계화의 빠른 속도는 개인이 최신 기술 발전을 따라가고 이러한 기술을 각자의 분야에 적용할 수 있는 것을 필수적으로 만들었다. 기업가적 사고와 새로운 기회를 창출하고 활용할 수 있는 능력은 현대 경제에서도 높게 평가된다.

일반적으로 성공전략은 각 개인의 고유한 사회적, 경제적, 문화적 맥락에 의해 형성된다. 성공에 기여하는 공통적인 요소가 있을 수 있지만, 각 개인은 자신의 강점, 약점, 개별적인 상황을 고려한 맞춤형 접근법을 개발해야 한다.

제3편
어제와 다른 삶을 위해 지금 행동하라

나의 과거는 결코 바꿀 수 없지만, 오늘 내 행동을 바꿈으로써 내 미래를 바꿀 수 있다. 나는 오늘 당장 나의 행동을 바꾸겠다.

- 솔로몬

원대한 꿈을 꾸어라. 꿈을 꾸면 꿈처럼 될 것이다. 비전은 언젠가 당신이 보게 될 미래의 모습이고, 이상은 세상에 드러낼 업적의 예언이다.

- 제임스 레인 앨런 James Allen

무엇이든 우리가 잠재의식에 심고 반복적 그리고 감정적으로 키우는 것은 언젠가 현실이 될 것이다.

- 얼 나이팅게일 Earl Nightingale

어제와 다른 삶을 이루기 위해서는 명확한 삶의 목표를 설정하고 그 목표를 향해 꾸준히 행동함으로써 습관적인 행동의 힘을 키우는 것이 중요하다. 또한 마음 챙김과 자기반성을 통해 잠재의식의 힘을 활용하는 것은 제한된 믿음과 행동을 극복하고 지식과 정보의 시대에서 성공과 성취를 위한 우리의 모든 잠재력을 열어 주는 데 도움이 될 수 있다.

먼저, 인생의 목표에 대한 인식 문제이다. 명확하고 의미 있는 목표를 세우는 것은 성취감 있는 삶을 만들기 위해 중요하다. 그것은 우리가 진정으로 성취하기를 원하는 것을 확인하고 거기에 도달하기 위한 계획을 세우는 것을 포함한다. 이 과정은 우리가 인생 여정에서 만나게 되는 장애물이나 주의 산만함 앞에서도 집중하고, 동기를 부여하고, 궤도에 오를 수 있도록 도와줄 수 있기 때문이다.

다음으로 바람직한 행동의 습관화에 관한 이야기이다. 습관은 우리가 의식적인 생각 없이 자동적으로 수행하게 되는 깊이 뿌리내린 행동 패턴이다. 그것들은 우리의 일상생활과 장기적인 결과에 깊은 영향을 미칠 수 있기 때문에 강력하다. 긍정적인 습관을 기르고 부정적인 습관을 버림으로써, 목표와 가치에 맞는 방식으로 우리의 행동을 형성할 수 있기 때문이다.

아울러 잠재의식에 관한 이야기이다. 우리가 이미 본서 제5장의 뇌과학을 활용한 마음의 작동 방식에서 살펴본 바와 같이 우리의 마음은 우리가 의식적으로 인식하지 못할 때에도 끊임없이 방대한 양의 정보를 처리한다. 이것은 잠재의식이라고 알려져 있다. 태어나면서부터 느끼고 학습하고 경험하며 의식적·무의식적으로 저장되어 온 엄청난 저장고가 된 이 잠재력을 활용하는 법을 배우면서, 우리는 우리 자신, 우리의 목표 그리고 우리 주변의 세계에 대한 더 깊은 통찰력을 얻을 수 있다. 명상, 마음 챙김, 저널링journaling과 같은 연습은 우리가 이 힘에 접근하고 이용하는 것을 도울 수 있다.

명확한 삶의 목표를 설정하고, 긍정적인 습관적 행동을 배양하고, 잠재의식의 힘을 활용하는 이 세 가지 요소를 결합함으로써 우리는 개인의 성장과 변화를 위한 강력한 틀을 만들 수 있다.

어제와는 다른 삶을 지금 바로 시작한다!

제7장
인생의 목표

자신이 원하는 목표를 향해 대담하게 나아가라. 안 하는 것보다는 실패가 오히려 일보 전진한다.

- 알랭Alain

사람에게 가장 강력한 동인은 결국 소망이다. 그리고 그 소망은 목표와 계획이라는 엔진을 얻을 때 현실이 된다.

- 스티븐 코비Stephen Covey

나는 할 수 있다. 나는 해낸다. 내게는 저력이 있다. 내게는 오직 전진뿐이다. 이런 신념을 지니는 습관이 목표를 달성시킨다.

- 단테Dante

인생 여정에서 우리는 "무언가를 이루고 싶어 하거나, 갖고 싶어 하거나, 하고 싶어 하는" 등 많은 바람과 기대와 소망을 품는다. 이는 원초적인 지향점이어서 우리의 행동을 일으키는 동인이 된다. 사람에 따라 자연스럽게 형성된 가치관이나 인생관에 따라 순간적이거나 숙고 끝에 어떤 선택을 하게 되고, 그 선택의 결과로 드러난 종합적인 실체가 그때까지의 그의 인생이다.

프랑스 지성 장 폴 사르트르의 명언, "인생은 탄생과 죽음 사이의 선택이다." Life is C(choice) between B(birth) and D(death)가 적절한 표현일지도 모른다. 인생에 있어서 삶이란 선택의 연속적인 과정이다. 어떤 선택을 하고 있는가가 습관이 되며, 그렇게 행한 것들이 쌓인 결과가 그 사람의 인생이 된다.

인생의 지향점이 원하고 바라는 바를 이루는 것이 성취나 성공이라면 그 행동을 하는 방향성은 인생의 목표가 된다. 이에는 물론 인생 전체를 아우르는 장기적인 목표가 있고, 중간중간의 단계마다 중기 목표가 있으며, 그러한 중간 목표를 달성하기 위한 단기적 목표들이 있게 된다. 인생에 있어서 목표의 설정 방법과 과정 및 달성 방법과 전략에 대한 구체적인 내용은 다음의 도서를 참고하기 바란다.

- ◆ 김병헌 저, 『성공과 행복을 위한 인생의 길을 찾다』(지식과감성#, 2020)의 제2장 "인생의 목표는 어떻게 세우고 이루어 가는가?"(pp. 39-100)

인생의 목표는 무엇인가?
인생의 목표는 수 세기 동안 학자와 사상가들이 논쟁해 온 철학적 질문으로, 단 하나의 정답은 없다. 그것은 궁극적으로 각 개인이 자신의 신념, 가치관, 경험에 근거하여 스스로 답해야 하는 개인적이고 주관적인 질문이다.

어떤 사람들은 삶의 목표가 행복을 성취하는 것이라고 믿고, 다른 사람들은 부와 물질적 소유물을 축적하는 것이라고 믿는 한편, 다른 사람들은 그것이 사회에 기여하고 세상에 긍정적인 영향을 주는 것이라고 믿을 수 있다. 궁극적으로 삶의 목표는 각 개인이 스스로 설정하고 결정하는 것으로서, 자신의 경험이나 신념과 가치관이 진화하고, 시간이 지남에 따라 변할 수 있다.

■ 무엇을 이루기 위한 필수 원칙

목표성취 '계획과 실행' 관련한 필수적인 원칙들이 있는가?

무엇인가를 이루는 데 필수적인 원칙들은 상황과 환경에 따라 다를 수 있지만, 몇몇 일반적인 것들은 다음을 포함한다.

- ◆ 명확하고 달성 가능한 목표 설정: 성취하고자 하는 것을 정의하는 것으로 시작하고 그것을 더 작고 관리 가능한 단계로 세분화한다.

  *SMART 목표: 구체적이고 specific, 측정 가능하고 measurable, 성취 가능하고 achievable, 관련되고 relevant, 시간적 범위를 고려한 time bounded 목표

- ◆ 계획 수립: 잘 생각한 계획을 갖는 것은 조직적으로 목표에 집중할 수 있도록 도와줄 수 있다.

- ◆ 실행: 성공을 위해서는 반드시 행동이 필요하므로 목표를 향해 일관되고 의도적인 단계적 행동을 취해야 한다.

- ◆ 끈기: 무언가를 성취하는 것은 종종 끈기와 결단력을 요구하므로, 열심히 노력하고 일어날 수 있는 어떤 장애물도 극복할 준비를 해야 한다.

- 유연성: 계획을 세우는 것도 중요하지만, 유연하고 새로운 기회와 방향의 변화에 개방적인 자세를 취하는 것도 중요하다.
- 네트워킹: 지원 인력 네트워크를 구축하면 목표 달성에 도움이 될 수 있는 귀중한 자원resources과 기회를 제공할 수 있다.
- 학습: 새로운 기술을 지속해서 배우고 습득하는 것은 우리가 변화의 선두에 서도록 하고, 새로운 도전에 대처하기 위한 더 나은 준비 기반을 갖추도록 한다.
- 작은 성공 축하하기: 아무리 작은 성공이라도 우리의 성공을 인정할 시간을 가져라. 그러한 발전을 축하하는 것이 우리에게 동기를 부여하고, 목표 집중을 유지하는 데 도움이 된다.

인생 삶의 긴 여정에서 수많은 중간적인 목표들이 우리에게 주어진다. 입시나 취업, 결혼, 승진, 돈, 건강, 명예, 학위 등 성취 목표들이 무수하게 많다. 그러한 목표들을 차근차근 달성해 가면 인생 성공이 '짠' 하고 나타나는 것은 아니다. 그러한 목표들을 달성해 가는 과정들이 '인생 여정'이며, '성공적인 인생의 여정'이 되는 것이다.

결국 무엇을 이루는 원칙은 이루고자 하는 '그 무엇'인 목표를 세우고, 이의 달성을 위해 가용한 자원을 할당하는 계획과 함께 끈기 있게 실행해 가는 과정이 중요하다는 이야기이다. 경우에 따라 목표 달성을 위한 노력 중에서 환경이나 상황이 변해 목표 달성이 무의미하거나 불가능한 경우도 생길 수 있으므로, 변경 조정하거나 포기할 수 있는 유연성과 외적 연결성을 가질 필요도 있어야 한다는 것이다.

목표 달성 노력 중에서 지속적인 학습 과정을 통해 유용한 지식과 정보를 습득하는 노력도 중요하다. 그 과정에서 만나는 장애나 애로는 극복이나 우회하는 방법이 있으며, 작은 중간 목표 달성에 대해서 충분한 자기 축하가 격려와 노력 추동의 동력이 됨을 인식할 필요가 있다.

■ 인생에서 목표가 중요한가?

우리가 인생에서 성공을 위해 끊임없이 노력하게 만드는 방법은 무엇인가?

삶에서 성공을 위해 끊임없이 노력하기 위해서는 성공이 나에게 무엇을 의미하는지 명확하게 이해하고, 나의 가치와 비전에 맞는 '구체적이고, 측정 가능하고, 달성 가능하며, 관련성 있고, 시간제한이 있는' SMART 목표를 설정하는 것이 중요하다. 또한 성장 마인드를 개발하고 도전과 실패를 배움과 향상의 기회로 받아들이는 것이 중요하다. 규칙적인 자기성찰, 지속적인 학습과 기술 개발, 목표 설정, 목표에 맞는 업무와 활동의 우선순위 부여 등도 성공을 향해 노력하는 데 도움이 될 수 있다. 아울러, 건강한 일과 삶의 균형을 유지하고, 긍정적인 관계를 유지하고, 나에게 기쁨과 성취감을 주는 활동에 참여하는 것은 전반적인 웰빙에 기여할 수 있고, 인생에서 성공할 가능성을 높일 수 있다.

● 인생에서 성공과 행복을 성취하기 위한 기본적 자원

우리의 목표 달성을 위해 사용할 수 있는 몇 가지 자원이 있다. 이러한 자원에는 다음이 포함된다.

- 자기 계발: 이것은 새로운 기술을 배우고, 더 나은 습관을 기르고, 사고 방식을 개선하는 것과 같은 활동을 포함한다. 개인적인 개발은 성공과 행복을 성취하는 데 필수적이다. 왜냐하면 그것은 삶을 향상하는 데 필요한 지식과 도구를 제공하기 때문이다.
- 관계: 가족, 친구 그리고 동료들과 긍정적인 관계를 갖는 것은 성공과 행복을 위해 중요하다. 왜냐하면 그것은 우리에게 지원, 격려 그리고 동기부여를 제공하기 때문이다.
- 건강: 건강한 몸과 마음은 성공과 행복을 위해 필수적이다. 운동과 건강한 식단을 통해 신체 건강을 유지하고 명상과 치료 등의 활동을 통해 정신 건강을 챙기는 것이 나의 목표 달성에 도움이 될 수 있다.
- 재정: 재정적 안정성은 개인들에게 목표를 달성하고 성취감 있는 삶을 살 수 있는 수단을 제공하기 때문에 성공과 행복을 위한 중요한 자원이다.
- 시간: 효과적인 시간 관리는 성공과 행복을 위해 필수적이다. 왜냐하면 그것은 우리가 목표를 우선시하고, 더 적은 시간에 더 많은 것을 성취하고, 스트레스와 좌절을 줄일 수 있기 때문이다.
- 환경: 우리가 살고 일하고 노는 환경은 성공과 행복에 큰 영향을 미칠 수 있다. 긍정적이고 지원적인 환경을 만드는 것은 우리에게 목표를 달성하고 더 성취감을 느끼도록 도울 수 있다.

● **인생의 성공을 위한 목표에 대해 명확하게 하는 것은 무슨 의미이며 어떻게 하는가?**

인생에서 성공하기 위한 목표가 명확하다는 것은 우리가 성취하고 싶은 것과 그것이 중요한 이유에 대해 명확하고 구체적으로 이해하는 것을 의미한다. 여기에는 자신에게 성공이 무엇을 의미하는지 정의하고,

'구체적이고, 측정 가능하고, 달성 가능하고, 관련성 있고, 시간제한이 있는' SMART 목표를 설정하고, 행동과 결정을 가치와 우선순위에 맞추는 작업이 포함된다. 이를 위해, 삶의 목적, 가치, 장점, 흥미 그리고 욕망을 점검하는 것으로 시작할 수 있다. 그런 다음 목표를 더 작고 관리 가능한 단계로 세분화하고, 정기적으로 진행 상황을 검토하고 조정할 수 있다. 또한 신뢰할 수 있는 출처에서 피드백을 구하고, 시각화 및 긍정을 사용하여 목표를 강화하며, 자가 관리와 개인 개발 활동에 참여하여 여정을 지원할 수 있다.

■ 목표는 언제 어떻게 설정하는가?

우리는 언제 인생의 목표를 설정하는가?
삶의 목표를 설정하는 시기는 사람마다 다를 수 있으며 삶의 어느 단계에서나 발생할 수 있다. A라는 사람은 어린 나이에 인생의 목표를 정하고, 성장하고 발전하면서 계속해서 그것을 조정하는 한편, B라는 사람은 인생의 후반부까지 구체적인 목표를 설정하지 않을 수도 있다.

A에게 인생의 목표를 설정하는 것은 자신들의 가치, 관심사, 우선순위를 반영하기 때문에 어린 시절에 시작해서 성인기 내내 계속되는 계획적이고 지속적인 과정일 수 있다. B에게 인생의 목표는 그들이 직면한 예상치 못한 사건이나 도전에 대한 반응으로 나타날 수 있다.

궁극적으로 삶의 목표를 설정하는 시기는 개인마다 다르며 개인의 상황, 경험, 사고방식 등 다양한 요인에 따라 달라질 수 있다.

우리는 인생의 목표를 어떻게 설정하나?

삶의 목표를 설정하는 것은 개인적인 과정이지만, 그 과정을 안내하는 데 도움이 될 수 있는 몇 가지 일반적인 단계가 있다.

- ◆ 가치, 관심사, 열정에 대해 생각하자: 자신에게 중요한 것은 무엇인가? 무엇을 하는 것을 즐기며, 무엇을 잘하는가?
- ◆ 장기적인 목표와 단기적인 목표를 확인한다: 앞으로 5년, 10년, 20년 동안 무엇을 성취하고 싶은가? 당면 목표는 무엇인가?
- ◆ 구체적이고 측정 가능하며 달성 가능한 목표를 만들자: 특정 기간 내에 달성할 수 있는 명확하고 정의된 목표를 설정한다(SMART 목표).
- ◆ 실행 계획 수립: 각 목표를 더 작고 관리하기 쉬운 단계로 나누고 각 단계를 달성하기 위한 일정을 작성하자.
- ◆ 집중력과 동기부여 유지: 목표를 염두에 두고 도전과 장애가 발생하더라도 목표를 향해 노력하는 데 전념하자.
- ◆ 필요에 따라 재평가하고 조정하자: 삶의 환경이 바뀌면서 목표가 바뀔 수도 있다. 필요에 따라 목표를 조정하는 데 열려 있어야 한다.

인생의 목표를 설정하는 것은 개인적이고 지속적인 과정이며, 그것을 하는 데 옳고 그른 방법은 없다는 것을 기억하자. 중요한 것은 의도적이고, 자기성찰적이며, 유연한 태도를 보이는 것이고, 자신의 가치와 우선순위에 부합하는 방식으로 목표를 달성하기 위해 지속적으로 노력하는 것이다.

■ 성공에 관한 개인과 기업의 공통점과 차이점

인생에서의 성공과 사업에서의 성공 사이의 공통적인 요소와 차이점은 무엇인가? 여기 몇 가지 사례를 살펴본다.

- **공통 요인**
  - ◆ 노력과 인내: 인생과 사업 성공 모두 강한 직업윤리와 장애물을 극복하려는 의지를 필요로 한다.
  - ◆ 전략적 계획: 명확한 목표를 설정하고 이를 달성하기 위한 로드맵을 만드는 것은 개인적 성공과 비즈니스 성공의 핵심 요소이다.
  - ◆ 네트워킹: 강력한 관계를 구축하고 지원 네트워크를 만드는 것은 개인적인 맥락과 직업적인 맥락 모두에서 유익할 수 있다.

- **차이점**
  - ◆ 성공의 정의: 인생에서의 성공은 개인적인 성취, 관계, 그리고 목적의식을 포함할 수 있는 한편, 사업에서의 성공은 재정적인 안정과 전문적인 성장으로 더 좁게 정의될 수 있다.
  - ◆ 시간 범위: 성공의 시간대는 인생과 사업 사이에 차이가 있을 수 있으며, 개인적인 성공은 종종 더 오랜 시간에 걸쳐 측정된다.
  - ◆ 측정 기준: 성공을 측정하기 위한 지표는 삶과 사업에서 다를 수 있으며, 재정적 성공과 경력 향상은 사업에서 더 중요한 역할을 한다.
  - ◆ 이해관계자: 사업에서 성공은 종종 직원, 고객, 주주와 같은 이해관계자의 요구와 관점을 고려해야 하는 한편, 개인적인 성공은 개인의 요구와 욕구에 더 초점을 맞춘다.

개인의 삶의 목표와 기업의 목표의 유사점과 차이점은 무엇인가? 개인의 삶의 목표와 기업의 목표는 모두 원하는 결과를 달성하기 위한 방향과 동기를 제공하도록 설계되었다는 점에서 유사하다. 그러나 이 둘 사이에는 몇 가지 주요 차이점이 있다.

● **유사점**
- ◆ 원하는 결과를 향한 방향과 동기부여를 제공하도록 설계되었다.
- ◆ 구체적이고 측정 가능하며 달성 가능한 목표를 설정하는 것을 포함한다.
- ◆ 목표를 달성하기 위한 행동 계획과 지속적인 노력이 필요하다.

● **차이점**
- ◆ 목적: 개인의 삶의 목표는 개인적이며 각 개인의 고유한 가치, 관심, 열망을 반영한다. 그러나 기업의 목표는 조직에 의해 설정되며 구체적인 비즈니스 목표를 달성하고 조직의 전반적인 성과를 높이기 위한 것이다.
- ◆ 목표 범위: 개인의 삶의 목표는 종종 개인의 발전과 성장에 초점을 맞추는 한편, 기업의 목표는 일반적으로 조직의 성과, 수익성, 성장에 초점을 맞춘다.
- ◆ 이해관계자: 개인의 삶의 목표는 주로 개인의 이익을 위한 것인 한편, 기업의 목표는 주주, 직원, 고객 등을 포함한 조직과 이해관계자의 이익을 위한 것이다.
- ◆ 리소스: 개인의 삶의 목표는 종종 개인의 자원과 노력에 의존하는 반면, 기업의 목표는 일반적으로 자금, 인력 및 기술을 포함한 상당한 조직 자원을 필요로 한다.

- 시간 범위: 개인의 삶의 목표는 평생에 걸쳐 있을 수 있고 종종 유연한 한편, 기업의 목표는 분기나 1년과 같은 특정한 기간에 설정되어 정기적인 검토와 개정의 대상이 되는 경우가 많다.

결론적으로, 개인의 삶의 목표와 기업의 목표는 약간의 유사성을 공유하지만, 목적, 범위, 이해관계자, 자원 및 시간적 지평의 측면에서도 몇 가지 핵심적인 차이가 있다.

- **조직이 회사의 목표를 설정할 때 사용하는 몇 가지 이론과 모델은 다음과 같다.**
  - SMART 목표: 이 모델은 목표가 구체적이고, 측정 가능하며, 달성 가능하고, 관련성이 있으며, 시간에 제한이 있어야 한다는 생각을 기반으로 한다. SMART 목표는 조직이 잘 정의되고 달성 가능한 목표를 설정할 수 있는 명확하고 간결한 프레임워크를 제공한다.
  - 목표 및 주요 결과(OKR): 이 모델은 측정 가능하고 달성 가능한 목표를 설정한 다음 해당 목표와 관련된 구체적인 시간제한 결과를 정의하는 아이디어를 기반으로 한다. OKR은 조직에서 가장 중요한 목표를 향한 진행 상황을 설정하고 추적하는 데 사용된다.
  - 밸런스 스코어 카드(BSC): 이 모델은 로버트 캐플런과 데이비드 노턴에 의해 개발되었으며, 장기적인 성공을 달성하기 위해 재정적 조치와 비금융적 조치의 균형을 맞추는 아이디어에 기반을 두고 있다. BSC는 재무, 고객, 내부 프로세스, 학습 및 성장의 네 가지 핵심 영역에서 목표를 설정하는 것을 포함한다.
  - 전략 맵: 이 모델은 조직의 목표와 전략들이 어떻게 상호 연관되어 있는지를 시각적으로 표현하는 것을 포함한다. 전략 맵은 조직이 목표와

전략을 조정하고 각 목표가 전체적인 성공에 어떻게 기여하는지 더 잘 이해하는 데 도움이 될 수 있다.

이러한 도구들은 조직이 회사의 목표를 설정할 때 사용하는 많은 이론과 모델 중 일부일 뿐이다. 중요한 것은 조직에 적합한 모델이나 프레임워크를 찾고, 이를 가이드로 사용하여 전반적인 미션과 전략을 지원하는 명확하고 구체적이며 달성 가능한 목표를 설정하는 것이 중요하다.

- **인생에서의 개인/사업의 성공과 관련하여 다음과 같은 일반적인 요소가 있다.**
  - 명확한 목표와 비전: 인생에서나 사업에서나 자신이 이루고 싶은 것에 대한 명확한 생각과 목표를 달성하기 위한 계획을 갖는 것이 중요하다.
  - 근면과 끈기: 삶과 사업에서 성공하려면 꾸준한 노력과 결단력이 필요하다.
  - 적응성 및 유연성: 변화하는 환경에 적응하고 새로운 솔루션을 찾는 능력은 삶과 비즈니스 모두에서 성공의 열쇠이다.
  - 긍정적인 태도와 사고방식: 긍정적인 사고방식은 장애물을 극복하고 삶과 사업 모두에서 성공을 찾도록 도울 수 있다.
  - 강한 관계: 가족, 친구, 그리고 동료들과 좋은 관계는 삶과 사업 모두에서 성공할 수 있도록 지원, 격려, 그리고 자원을 제공할 수 있다.

하지만 인생에서의 성공과 사업에서의 성공 사이에는 약간의 차이도 있다. 예를 들어, 인생에서의 성공은 또한 개인적인 성취, 행복, 그리고 웰빙을 포함할 수 있는 한편, 사업에서의 성공은 재정적인 성공과 성장에 더 초점을 맞출 수 있다. 게다가, 사업에서의 성공은 삶에서의 성공과 직접적인 관련이 없는 재무 관리, 마케팅, 판매와 같은 특정한 기술과 지식을 필요로 할 수도 있다.

이상에서 언급한 성공 관련 요소들의 몇 가지에 관해 다음에서 좀 더 구체적으로 살펴보기로 한다.

● **명확한 목표와 비전은 삶과 사업 모두에서 성공하기 위해 필수적이다.**

성취하고 싶은 것과 성취하고 싶은 이유를 명확하게 이해하는 것은 목표를 향해 노력할 방향과 동기를 부여한다. 목표를 설정할 때는 '구체적이고, 측정 가능하고, 달성 가능하고, 관련성 있고, 시간제한이 있는' SMART 목표를 설정하는 것이 중요하다. 이를 통해 집중력을 유지하고 진행 상황을 추적할 수 있다.

인생에서, 원하는 것에 대한 명확한 비전을 갖는 것은 가치와 열망에 맞는 결정을 내리는 데 도움을 줄 수 있다. 또한 시간과 자원의 우선순위를 지정하고 효과적으로 할당할 수 있다. 예를 들어, 만약 우리의 목표가 건강한 생활 방식을 이끄는 것이라면, 운동과 영양과 관련된 구체적인 목표를 설정할 수 있고, 그 목표들을 뒷받침하는 일상생활에 변화를 줄 수 있다.

비즈니스에서 명확한 비전을 갖는 것은 가장 중요한 우선순위에 노력을 집중하고 장기적인 목표를 지원하는 결정을 내리는 데 도움이 될 수 있다. 또한 목표와 비전을 다른 사람에게 전달하는 데 도움이 되어 팀을 구성하고 이해관계자의 지원을 확보하는 데 가치가 있을 수 있다.

삶과 비즈니스 모두에서 목표와 비전이 현재 상황과 관련되고 일치하도록 정기적으로 검토하고 조정하는 것이 중요하다. 아울러, 성장 사고방식과 배우고 적응하려는 의지를 갖는 것은 우리가 목표를 달성하고 성공적인 삶을 살도록 도울 수 있다.

● **강한 관계란 무엇이며 어떻게 하면 인생에서 성공할 수 있을까?**

강한 관계는 친구, 가족 구성원, 로맨틱한 파트너, 직업적인 동료들 사이의 친밀하고, 건강하고, 성취감 있는 개인들 사이의 관계를 의미한다. 인생에서 성공에 기여하는 강력한 관계를 구축하기 위해서는 다음과 같은 수행이 필요하다.

- ◆ 공개적으로 의사소통하고 적극적으로 다른 사람의 말에 귀를 기울인다.
- ◆ 다른 사람들에게 공감과 이해를 보여 주자.
- ◆ 친절, 정직, 그리고 신뢰를 실천하자.
- ◆ 타협할 의사가 있고 상호 이익이 되는 해결책을 찾자.
- ◆ 다른 사람들과 좋은 시간을 보내고 공유된 활동에 적극적으로 참여하자.
- ◆ 다른 사람들이 필요로 할 때 지원과 격려를 제공하자.
- ◆ 자신의 행동에 책임을 지자.
- ◆ 관계를 유지하고 개선하기 위해 지속적으로 노력하자.

강한 관계를 갖는 것은 소속감과 지원을 가져올 수 있고, 개인적이고 직업적인 성장을 위한 기회를 제공하며, 더 행복하고 성취감 있는 삶으로 이어질 수 있다.

인생에서의 성공과 사업에서의 성공은 몇 가지 공통적인 요소와 차이점을 가진 두 가지 다른 결과로 생각될 수 있다. 인생과 사업의 성공은 일반적으로 명확하고 달성 가능한 목표, 열심히 일하는 것과 결단력 그리고 헌신과 같은 요소들과 관련이 있다.

하지만 인생에서의 성공과 사업에서의 성공 사이에는 몇 가지 중요한 차이점들도 있다. 인생에서의 성공은 종종 개인적인 관계, 건강, 행복과 같은 요소들을 포함하는 더 전체론적인 정의를 포함하는 반면, 사업에서의 성공은 재정적인 성공과 경력 향상에 더 초점을 맞출 수 있다. 또한, 인생에서의 성공은 개인적인 목표와 직업적인 목표의 균형을 맞추는 데 더 넓은 초점을 필요로 할 수 있는 반면, 사업에서의 성공은 회사나 조직 내에서 특정 목표를 달성하는 데 단 하나의 초점을 필요로 할 수 있다.

결론적으로, 인생과 사업 성공 모두에서 가장 중요한 요소는 성공이 사업이나 개인에게 무엇을 의미하는지에 대한 명확한 이해와 그러한 목표를 달성하기 위한 계획의 개발이다. 그것이 강한 개인적 관계의 배양이든, 재정적 안정의 추구든, 전문인인 성공의 성취를 통해서든, 개인은 명확한 목표를 설정하고 실행 가능한 전략을 개발하고 원하는 결과의 추구에 전념함으로써 성공의 기회를 증가시킬 수 있다.

■ 목표설정이론과 자기결정이론 Self Determination Theory

인생의 목표 관련 주요 이론들을 살펴보자.

역사를 통해 학자들에 의해 제안된 삶의 목표에 대한 몇 가지 이론이 있다. 가장 잘 알려진 몇 가지는 다음과 같다.

- 매슬로의 욕구 계층(1943): 에이브러햄 매슬로는 인간의 욕구는 더 높은 수준의 욕구(예: 자기실현)를 추구하기 전에 낮은 수준의 욕구(예: 생리적, 안전적 욕구)를 충족시킬 필요가 있는 계층적 방식으로 구성되어야 한다고 제안했다. 그는 개인이 자신의 잠재력을 최대한 발휘하고 더 높은 수준의 목표를 추구하기 전에 낮은 수준의 요구를 충족시켜야 한다고 주장했다.[80]
- 자기결정론(1985): 리얀과 데시는 개인은 자율성, 유능감(역량), 관련성에 대한 선천적인 심리적 욕구를 가지고 있으며, 이러한 욕구를 충족시키는 것이 더 큰 행복과 개인적 성장으로 이어진다고 제안했다. 그들은 자신의 가치와 관심사에 부합하는 삶의 목표를 설정하고 추구하는 것이 이러한 심리적 욕구를 충족시키는 중요한 부분이라고 주장했다.[81]
- 삶의 의미 찾기(1959): 홀로코스트 생존자이자 정신과 의사인 빅터 프랭클은 개인들이 진정으로 성취되기 위해서는 그들의 삶에서 의미와 목적을 찾을 필요가 있다고 제안했다. 그는 자신의 목적의식과 일치하는 삶의 목표를 설정하고 추구하는 것이 개인이 삶에서 의미와 성취감을 찾는 데 도움이 될 수 있다고 주장했다.[82]

이와 같은 주장들은 인생의 목표에 관해 제안된 많은 이론들 중 일부일 뿐이며, 각각의 장단점이 있다. 중요한 것은 개인적으로 무엇이 당신에게 공명하는지 고려하고, 그 정보를 사용하여 당신 자신의 목표 설정 과정을 안내하는 것이다.

- **자기 결정 이론에 대해 좀 더 살펴보기로 한다.**

자기결정론(SDT self determination theory)은 리처드 라이언과 에드워드 데시가 1970년대와 1980년대에 개발한 인간의 동기와 성격에 대한 이론이다. SDT는 사람들이 자율성, 유능감, 관련성의 세 가지 선천적인 심리적 필요에 의해 동기 부여된다고 제안한다.[83]

- ◆ 자율성: 개인이 자신의 삶을 통제하고 자신의 행동이 자기 주도적이라고 느낄 필요가 있다는 것을 말한다. 삶에서 자율적이라고 느끼는 사람들은 목표를 추구하고 성취감과 만족감을 경험하기 위해 동기부여를 받을 가능성이 더 높다.
- ◆ 유능감(역량): 개인들이 자신의 행동에서 능력과 효과를 느낄 필요를 말한다. 유능하다고 느끼는 사람들은 새로운 도전을 하고, 배우고 성장하며 성취감과 만족감을 경험할 가능성이 더 높다.
- ◆ 관련성: 개인들이 연결되어 있다고 느끼고 다른 사람들과 긍정적인 관계를 형성할 필요성을 말한다. 다른 사람들과 연결되고 관련이 있다고 느끼는 사람들은 만족감, 성취감 그리고 행복감을 경험할 가능성이 더 높다.

SDT는 개인이 이러한 세 가지 심리적 욕구를 경험할 때 동기부여를 받고 자신의 추구에 참여할 가능성이 더 높으며, 이는 전체적으로 더 큰 행복과 만족으로 이어진다고 제안한다. 반대로, 개인들이 이러한 요구를 경험하지 않을 때, 그들은 동기부여와 불만족을 경험할 가능성이 더 높다.

조직은 SDT를 사용하여 직원의 심리적 요구를 지원하고 전반적인 동기와 만족도를 높이기 위한 작업 환경을 구축할 수 있다. 이것은 자율성, 역량과 기술 개발을 위한 기회 그리고 다른 사람들과의 긍정적인 사회적 상호작용과 연결을 위한 기회를 제공함으로써 달성될 수 있다.

■ 급변하는 시대 상황에서도 목표 설정이 필요한가?

오늘날처럼 급변하는 환경에서도 삶의 목표를 설정하는 것이 중요한가? 급변하는 환경에서 삶의 목표를 설정하는 것이 중요한지 여부는 개인의 선호와 관점의 문제이다. 어떤 사람들은 명확한 방향 감각과 목적의식을 갖는 것이 변화에 직면했을 때 안정감과 그 기반을 제공하기 때문에 빠르게 진행되는 오늘날의 세계에서 그 어느 때보다 중요하다고 주장한다. 목표를 설정하는 것은 또한 개인들에게 그들의 삶에 대한 통제력과 그들의 열망을 성취하는 방법에 대한 로드맵을 줄 수 있다.

반면에, 어떤 사람들은 목표가 관련성을 유지하기에는 상황이 너무 빨리 변할 수 있기 때문에 목표 설정이 급변하는 세상에서 융통성이 없고 제한적인 요소가 될 수 있다고 주장한다. 또한, 특정 목표에 너무 좁게 집중하는 것은 좁고 경직된 관점을 초래할 수 있으며, 개인이 성장하고 발전할 기회를 놓치게 할 수 있다.

궁극적으로 급변하는 환경에서 목표 설정의 가치는 개인에 따라 달라진다. 어떤 사람들은 그것이 도움이 된다고 생각하는 반면, 다른 사람들은 더 유연하고 적응력 있는 접근을 선호한다. 각자가 자신의 가치, 욕구, 선호도를 성찰하고 자신에게 맞는 균형을 찾는 것이 중요하다.

- 인생에서 성공하기 위한 환경적 적응성과 유연성은 무엇이며, 어떻게 해야 하나?

환경 적응성과 유연성은 다양한 환경의 요구와 도전에 대응하여 조정하고 변화하는 능력을 말한다. 그것은 사람들이 복잡하고 역동적인 상황을 탐험하고 장애물을 극복할 수 있게 해 주기 때문에 인생에서 성공의 핵심 요소이다. 환경 적응성과 유연성을 개발하기 위해 개인은 다음을 수행해야 한다.

- ◆ 성장 사고방식 개발: 도전과 어려움을 성장과 발전의 기회로 간주하라.
- ◆ 변화를 수용하라: 새로운 경험, 관점, 도전에 열린 자세를 가져라. 그리고 변화를 삶의 긍정적인 측면으로 보라.
- ◆ 적극성을 가져라: 자신의 삶에 책임을 지고, 성장하고 발전하는 데 도움이 될 새로운 기회와 경험을 적극적으로 찾아라.
- ◆ 실패로부터 배워라: 실패를 배움의 기회로 보고 미래의 결정과 행동을 알리는 데 사용하라.
- ◆ 회복력을 길러라: 좌절에서 회복하고 도전을 극복하기 위한 정신적,

감정적 힘을 기르자.
- ◆ 지원 네트워크 육성: 지원, 지도, 멘토링을 제공할 수 있는 타인과의 관계를 구축하고, 성장과 발전을 촉진하는 지원 환경을 조성한다.

● **인생에서 명확한 목표를 설정하는 것의 이점**
- ◆ 초점과 방향: 명확한 목표는 방향 감각과 집중력을 제공하여 개인이 시간과 에너지의 우선순위를 정하고 그들에게 가장 중요한 것에 집중할 수 있도록 돕는다.
- ◆ 동기부여 증가: 개인들이 명확한 목표를 가지고 있을 때, 그들은 행동을 취하고 그들의 열망을 향해 노력하기 위해 더 동기부여를 받는다. 이를 통해 참여 및 생산성을 높일 수 있다.
- ◆ 더 나은 의사결정: 명확한 목표를 설정하는 것은 개인이 자신의 행동을 자신의 열망에 맞출 수 있기 때문에 시간과 자원을 어떻게 할당하는지에 대해 더 많은 정보에 입각한 결정을 내릴 수 있게 해 준다.
- ◆ 성취감 향상: 개인이 목표를 설정하고 달성할 때 성취감과 만족감을 경험하게 되는데, 이는 자신감과 자존감을 높일 수 있다.

● **인생에서 명확한 목표를 설정하는 것의 문제점**
- ◆ 비현실적인 기대: 목표가 현실적이지 않거나 달성할 수 없을 때, 좌절하고 낙담할 수 있고, 동기부여가 떨어지고 진전이 부족하게 된다.
- ◆ 좁은 초점: 자신의 목표에 너무 집중할 때, 인간관계나 개인적인 성장과 같은 삶의 다른 중요한 측면들을 무시할 수 있다.
- ◆ 융통성 없음: 엄격한 목표를 가지고 있을 때, 적응력이 떨어지고 새로운 경험과 기회에 폐쇄적일 수 있다.
- ◆ 스트레스와 압박: 목표를 추구하는 것은 특히 목표가 도전적이거나 상

당한 노력과 희생을 요구할 때 스트레스와 압박을 만들 수 있다.

명확한 목표를 세우는 것과 새로운 경험과 기회에 열려 있는 것 사이에서 균형을 잡는 것이 중요하다. 현실적이고 달성 가능한 목표를 설정하고, 필요에 따라 정기적으로 이를 재평가하고 조정함으로써, 개인은 잠재적인 문제를 최소화하면서 목표 설정의 이점을 극대화할 수 있다.

- 더 읽을거리

목표 설정의 장점과 방법에 관한 책과 학술 논문이 많이 있다. 이 주제에 대한 가장 영향력 있는 작품으로는 다음이 있다.

- 『목표 설정: 효과적인 동기부여 기법』, 에드윈 로크와 게리 라담 - 이 고전적인 논문은 목표 설정에 대한 이론과 연구 그리고 동기부여 도구로서의 효과에 대한 개요를 제공한다.[84]
- 『마인드셋: 성공의 새로운 심리학』, 캐롤 드웩 - 이 인기 있는 책은 성장 사고방식의 개념과 목표 설정과 성공에서 그것이 하는 역할을 탐구한다.[85]
- 『다시 일어서는 힘』, 존 맥스웰 - 현재의 삶이 잘 풀리지 않을 때, 다시 일어서는 힘을 잃지 않는다면 불가능이란 없다. 수십 년 동안 끊임없는 노력을 통해 발전과 성장을 거듭해 온 존 맥스웰 역시 작은 성공에 만족하고 주저앉고 싶은 유혹에 곧잘 빠진다고 고백한다. 하지만 "그만두고 싶을 때마다 자신을 다시 일어서게 만드는 3가지 키워드 자각, 능력, 선택을 통해 앞으로 나갈 수 있었다"라고 한다.[86]
- 『성공하는 사람들의 7가지 습관: 개인적 변화에 대한 강력한 교훈』, 스

티븐 코비 - 이 베스트셀러는 목표를 설정하고 달성하기 위한 전략을 포함하여 개인적이고 전문적인 개발을 위한 포괄적인 틀을 제공한다.[87]
- 『드라이브: 창조적인 사람들을 움직이는 자발적 동기부여의 힘』, 다니엘 핑크 - 이 책은 동기부여의 과학을 탐구하고 개인이 그들의 목표와 열망을 추구하도록 이끄는 것에 대한 통찰력을 제공한다.[88]

이상의 '더 읽을거리'들은 목표 설정이라는 주제에 대해 이용할 수 있는 많은 책과 학술 논문의 몇 가지 예에 불과하다. 그리고, 국내의 저술서 중 인생의 목표 설정 방법과 전략에 대해 구체적이고 명확하게 언급한 서적은 앞에서 언급한 바와 같이 다음의 서적을 참고하기 바란다.

- 김병헌 저, 『성공과 행복을 위한 인생의 길을 찾다』(지식과감성#, 2020)의 제2장 "인생의 목표는 어떻게 세우고 이루어 가는가?"(pp. 39-100)

개인의 삶의 목표를 설정하는 것의 한계와 문제점을 탐구하는 책들과 학술 논문들 중 가장 영향력 있는 작품으로는 다음과 같은 것들이 있다.

- 『몰입 Flow: 최적 경험의 심리학』, 미하이 칙센트미하이[89] - 이 책은 '몰입'의 개념을 탐구하고 때로는 목표의 추구가 지나치게 경직되어 순간을 살아가는 경험을 떨어뜨릴 수 있다고 주장한다.
- 『행복 가설: 고대의 지혜에서 현대의 진리를 찾아서』, 조나단 하이트 - 이 책은 목표와 행복의 관계를 살펴보고, 목표 설정을 통한 행복 추구가 때로는 잘못될 수 있다고 주장한다.[90]

- 『선택의 역설: 왜 많을수록 더 불행한가』The Paradox of Choice: Why more is less?, 배리 슈워츠 - 선택해야 할 것이 너무 많으면 무얼 선택해야 할지 스트레스가 쌓여 오히려 행복감을 떨어뜨리는 경우가 많으며, 이를 '선택의 역설'paradox of choice이라고 한다.[91] 미국 심리학자 배리 슈워츠는 선택의 과잉이 불안과 우유부단한 감정으로 이어질 수 있다는 생각을 탐구하고, 때때로 목표 추구가 지나치게 복잡하고 부담스러울 수 있다고 주장한다.
- 『행복에 걸려 비틀거리다』, 다니엘 길버트[92] - 이 책은 목표를 세우고 추구하는 것이 행복의 열쇠라는 생각에 도전하고, 개인은 종종 미래에 무엇이 그들을 행복하게 할지에 대한 서투른 예측자라고 주장한다.

이러한 책들은 개인이 삶의 목표를 설정하는 것의 잠재적인 한계와 문제에 대한 귀중한 통찰력을 제공한다. 이러한 생각들을 탐구하고 우리 자신의 경험을 성찰함으로써, 우리는 삶에서 목표의 역할에 대해 더 미묘한 균형 잡힌 시각을 얻을 수 있다.

● **급변하는 환경에서 장기적인 삶의 목표를 설정하는 것이 적절한가?**

이와 관련하여 주의해야 할 문제 또는 요점은 무엇인가?

급변하는 환경에서 장기적인 삶의 목표를 설정하는 것은 유익할 수도 있고 문제가 될 수도 있다. 장기적인 목표 설정의 이점 중 일부는 방향과 목적에 대한 감각을 제공하고, 시간이 지남에 따라 집중과 동기를 유지하도록 돕는 것을 포함한다. 장기적인 목표는 또한 개인들에게 그들의 열망을 성취하는 방법에 대한 로드맵과 그들의 삶에 대한 통제감을 줄 수 있다.

그러나 빠르게 변화하는 환경에서 장기적인 목표를 설정하는 것도 상당한 제한점이 될 수도 있다. 급변하는 환경은 미래를 예측하기 어렵게 만들 수 있으며, 일정한 조건을 염두에 두고 설정한 장기적인 목표는 그러한 조건이 변화함에 따라 무관하거나 달성할 수 없게 될 수 있다. 또한, 특정 목표에 너무 좁게 집중하는 것은 좁고 경직된 관점을 초래할 수 있으며, 개인이 성장과 발전의 기회를 놓치게 할 수 있다.

급변하는 환경에서 적절한 장기 목표를 설정하기 위해서는 유연하고 적응력 있는 접근법을 취하는 것이 도움이 될 수 있다. 여기에는 구체적이고 엄격한 목표보다는 탐색과 실험을 허용하는 광범위하고 개방적인 목표를 설정하는 것이 포함될 수 있다. 또한, 상황이 변화함에 따라 목표를 변경하는 데 개방적이어야 하며, 목표가 정해진 것이 아니라 정기적으로 검토하고 업데이트해야 한다는 것을 인식해야 한다.

궁극적으로 급변하는 환경에서 효과적인 장기 목표를 설정하는 핵심은 잠재적 과제를 인식하고 초점과 유연성의 균형을 맞춰 목표 설정에 접근하는 것이다. 그렇게 함으로써, 개인은 잠재적인 단점을 최소화하면서 목표 설정의 이점을 극대화할 수 있다.

제8장
태도와 습관 형성

우리가 먼저 우리의 습관을 만들고, 우리의 습관이 우리를 만든다.
- 존 드라이든 John Dryden

습관이란 인간으로 하여금 그 어떤 일도 할 수 있게 만들어 준다.
- 도스토옙스키 Dostoevsky

습관을 바꾸고 싶다면 다른 반복 행동을 찾아내라.
- 찰스 두히그 Charles Duhigg

습관習慣, habit이란 '어떤 행위를 오랫동안 되풀이하는 과정에서 저절로 익혀진 행동 방식'이다. 다른 표현으로는 '학습된 행위가 되풀이되어 생기는, 비교적 고정된 반응 양식'을 의미한다. 우리에게 좋지 않은 습관이 생기게 되면 그것을 고치는 데에는 매우 큰 노력이 필요하게 된다. 따라서 좋은 습관을 만드는 것은 우리의 인생에 있어서 아주 중요하다고 할 것이다.

미국 교육의 선구자인 호레이스 만에 의하면, "습관은 밧줄과 같아서 날마다 한올 한올 엮어 가면 결국은 끊어 내지 못하게 된다"라고 말했다.

한번 들인 나쁜 습관을 중단하기가 그만큼 어렵기 때문에 습관을 바꾸기 위해서는 단순하고 강력한 방법을 필요로 하게 된다. 그 방법 중 하나가 중단하고 싶은 습관 대신 다른 유익한 반복 행동을 찾는 것을 추천한다. 나쁜 습관을 고치는 데에는 모든 사람에게 다 통하는 특별한 방법은 없는 것으로 알려져 있다.

우리가 일상적인 습관을 고치려 설정한 "담배 끊기, 금주하기, 체중 줄이기" 등과 같은 작은 목표들에서조차 좋은 결과를 가져오는 데에 얼마나 어려워하고 있는가? 전문가들에 의하면 나쁜 습관에서 벗어나려면 '반드시 변화할 수 있다는 믿음'이 중요하다고 한다. 그리고 새로운 좋은 행동을 찾아서 그것을 반복적으로 행하게 되면 새로운 습관으로 형성된다고 한다.

습관의 형성에는 얼마나 많은 기간이 필요한가? 행동의 종류나 환경, 사람마다 차이가 있으나 통상적으로 3주일 정도인 21일이 소요되는 것으로 조사되었다. 영국 런던대 심리학과 연구팀은 96명을 대상으로 얼마나 동일한 행동을 반복해야 의지나 생각의 개입 없이 습관화되는지 실험했다. 건강 관련 행동 한 가지를 선택하게 한 후 매일 반복하게 했다. 개인이나 행동의 종류마다 기간에 차이가 있었지만, 평균 3주간인 21일 정도가 지나면 '습관화'하고 2개월 정도(66일)가 되면 무의식의 영역에 습관으로 형성된다고 연구 결과를 보고하고 있다.[93]

매일 반복하는 좋은 습관은 쌓여 성취로 이어지고, 나쁜 습관이 계속

되면 삶을 망치게 된다. 미국 듀크 대학 연구팀에 의하면 "인간 활동의 45%는 의사결정의 결과가 아니라 단순한 습관이 발현된 것"이라고 한다.[94] 현 세기 최고의 투자가 워런 버핏과 IT 업계 대표주자 빌 게이츠의 메모 습관은 유명하다. 빌 게이츠는 메모광으로 그에게 불현듯이 떠오른 아이디어를 붙잡아 현실을 창조하는 사고의 능력을 배가시킨 것으로 유명하다. 레스토랑에서 식사 도중 떠오른 아이디어를 그 자리에서 냅킨에 메모한 유명한 일화가 있지 않은가?

■ 감정과 태도

우리는 앞에서 성격에 대해 살펴보았다. 성격personality이란 누구인지를 정의하는 개인의 생각, 감정, 행동의 독특한 패턴을 의미한다. 일반적으로 성격의 형성과 발달은 유전적, 환경적, 사회적 요인의 복잡한 상호작용으로 간주되며, 각각의 요인은 독특한 성격 특성의 패턴에 기인한다.

성격과 태도와 감정 및 행동과의 관련성에 대해 생각해 본다. 우리가 어떤 성격 및 태도와 감정을 가지고 어떤 행동들을 하고 있는가에 따라서 우리 인생의 질이 달라질 수 있기 때문이다. 성격에 대해서는 이미 알아보았다. 그러면, 우선 무엇이 행동을 유발하는가? 행동은 동기, 감정, 성격, 환경, 과거 경험, 외부 자극을 포함한 다양한 요인에 의해 유발된다. 이러한 요인들 사이의 상호작용은 특정 행동의 가능성과 시기에 영향을 미칠 수 있다. 성격 특성과 과거의 경험은 개인의 행동과 특정 행동을 취할 가능성을 형성하는 데도 역할을 할 수 있다.

● **감정과 태도 사이의 관계는 무엇인가?**

감정과 태도는 밀접하게 연관되어 있으며 서로에게 영향을 미칠 수 있다. 태도는 특정한 대상, 사람, 상황 또는 문제에 대한 개인의 전반적인 평가 또는 감정이다. 감정은 보통 강렬하고 짧은 시간 동안 지속되는 사건이나 상황에 대한 특정한 반응이다. 감정은 사람이 사물이나 상황을 어떻게 인식하고 평가하는지에 영향을 줌으로써 태도에 영향을 미칠 수 있다. 예를 들어, 어떤 사람이 특정한 일에 대해 부정적인 감정을 가지고 있다면, 그 사람은 그 일에 대해 부정적인 태도를 보일 수 있다. 반면에, 태도는 또한 사람이 특정한 상황이나 사건에 어떻게 반응하는지를 형성함으로써 감정에 영향을 미칠 수 있다. 예를 들어, 만약 한 사람이 대중 연설에 긍정적인 태도를 가지고 있다면, 그들은 불안하거나 두려워하기보다는 연설을 하는 것에 대해 자신감을 느끼고 흥분할 가능성이 더 높다.

태도attitude란 '어떤 대상에 대한 자기의 생각이나 감정을 나타내는 외적 표현'이다. 사람이나 사물 및 사건 등 각종 대상이나 상황에 관한 판단이나 사고가 일관된 일정의 반응 경향을 가리키는 것이다. 이러한 관점에서 태도는 유사한 개념과는 분명히 구분된다. 성격과 태도는 모두 인간 행동의 경향성을 의미하지만, 태도는 성격과 달리 대상에 대한 자세이다. 습관과의 차이는 감정이나 평가를 동반하는 점에서 차이가 있다. 태도는 사회심리학에서 개인의 기능에 있어서 중요한 개념이다.

G. W. 올포트는 태도에 대해 "경험에 따라 체계화된 정신적 및 신경적인 준비상태로 개인이 관계를 갖는 여러 대상이나 상황에 대해 그 반응을 방향 설정하고, 그 반응에 역동적인 영향을 미치는 것"이라고 정의하고 있다.[95]

태도는 사람이 사물, 사람, 상황을 평가하는 것을 말하며, 호의나 불찬성의 감정으로 특징지어진다. 태도는 경험, 사회적 영향 또는 직접적인 가르침을 통해 학습될 수 있으며 개인적인 믿음, 가치관, 감정의 조합에 의해 형성된다. 이에 대해 M. 세리프는 태도의 특징을 다섯 가지로 정리하였다. "대상을 가지며, 경험이나 학습으로 형성되고, 감정적 특성이 있으며, 지속적인 준비상태이고, 관련된 자극이나 종류가 다종다양하며 일반적이고 보편적인 것부터 개인적이고 특수한 것도 있다"라는 다섯 가지 태도의 특성을 제안하였다. 태도의 형성에 대해서는 많은 이론이 있으며, 이는 태도의 복잡성을 반영하고 있다고 할 수 있다.

태도는 선천적인 것이 아니라 반복적인 경험과 사회적 규범과 가치에 대한 노출을 통해 시간이 지남에 따라 발전한다. 어떤 성격 이론들은 특정한 성향이 생물학적으로 기반을 둘 수 있다고 제안하는 반면, 다른 이론들은 성격을 형성하는 데 환경적인 요소들의 역할을 강조한다. 그러나 성격과 태도의 관계의 정확한 본질은 여전히 심리학과 사회학 분야에서 진행 중인 연구와 논쟁의 주제이다.

자극 → 호메오스타시스/알로스타시스 → 감정 → 생각(사고방식) → 태도 → 행동

우리가 제5장에서 알아보았던 것과 같이 감정은 우리의 태도 형성에 따른 행동과 의사결정의 안내자이다. 세계적 신경과학자인 안토니오 다마지오는 감정은 자극에 대한 신체의 반응에 기초하며, 이 반응은 의식적인 감정과 생각에 영향을 준다고 제안한다. 다마지오의 핵심 통찰 중 하나는 감정이 단순히 주관적인 경험이 아니라 자극에 대한 신체의 생리적 반응에 뿌리를 두고 있다는 것이다. 그에 따르면, 감정은 뇌의 의사결정 과정의 필수적인 부분이며, 우리의 생존과 행복에 부합하는 선택을 하도록 도와준다. 그의 이론은 감정, 의식 그리고 몸 사이의 연관성을 이해함으로써 우리의 감정이 우리의 생각, 감정, 행동에 어떻게 영향을 미치는지에 대한 포괄적인 견해를 제공한다.

외부로부터 입력된 자극이나 정보가 뇌 속에 이미 저장된 유사한 경험을 신속하게 참조하여, 이미 형성된 호불호, 쾌불쾌, 위험/안전 등의 문제에 대해 순간적인 판단으로 감정과 태도를 형성하고 반응 행동을 일으킨다. 좋지 않은 감정 경험이 태도를 좌우하도록 하지 않게 하기 위해서는 태도를 만드는 감정을 먼저 조절하는 것이 필요하다. 감정을 받아들이는 구조 자체를 바꾸는 것이다. 비록 전에는 좋지 않았으나, 그 속에서 괜찮은 그 어떤 것을 찾아내어 불유쾌한 느낌을 지워 점차 좋은 감정을 만들게 되면 행동의 전제가 되는 태도가 긍정적인 것으로 바뀌고 긍정적인 행동으로 이어져 바람직한 인생으로 가는 길에 들어서게 된다.

그런데 태도는 워낙 미묘하여 심리학적 연구에 의하면 상기 도표에서와 반대 방향 즉, 행동이 태도를 바꾸게 되는 경우도 허다함을 참고하기 바란다. 사람들은 자신의 신념과 행동이 일치하기를 바라고 그것을 유지하려는 경향성을 가지고 있다. 그런데 평소의 신념과 다른 행동을 하게 되면, 신념과 행동의 불일치로 심리적인 불편함을 느끼게 되며, 이런 감정을 해소하려고 그 행동을 정당화하기 위해 변명하는 심리적 반응을 선택한다. 이것이 인지부조화 cognitive dissonance 이론이다. 어떤 상황에 직면하여 그로부터 이끌어 낼 수 있는 합리적인 결론이 기존에 철석같이 믿고 있던 생각과 정면으로 모순될 때, 사람들은 자신의 기존 행동에 부합하는 다른 생각을 선택한다. 어리석은 선택이나 행동을 하고 난 후에는 어떻게든 그 선택이 불가피한 것이었다고 믿으려 애쓰며, 명백한 판단 착오였어도 끝까지 자신을 합리화하여, 기존의 믿음 자체를 바꿔 버리는 것이다. 예를 들면, '흡연과 건강' 관련 사례나 이솝 우화의 「여우와 포도」 등이다. 흡연이 건강에 좋지 않다는 사실을 알면서도 흡연을 하는 경우 그 심리적 불편함 해소를 위해 "스트레스 해소에 도움이 된다"라며 '흡연은 해롭다'라는 평소의 신념을 바꾸는 반응을 의미한다.

이렇게 실제 행동과 상충되는 생각이나 믿음으로 인한 심리적 불편함과 긴장 해소를 위해 사람들은 다른 신념이나 실제 행동을 반영하여 태도를 바꿀 수 있다. 그렇기에 '인지부조화'는 태도와 관련된 것이기보다는 '감정 상태의 일종'으로 보기도 한다.

태도는 지속적인 경향성이지만 이를 바꿀 수도 있다. 일상적으로는 태도가 행동에 선행한다. 그러므로 우리가 성공적인 인생을 영위하기 위해서는, 세상을 보는 관점을 좋은 감정과 태도를 형성하는 방향으로 나가는 것이 매우 중요한 과제가 될 것이다.

● **태도가 성공에 어떤 영향을 미치는가?**

태도는 인생의 성공에 중대한 영향을 미칠 수 있다. 태도는 개인들이 그들 주변의 상황, 사람들 그리고 사건들을 어떻게 인식하고 반응하는지를 형성하는 정신적, 감정적 상태이다. 그것은 그들의 행동, 결정에 영향을 미치고 궁극적으로 그들의 결과를 형성할 수 있다.

긍정적인 태도를 가진 사람들은 도전을 극복하고, 좌절에서 회복하고, 그들의 목표를 향해 동기부여를 유지하는 데 도움이 되는 삶에 대해 더 낙관적인 견해를 갖는 경향이 있다. 그들은 기회를 받아들이고, 계산된 위험을 감수하며, 그들의 실수로부터 배울 가능성이 더 높다. 긍정적인 태도는 또한 다른 사람들과 더 나은 관계를 형성할 수 있고, 이것은 새로운 기회와 협력의 문을 열 수 있다.

반면 부정적인 태도를 가진 사람들은 삶에 대해 비관적인 견해를 갖는 경향이 있어 성공을 방해할 수 있다. 자기 회의, 두려움, 냉소주의와 같은 부정적인 태도는 개인이 그들의 목표를 향해 행동하는 것을 방해하고, 그들의 성장과 학습을 제한하며, 다른 사람들과의 관계를 손상시킬 수 있다.

본질적으로, 한 사람의 태도는 그들의 인생에서의 성공에 큰 영향을 미칠 수 있다. 긍정적인 태도를 개발하고 유지하는 것은 개인이 도전을 극복하고, 동기를 유지하고, 기회를 이용하는 데 도움이 될 수 있다.

● **감정과 태도 관리가 성공에 어떻게 도움이 될까?**

　인간의 감정과 태도를 관리하는 것은 다음에 언급한 바와 같은 여러 가지 방법으로 성공하는 것을 도울 수 있다.

- 의사결정 개선: 감정이 효과적으로 관리될 때, 개인은 충동성이나 감정적 반응성보다는 논리와 추론에 근거한 이성적인 결정을 더 잘할 수 있다. 이것은 더 나은 결과와 더 성공적인 결과로 이어질 수 있다.
- 복원력 향상: 감정은 좌절과 실패로부터 회복하는 개인의 능력에 상당한 영향을 미칠 수 있다. 감정과 태도를 관리하는 것은 회복력과 도전 앞에서 인내하는 능력을 기르는 데 도움이 될 수 있으며, 시간이 지남에 따라 더 큰 성공으로 이어질 수 있다.
- 관계 개선: 긍정적인 태도와 감정은 다른 사람들과 강한 관계를 형성하는 데 기여할 수 있으며, 이것은 삶의 많은 분야에서 성공을 달성하는 데 필수적일 수 있다. 분노나 좌절과 같은 부정적인 감정을 관리하는 것은 해로운 갈등을 예방하고 다른 사람들과의 의사소통과 협력을 향상하는 데 도움이 될 수 있다.
- 더 큰 동기부여: 긍정적인 감정과 태도는 동기와 추진력을 증가시켜 목표를 향한 노력과 끈기를 증가시킬 수 있다. 이것은 궁극적으로 그러한 목표를 달성하는 데 더 큰 성공에 기여할 수 있다.

　결론적으로, 감정과 태도를 관리하는 것은 중요하다. 그것은 우리가 도전과 좌절을 극복하고, 강한 관계를 형성하고, 목표를 달성하기 위해 동기부여를 유지하는 데 필요한 기술과 회복력을 형성하는 것에 도움을 줄 수 있다. 감정과 태도 관리는 궁극적으로 삶의 다양한 영역에서 더 큰 성공으로 이어질 수 있다.

■ 선택과 의사결정

　우리의 태도와 습관은 행동의 경향성이며, 인생은 선택으로 이루어진다. 앞서 장 폴 사르트르의 유명한 표현처럼 삶은 순간마다 선택한 결과가 그 사람의 현 상태가 된다고 해도 과언이 아니다. 경제학은 인간이 합리적인 선택을 하는 것으로 전제하며 시작한다. 어떤 선택이 되든 선택의 주체는 본인의 몫이다. 치르는 비용과 비교하여 얻게 된 편익을 최대화하는 것을 합리적 선택이라 한다. 비용이란 돈은 물론 시간, 노력, 자원 등 그 무언가를 포기하여 지출하는 대가를 의미하며, 편익은 그 대가로 얻게 되는 경제적 이익과 만족감 등을 포함한다.

　합리적 선택을 위한 의사결정과정은 기본적으로 "문제의 인식과 정의, 정보와 자료 수집, 대안 모색과 대안 평가, 최적 대안 선택, 결과 평가 및 피드백"과 같이 5단계로 구분한다. 흔히 '문제해결 과정 5단계'라고 부르기도 한다. 경제학뿐만 아니라 인간 생활에서 접하는 다양한 과제들은 이와 같은 절차를 거쳐 해결책을 찾아 간다.

● **우리가 선택과 결정을 내리는 데 어떤 과정을 거치나?**
　선택과 결정을 내리는 과정은 일반적으로 위에서 말한 5단계를 기본으로 하며, 몇 가지 단계를 포함한다. 이러한 단계는 개인, 상황 및 당면한 의사결정의 복잡성에 따라 달라질 수 있지만 일반적인 단계는 다음과 같다.

- 해야 할 문제나 결정의 인식: 의사결정의 필요성을 인식하고 해결해야 할 문제나 기회를 정의하는 것이 포함된다.
- 정보수집: 당면한 결정과 관련된 데이터, 사실, 의견 및 관점을 수집하는 것을 포함한다. 연구, 전문가 또는 이해관계자와의 협의 또는 기타 정보 획득 수단이 포함될 수 있다.
- 대안 마련: 수집된 정보에 기초하여, 문제나 결정을 해결하기 위한 가능한 해결책이나 옵션을 생성하는 것을 포함한다.
- 대안 평가: 각 대안의 강점과 약점, 위험과 이점을 평가하고 이를 서로 비교하는 작업이 포함한다.
- 최적 대안 선택(결정하기): 평가 프로세스를 기반으로 최적의 대안을 선택하고 행동 방침을 결정하는 과정이 포함된다.
- 결정 이행: 결정 실행 조치를 수행하는 것을 포함한다.
- 결과 모니터링 및 평가: 결정 실행 결과를 추적하고 필요에 따라 조정하는 작업이 포함된다.

선택과 의사결정은 감정, 편견, 가치관, 신념을 포함한 다양한 요소들에 의해 영향을 받을 수 있다는 것에 주목해야 한다. 따라서, 이러한 요소들의 부정적 영향을 최소화하고 이용 가능한 정보를 기반으로 가능한 최선의 결정을 내리는 것을 추구하는 인식과 객관성을 가지고 의사결정 과정에 접근하는 것이 중요하다.

- **선택과 의사결정이 성공에 미치는 영향은 어떠하며, 무엇을 해야 하는가?**

우리가 하는 선택과 결정은 우리가 삶에서 성취하는 결과에 직접적으로 영향을 미치기 때문에, 선택과 의사결정은 성공에 큰 영향을 미친다.

좋은 선택과 결정을 하는 것은 우리의 개인적인 삶이든 직업적인 삶이든 성공을 달성하기 위해 필수적이다.

좋은 의사결정은 이용 가능한 모든 대안(옵션)을 고려하고, 장단점을 평가하고, 긍정적인 결과를 가져올 가능성이 가장 높은 대안을 선택하는 것을 포함한다. 효과적인 의사결정을 위해서는 우리의 목표, 가치, 우선순위에 대한 명확한 이해가 필요하다. 그것은 또한 우리의 편견과 한계를 인식하고 필요할 때 기꺼이 다른 사람들로부터 정보와 조언을 구하는 것을 포함한다.

의사결정을 개선하기 위해 무엇을 해야 하는지에 대해, 도움이 될 수 있는 몇 가지 전략이 있다.

- ◆ 명확한 목표 설정: 우리의 목표와 우선순위를 명확하게 이해하면 우리의 가치와 목표에 부합하는 더 많은 정보에 입각한 결정을 내리는 데 도움이 될 수 있다.
- ◆ 정보수집: 좋은 결정을 내리기 위해서는 정확하고 관련성 있는 정보가 필요하다. 우리는 전문가와 신뢰할 수 있는 조언자를 포함한 다양한 출처에서 정보를 기꺼이 찾아야 한다.
- ◆ 대안 평가: 우리는 이용 가능한 모든 옵션을 고려하고 잠재적인 결과와 위험에 기초하여 평가해야 한다. 우리는 또한 우리의 결정이 다른 사람들과 우리의 장기적인 목표에 미치는 영향을 고려해야 한다.
- ◆ 감정 관리: 우리의 감정은 때때로 우리의 판단력을 흐리게 하고 충동적인 결정을 내리도록 이끌 수 있다. 이성적인 사고와 세심한 분석을

바탕으로 감정을 관리하고 결정을 내리는 것이 중요하다.
- ◆ 실수로부터 배우는 것: 아무도 항상 완벽한 결정을 내리지는 못한다. 우리의 실수를 교훈 삼아 성장과 발전의 기회로 삼는 것이 중요하다.

전반적으로, 좋은 의사결정은 성공의 중요한 구성 요소이며, 신중한 고려와 계획 및 실행이 필요하다. 이러한 전략을 따르고 문제해결 과정 5단계 등을 염두에 두면서 의사를 결정하면, 우리 삶의 모든 영역에서 성공할 가능성을 높일 수 있다.

■ 행동의 습관화

성격, 태도 그리고 행동은 개인의 삶의 성공과 행복에 큰 영향을 미칠 수 있다. 성격은 다른 사람들과 상호작용하고 세상을 인식하는 방법을 정의하는 사람의 지속적인 특성을 말한다. 유전적 요인과 환경적 요인 모두 성격 형성에 기여한다.

태도는 사물, 사건 또는 개념에 대한 사람의 평가와 긍정적이거나 부정적인 방식으로 반응하는 경향을 말한다. 태도는 종종 개인적인 경험, 사회화, 문화적 가치에 의해 형성된다.

행동은 사람이 자극에 반응하여 취하는 활동의 전반을 말한다. 그것은 성격과 태도 그리고 상황적인 요인에 의해 영향을 받는다. 긍정적이고 낙관적인 성격, 긍정적인 태도, 적극적인 행동을 가진 사람들은 부정적인 특성을 가진 사람들에 비해 정신 건강이 더 좋고, 더 성취감 있는 관계를 가지며, 삶에서 더 큰 성공을 거두는 경향이 있다.

반면에, 부정적인 성격 특성, 부정적인 태도 그리고 반응적인 행동은 스트레스, 나쁜 관계 그리고 성공의 감소 또는 실패로 이어질 수 있다.

주의할 점은 성격, 태도, 행동 등이 환경적 요인에 의해 영향을 받을 수 있지만, 시간이 지남에 따라 자기반성, 치료, 개인적 성장을 통해 변화하고 발전할 수도 있다는 것이다. 그러므로 좋은 행동의 습관화는 확실하게 성공을 보장하는 밑바탕이 된다.

■ 성공을 위한 습관 형성

습관習慣, habit이란 '어떤 행위를 오랫동안 되풀이하는 과정에서 저절로 익힌 행동 방식'이며, '학습된 행위가 되풀이되어 생기는, 비교적 고정된 반응 양식'을 의미한다. 습관적인 행동이 반복되면 인생의 진로에서 성공이나 실패를 부르게 된다.

● 습관은 성공에 어떤 영향을 미치며, 바람직한 습관을 어떻게 형성하는가?

습관은 목표를 향한 진보를 돕거나 방해할 수 있기 때문에 한 사람의 성공에 상당한 영향을 미칠 수 있다. 성공한 사람들은 종종 그들이 시간이 지남에 따라 발달한 습관들을 가지고 있는데, 이것은 그들이 그들의 목표를 성취하도록 도와준다.

　습관은 습관화라고 알려진 과정을 통해 형성되는데, 습관화는 행동이 자동화될 때까지 반복적으로 수행하는 것을 포함한다. 행동이 반복될수록 습관이 되기 쉽다. 이것은 뇌가 미래에 행동을 더 쉽게 수행할 수 있는 신경 경로를 발달시키기 때문이다. 앞에서 언급한 바와 같이 영국 런던대 심리학과 팀의 연구에 의하면 사람이나 행동의 내용에 따라 차이가 있으나 대체로 습관화가 이루어지려면 3주 정도(21일)의 기간 동안 행동의 반복이 있을 때 이루어지는 것으로 보고되었다. 이어서 3개월(66일) 정도까지 반복적 행동을 지속하면 무의식의 영역으로 습관화가 이루어진다고 한다.

　바람직한 습관을 형성하기 위해서는 목표를 달성하는 데 도움이 될 행동을 파악한 후 자동화될 때까지 그러한 행동을 반복하기 위해 의식적으로 노력하는 것이 중요하다. 이것은 구체적이고 달성 가능한 목표를 설정한 다음, 매일 반복될 수 있는 더 작은 단계로 분해함으로써 이루어질 수 있다.

　바람직한 습관의 발달을 지원하는 환경을 조성하는 것도 중요하다. 이것은 산만함을 없애고, 우리의 목표를 지지하는 사람들로 우리를 둘러싸며, 원하는 행동을 더 쉽게 수행할 수 있도록 우리의 물리적 환경을 바꾸는 것을 포함한다.

전반적으로, 바람직한 습관을 형성하는 것은 개인들이 목표를 달성하기 위한 노력에 집중하고, 동기를 부여하고, 일관성을 유지하도록 도와줌으로써 성공에 긍정적인 영향을 미칠 수 있다.

● **어떻게 하면 나쁜 습관을 고치고 바로잡을 수 있을까?**

나쁜 습관을 고치고 좋은 습관으로 대체하는 것은 어려운 과정일 수 있지만, 헌신과 끈기로 성취할 수 있다. 다음은 도움이 되는 몇 가지 단계이다.

- 나쁜 습관을 식별하라: 첫 번째 단계는 우리가 바꾸고 싶은 습관을 인식하는 것이다. 무엇이 그 습관을 유발하고 그것이 우리의 삶에 어떻게 영향을 미치는지 스스로에게 물어보자.
- 나쁜 습관을 좋은 습관으로 바꾸자: 나에게 더 도움이 될 새로운 습관을 찾아라. 다이어트 성공 습관 형성을 위해서, 간식 대신 산책을 하거나, 소셜미디어 중독 탈출을 위해서는 소셜미디어에서 스크롤하는 대신 명상을 하는 것과 같은 것일 수 있다.
- 달성 가능한 목표를 세우자: 새로운 습관을 달성 가능한 작은 목표로 나누고, 자신의 진전 사항을 추적하자. 이것은 우리에게 동기부여하고 집중할 수 있도록 도와준다.
- 긍정적인 강화를 사용하라: 자신의 작은 성공을 축하하고 새로운 습관을 강화하기 위해 긍정적인 셀프 토크를 사용하라. 예를 들어, 만약 자신이 하루의 목표를 성공적으로 달성했다면, 자신이 즐기는 것으로 스스로를 대접하자.
- 자신을 지지하는 사람들로 둘러싸라: 우리의 습관을 바꾸려는 노력을

지지하고 격려해 줄 사람들을 찾아라. 이는 친구, 가족, 심지어 코치나 치료사가 될 수도 있다.
- ◆ 인내심을 갖고 끈기를 가져라: 습관을 바꾸는 것은 시간이 걸리므로, 자신에게 인내심을 갖고 실수를 하더라도 포기하지 마라. 계속 노력하면 시간이 지남에 따라 진전을 볼 수 있을 것이다.

나쁜 습관을 바꾸는 열쇠는 시간이 지남에 따라 꾸준히 작은 성과를 취하는 것임을 기억하자. 한 번에 한 가지 습관에 집중함으로써, 우리는 더 건강하고 행복한 생활 방식을 만들기 위해 의미 있는 진전을 이룰 수 있다.

제9장
잠재의식과 메타인지

좋은 일을 생각하면 좋은 일이 생긴다. 나쁜 일을 생각하면 나쁜 일이 생긴다. 여러분은 여러분이 하루 종일 생각하고 있는 것, 바로 그것이다.

- 조셉 머피 Joseph Murphy

우리들의 체내의 깊은 마음속에는 어떤 강력한 힘이 있다. 그것은 우리의 의식하는 마음과는 별개의 것으로, 끊임없이 활동을 계속하여, 사고와 감정과 행동의 근원이 되고 있다.

- 지그문트 프로이트 Sigmund Freud

잠재의식은 분명하지 않은 목표, 분명하지 않은 생각이나 계획에는 어떤 반응도 보이지 않는다. 잠재의식에 명령을 내릴 때 그 명령은 분명하고 명확해야 한다. 이처럼 분명한 목표에, 그 목표가 반드시 성취될 것이란 강렬한 믿음이 더해질 때 당신은 결코 실망하지 않을 것이다. 이때 우주를 움직이는 힘이 당신 편에 있을 것이기 때문이다.

- 나폴레온 힐 Napoleon Hill

知之爲知之 不知爲不知 是知也
아는 것을 안다고 하고, 모르는 것을 모른다고 하는 것, 그것이 바로 아는 것이다.

- 공자 孔子

의식적인 마음은 두뇌의 일부 부분 혹은 많은 부분이 잘 조직된 활동의 결과이다.

- 안토니오 다마지오 Antonio Damasio

잠재의식 潛在意識, subconsciousness 은 우리의 의식 수준 아래에서 일어나는 정신 활동의 부분을 말한다. 그것은 외부 자극에 대한 우리의 자동적인 반응뿐만 아니라 호흡과 심장박동과 같은 자동적인 행동을 담당하는 우리 마음의 한 부분이다.

우리가 앞에서 이미 살펴보았듯이, 우리의 '기억'이란 추상적이고 정신적인 것이 아니라 실질적으로는 신체적이고 생리적인 것이다. 지금까지 있었던 모든 경험들의 체화된 기억이 나의 몸이며 과거의 집합체이다. 인생 항로에서의 경험들이 바로 생리 physiology 가 된다. 우리가 느끼는 '감정'이란 몸과 기억, 정체성을 연결하는 접착제이며, 신체적인 것이다. 우리의 신체의 모든 세포에는 뉴로펩티드 neuropeptide(신경전달·조절 물질)를 통해 정보를 주고받는 수용체가 분포해 있다. 뉴로펩티드는 우리의 몸과 뇌에 전달하는 미세한 단백질 분자이다. 몸과 뇌에 전달되고 저장되는 정보가 바로 '감정'이며, 이 뉴로펩티드는 감정 분자 molecules of emotion 이다.[96]

서든캘리포니아 대학 신경과학 석좌 교수인 현대의 대표적인 뇌신경학자 안토니오 다마지오 Antonio Damasio 는 체성 體性 감각과 내장 감각으로 뇌로 전달된 신체 정보가 '정동 情動, affect'이며 이것이 정서의 근원이라고 한다.⁹⁷ 다마지오는 자극에 의해 무의식으로 불러일으키는 신체 반응이 '정동'이며, 감정은 정동을 인식함으로써 생겨난다고 보았다. 정동으로 몸과 마음이 연결되고, 기억과 교감한 감정이 그 이후에 의식으로 올라온다고 설명하고 있다.

뇌와 몸 전체에 전달되는 정보는 쾌불쾌·호불호 등의 느낌과 기억을 가진 감정적인 내용이다. 정보는 본질적으로 감정적이며, 몸이 된다. 그러므로 우리의 경험은 생리이며, 관점과 정체성을 형성한다. 감정은 화학작용이며 이러한 화학물질에 익숙해지면서 습관이 된다. 무의식적인 행동의 반복은 그 행동이 만들어 내는 감정에 몸이 중독되었기 때문이다. 이 중독은 정신적인 장애가 아니라 생리적인 문제이다. 그러므로 중독을 끊어 내려면 생리를 바꾸어야 한다.

우리가 삶을 바꾸려고 하면 무의식적으로 편안했던 과거 상태로 되돌아가려고 한다. 변화를 시작할 때 익숙한 수준으로 돌아가기 위해 잠재의식에서 스스로를 방해하는 것이다. 잠재의식을 바꾸지 않으면 성격을 바꾸기는 어려우며, 잠재의식을 바꾸면 성격은 자연히 바뀐다. 삶에 긍정적이고 강력한 변화를 가져오려면 잠재의식 수준에서 변화해야 한다. 우리의 몸은 감정적인 분위기를 재현하는 행동과 경험으로 우리를 인도하여 항상성$_{homeostasis}$을 추구한다. "우리는 감정적 존재이기에 잠재의식인 몸을 바꾸려면 감정의 구조를 바꾸는 것이 필요하다."⁹⁸

스탠포드 대학 세포 생물학자 브루스 립튼$_{Bruce\ H.\ Lipton}$에 의하면, "한 사람은 50조 개의 세포로 구성된 연합체이며, 이를 지배하는 정부는 곧 마음 혹은 생각이다"라고 한다.[99] "우리의 몸도 좋은 생각과 마음이 지배하면 행복과 건강을 누리게 될 것이고, 부정적이고 나쁜 마음이 지배하면 불행과 질병으로 고통을 당하게 될 것이다"라고 말한다. 그에 의하면 모든 세포는 각각 호흡기관과 소화기관 및 신경계와 면역기관까지 있는 하나의 생명체이며, 이 세포들을 지배하고 반응을 이끌어 내는 것이 우리의 '생각과 마음'이라는 것이다.

립튼에 의하면, 삶의 95%는 7살 때까지 만들어진 인생의 원리에 관한 프로그램으로부터 온다고 한다. 7살 때까지 무의식적으로 주변 환경을 받아들여 잠재의식을 형성하게 된다는 것이다. 그에 의하면, 5%의 깨어 있는 의식으로 95%의 잠재의식을 바꿀 수 있으며, 그러기 위해서는 '의식적인 자기최면'과 '의식적인 반복' 노력이 필요하다고 한다. '의식적인' 자기최면과 반복으로 '습관'을 형성하게 되면 그것이 '잠재의식'이 되어 무의식적으로 할 수 있게 된다는 것이다. 결국 무의식을 훈련하는 두 가지 방법은 바로 '최면과 반복'이라는 것이다. "무엇인가를 이룰 때까지, 그것을 속여라"Fake till You make it라고 말한다.

잠재의식은 우리의 일상생활에서 중요한 역할을 하고 우리의 행동, 생각, 감정에 영향을 미치기 때문에 중요하다. 잠재의식은 믿음, 태도, 가치를 저장하고, 우리의 행동과 결정이 일어나는 것은 이러한 믿음과 가치에서 비롯된다. 그러므로 우리의 잠재의식을 이해하고 함께 활용함으로써, 새로운 습관을 개발하고, 행동을 바꾸고, 전반적인 성취와 행복을 향상시킬 수 있다.

시각화, 긍정, 최면과 같은 잠재의식의 힘을 이용하기 위해 많은 기술들이 사용될 수 있다. 이러한 기술을 사용함으로써, 우리는 잠재의식을 더 긍정적이고 생산적인 사고 패턴과 행동을 채택하도록 다시 프로그래밍할 수 있다. 이것은 우리의 삶에서 더 많은 성공과 행복으로 이어질 수 있다.

■ 잠재의식과 NLP Neuro-Linguistic Programming

NLP는 '신경 언어 프로그래밍'의 약자이다. 이는 사람들이 그들의 사고 과정을 더 잘 이해하고 의사소통과 행동을 개선하도록 돕는 것을 목표로 하는 심리학적 접근이다.

NLP는 1970년대에 리처드 밴들러와 존 그라인더에 의해 개발되었는데, 그들은 방법을 이해하기 위해 밀턴 에릭슨과 버지니아 새터라이트와 같은 성공적인 치료사들을 연구했다.[100] 그들은 우리가 내적으로나 외적으로 사용하는 언어가 우리의 생각과 행동을 형성한다고 믿었다.

NLP 기법은 부정적인 사고 패턴을 식별하고 변화시키며, 의사소통 능력을 향상시키고, 자기 인식을 높이는 것을 포함한다. NLP에서 사용되는 몇 가지 일반적인 기술로는 상황의 맥락이나 의미를 바꾸는 것을 포함하는 리프레밍reframing과 긍정적인 감정을 신체적 또는 정신적 신호와 연관시키는 것을 포함하는 앵커링anchoring이 있다.

NLP는 자신의 주장을 뒷받침할 과학적 증거가 부족하다는 비판을 받아 왔지만, 많은 사람들은 그것이 개인의 성장과 자기 계발에 도움이 된다고 생각한다.

● **신경 언어 프로그래밍은 어떻게 성공을 위해 사용될 수 있는가?**

신경 언어 프로그래밍(NLP)은 여러 가지 방법으로 성공을 위해 사용될 수 있다. 주요 방법 중 하나는 "앵커링anchoring" 기술을 사용하는 것이다. 앵커링은 특정한 감정 상태나 정신 상태를 촉각이나 소리와 같은 신체적 또는 청각적 자극과 연관시키는 것을 포함한다. 이것은 개인이 원하는 감정적 또는 정신적 상태에 마음대로 접근할 수 있도록 도와줄 수 있으며, 이는 다양한 분야에서 성공을 달성하는 데 유용할 수 있다.

예를 들어, 대중 연설에 더 자신감을 갖기를 원하는 사람은 안정감과 자신감을 엄지손가락과 집게손가락을 함께 만지는 것과 같은 특정한 신체적 제스처와 연관시키기 위해 앵커링을 사용할 수 있다. 다양한 상황에서 이 제스처를 연습하고 원하는 감정 상태와 연관시킴으로써, 개인은 심지어 불안을 유발할 수 있는 상황에서도 마음대로 그 상태에 접근하는 법을 배울 수 있다.

성공을 위해 사용될 수 있는 다른 NLP 기술들은 더 긍정적이거나 생산적인 사고방식을 만들기 위해 개인이 특정 상황이나 경험에 대해 생각하는 방식을 바꾸는 것을 포함하는 "리프레밍reframing"과 성공적인 개인으로부터 배우기 위해 성공한 개인의 행동과 태도를 연구하는 "모델링 modeling"을 포함한다. 그들의 전략을 자신의 삶에 적용하고 본보기로 삼는 것이다.

■ 메타인지 Meta Cognition

知之爲知之 不知爲不知 是知也
아는 것을 안다고 하고 모르는 것을 모른다고 하는 것, 그것이 곧 앎이다
- 『논어』, 공자

메타인지Meta Cognition는 1976년 미국 발달심리학자인 존 플라벨이 만든 용어로, '인지 과정에 대해 인지하는 능력'을 의미한다. 자신이 무엇을 알고 무엇을 모르는지, 자신의 행동이 어떤 결과를 가져올지 아는 능력이다.[101] 메타인지란 자신의 인지 과정에 대한 한 차원 높은 관점에서 관찰하고, 발견하며, 통제하는 정신작용을 의미하는 '상위인지' 내지 '초인지超認知'이다. 메타인지에 대해 다양한 의견이 있다. '자신을 객관적으로 볼 수 있는 능력'이나, '자신의 학습 방법을 스스로 모니터링하는 능력', '자신이 할 수 있는 것과 없는 것, 현실적인 것과 비현실적인 것, 필요한 것과 필요 없는 것', '내면세계에 관한 인지 능력' 등으로 표현된다.

메타인지 능력이 높다면 자신의 능력과 한계를 더욱 정확히 파악해 시간과 노력을 필요한 곳에 적절히 투자하므로, 효율성이 높아진

다. 메타인지는 세 가지 요소로 분류한다. 자신이 학습하는 부분에 대해서 얼마만큼의 지식과 능력을 가졌는지 아는 능력인 '서술 지식declarative knowledge', 이해 정도를 아는 능력인 '절차 지식procedural knowledge', 지식 습득 방법 중 무엇을 선택해야 하는지 아는 능력인 '전략 지식conditional knowledge'로 분류된다.

우리가 가지고 있는 '기억'이란 사진이나 동영상처럼 대상이 두뇌에 그대로 저장되었다가 인출되는 것은 아니다. 뇌에서 장단기적으로 저장된 경험과 자신이 가진 지식을 적용하고 학습 내용을 조직화하여 저장된 내용이 인출되는 것이다. 하버드대 심리학과 다니엘 샥터 교수는 "기억을 할 때는 정보를 정교화하고, 새로운 정보를 자신이 이미 알고 있는 정보와 연관 지어 얼마나 잘 연결이 되는지 생각하는 것이 효과적이다"라고 메타인지의 중요성을 강조했다.

● 메타인지는 인생의 성공에 어떻게 영향을 미치는가?
메타인지는 자신의 생각을 인식하는 과정을 말한다. 자신의 사고 과정을 인식하고, 인지적 편견을 인식하고, 감정과 외부 자극과 같은 요인에 의해 어떻게 생각과 행동이 영향을 받을 수 있는지 이해하는 것을 포함한다.

메타인지는 인생의 성공에 큰 영향을 미칠 수 있다. 자신의 생각을 인식함으로써, 개인은 자신의 장단점을 더 잘 이해하고, 개선해야 할 부분을 파악하고, 더 많은 정보에 입각한 결정을 내릴 수 있다. 강한 메타인지 능력을 가진 사람들은 학교, 직장 그리고 삶의 다른 분야에서 성공할 가능성이 더 높다.

학습 측면에서 메타인지는 개인이 더 효율적이고 효과적인 학습자가 되도록 도울 수 있다. 자신이 어떻게 가장 잘 배우는지 이해함으로써, 자신의 공부 습관과 전략을 최적화할 수 있고, 이는 더 나은 학업 성취로 이어질 수 있다. 직장에서 메타인지는 업무에 접근하고 시간을 관리하는 가장 효과적인 방법을 식별함으로써 개인이 더 생산적이 되도록 도울 수 있다.

컬럼비아 대학교 심리학과 교수이며 메타인지 심리학의 대가인 리사 손 교수가 전하는 메타인지 학습법은 많은 시사점을 제공한다. 손 교수는 "공부 방법에 따라 다른 결과를 내는 이유, 공부는 하지만 성적에 변화가 없을 때 살펴볼 문제들, '생각의 힘=내면의 힘'이 강한 학생으로 키우는 방법들을 수많은 연구 결과를 토대로 과학적으로 설명"하고 있다.[102]

메타인지 능력을 개발하기 위해서는 자기 성찰과 자기 인식을 연습해야 한다. 여기에는 저널링, 목표 설정 및 다른 사람들로부터 피드백을 구하는 것과 같은 활동이 포함될 수 있다. 정기적으로 자신의 생각과 행동을 반성함으로써, 개인은 자신의 인지 과정을 더 잘 인식하고 성공으로 이끄는 더 의도적인 결정을 내릴 수 있다.

■ 잠재의식과 습관적인 행동

잠재의식潛在意識, subsciousness이란 "의식이 접근할 수 없는 정신의 영역" 또는 "우리에게 자각되지 않은 채 활동하고 있는 정신세계"를 의미한다. 하의식下意識이라고도 하는 이 용어는 유럽에서 18, 19세기에 자주 사용되었다. 한동안 학술용어로도 사용된 잠재의식은 '무의식無意識' 또는 전의식前意識이란 말과 혼용되고 있다. 그러나 무의식과는 다소 의미 차이가 있다.

우리의 정신 영역을 동그라미 3개로 구분한다면, 가장 내부에 있는 원형은 투명하게 인식되는 주의의 영역이다. 이를 둘러싸고 있는 2번째 원은 어렴풋이 인식되는 의식 영역으로 잠재의식이며, 그 밖을 둘러싼 영역은 전혀 의식할 수 없는 부분으로 무의식 영역이라고 비유적으로 표현할 수 있다. 어떤 경험을 일시적으로 기억해 내지 못하고 있으나 그 경험과 관련된 어떤 연상으로 잊고 있었던 기억을 재생하게 되는 의미의 전의식은 잠재의식과는 유사한 개념으로 볼 수 있다.

사이코-사이버네틱스*에서는 인간의 잠재의식이 농담과 진담을 구별하지 못하며 상상적 결과와 실제 결과를 구별하지 못하기 때문에, 한 주장을 계속 주입하면 실제로 그렇게 알고 행동한다고 주장한다. "나는 멋지다"라고 하면 정말 멋지게 되고, "나는 못생겼다"라고 하면 정말 못생긴 사람처럼 행동, 반응하게 된다고 한다.

* 사이코-사이버네틱스(Psycho-Cybernetics): 정신적인 자동유도장치라는 의미로서, 맥스웰 몰츠 박사가 만든 단어이다. 맥스웰 몰츠가 1960년 출판한 『사이코-사이버네틱스』는 전 세계에 3천만 부가 판매된 베스트셀러이다. 인간의 뇌는 미사일의 자동유도장치와 같아서, 자

신이 목표를 정해 주면, 그 목표를 향해 자동으로 유도해 나간다는 개념이다. 따라서 상상력으로서, 자신의 잠재의식에 실패를 입력하면 안 되고, 성공을 입력해 주어야, 그에 맞게 자동 유도된다는 주장을 한다.[103]

● **잠재의식과 습관적인 행동이 삶의 성공에 어떻게 작용하는가?**

잠재의식과 습관적인 행동은 인생의 성공에 중요한 역할을 한다. 습관은 반복적으로 그리고 종종 무의식적으로 행해지는 행동이며, 그것들은 한 사람의 삶에 상당한 영향을 미칠 수 있다. 우리의 잠재의식은 정보를 처리하고 해석하는 것뿐만 아니라 기억을 저장하고 검색하는 역할을 한다. 이것은 우리의 잠재의식이 습관을 형성하고 우리의 행동을 형성하는 데 결정적인 역할을 한다는 것을 의미한다.

성공에 관한 한, 긍정적인 습관은 긍정적인 결과로 이어질 수 있다. 예를 들어, 어떤 사람이 목표를 세우고 그 목표를 향해 꾸준히 노력하는 습관이 있다면, 그들은 선택한 분야에서 성공할 가능성이 더 높다. 마찬가지로 낙관적이고 긍정적인 습관을 가진 사람은 성장 마인드로 도전에 접근하고 성공의 기회를 찾을 가능성이 높다.

반면에, 부정적인 습관은 사람이 성공하는 것을 방해할 수 있다. 예를 들어, 만약 어떤 사람이 미루는 습관이 있다면, 그들은 마감일을 맞추거나 일을 효율적으로 완수하지 못하며, 이것은 성공에 부정적인 영향을 미칠 수 있다. 비슷하게, 만약 어떤 사람에게 부정적인 자기 이야기를 하는 습관이 있다면, 그는 자신의 능력에 대한 자신감이 부족하여 목표를 추구하는 데 어려움을 겪을 수 있다.

성공을 위한 잠재의식과 습관적 행동을 개선하기 위해서는 부정적인 습관을 파악하고 이를 긍정적인 습관으로 대체하는 작업이 중요하다. 이것은 행동을 바꾸기 위한 자기 성찰과 의식적인 노력을 통해 이루어질 수 있다. 아울러, 마음 챙김을 연습하고 성장 사고방식을 개발하는 일은 잠재의식적인 믿음을 가지는 것과 생각 패턴을 다시 프로그래밍하는 데 도움이 될 수 있다.

- 더 읽을거리

잠재의식과 습관적인 행동의 힘 관련된 참고서들로 우리가 논의한 주제와 관련된 추천 도서이다.

- 『마인드셋: 성공의 새로운 심리학』, 캐롤 드웩[104]
- 『아주 작은 습관의 힘: 좋은 습관을 만들고 나쁜 습관을 고치는 쉽고 입증된 방법』, 제임스 클리어[105]
- 『가능성의 세계로 나아가라: 직업적이고 개인적인 삶의 변화』, R. S. 잰더, 벤자민 잰더[106]
- 『아웃라이어: 성공담』, 말콤 글래드웰[107]
- 『몰입: 최적 경험의 심리학』, 미하이 칙센트미하이[108]

이 책들은 인간의 본성, 성격, 태도, 의사결정, 습관 등 성공과 관련한 다양한 측면에 대한 심도 있는 토론과 통찰을 제공한다.

제4편
성공의 핵심 요소별로 전략적으로 실천하라

작은 성공부터 시작하라. 성공에 익숙해지면 무슨 목표든 할 수 있다는 자신감이 생긴다.

- 데일 카네기 Dale Carnegie

성공이란 거듭되는 실패에도 열정을 잃지 않고 계속 나아갈 수 있는 능력이다.

- 윈스턴 처칠 Winston Churchill

한 가지 생각을 선택하라. 그 생각을 당신의 삶으로 만들어라. 그걸 생각하고, 꿈꾸고, 그에 기반해서 살아가라. 당신의 몸의 모든 부분, 뇌, 근육, 신경을 그 생각으로 가득 채우고 다른 생각은 다 내버려둬라. 이것이 성공하는 방법이다.

- 스와미 비베카난다 Swami Vivekananda

'성공'이란 무엇인가? 성공에 대한 관점을 두 가지로 구분하여 생각해 볼 수 있다. 우선 개인이 '이루고자 하는 바를 성취하는 것', 그것이 성공이다. 다른 하나의 관점은 '타인이나 사회가 인정하는 그 어떤 수준에 도달하는 것'을 성공이라 한다. 우리가 성공이라 부르는 '성공의 요소'는 단일할 수도 있고, 우선순위나 상대적 비중을 가진 구성 요소가 있을 수도 있다. 대체로 '부, 지위나 명예, 건강, 자아실현, 행복' 등이 된다. 물론 이에는 개인적인 취향과 사회적인 공감과 인정이 작용한다. 이는 '어떻게 된 것이 성공인가?'라고 하는 내용이며, 우리는 이것을 '성공의 요소'라고 부르기로 하자.

다음으로, 무엇이 그러한 두 가지 관점의 성공을 이루고, 가져오게 하는지를 '성공 요인'이라 한다. 이는 '무엇이 성공하게 하는가?'이며, 그 성공의 요인은 매우 다양하다. 성공을 이루게 하는 요인으로는 시대적이며 환경적인 문제도 있고, 사회적이며 구조적인 문제도 있다. '성공 요인'은 단일한 그 무엇으로 성공을 이룬다고 하기 어려우며, 복합적이면서도 개별적이다. 그러므로 누가 언제 어떤 방식으로 성공했다고 하더라도 그 방식을 그대로 좇아간다고 해서 성공이 보장되지 않는다는 사실을 제1, 2편에서 살펴보았다. 여러 조건과 상황들이 관여하기 때문이다. 그러나 그러한 개별성에도 불구하고 개인과 시대를 아우르는 공통적인 요인도 존재한다.

'성공 요인'에 대한 상세한 내용은 "김병헌 저,『성공과 행복을 위한 인생의 길을 찾다』(2020), 제3장 성공을 이루는 길을 찾자(pp. 100-173)"를 참고하기 바란다.[109] 성공 요인에 대해 "전통적인 표준 성공요인모형, 새로운 비전통적 성공요인모형, 전략적 접근법, 심리적 접근법" 등 네 가지로 성공요인모형을 구분하고 이에 관련한 세계적인 성공전략서 여덟 가지 유형을 기반으로 하여 공통적인 성공 요인 추출을 시도하고 있다.

그러한 분석과 연구의 결과 공통적인 성공 요인으로 다섯 가지 핵심 개념 키워드를 5개 단어로 제시하고 있다. "자신감, 목표 명확화, 인내(의지력), 열정, 긍정 습관"이다. 이는 시대나 문화권 및 지역과 환경을 공통으로 아우르는 성공 요인으로 볼 수 있다.

우리는 여기에서 성공 요인에 관한 이야기와 함께 성공이라 부르는 요소들에 대해서 깊이 있게 다루고자 한다. 우리가 성공으로 간주하는 요소들인 "부, 지위나 명성, 관계, 건강과 행복"들을 어떻게 오게 할 것인가 하는 과제와 전략에 대해 살펴보고자 한다.

제10장
성공 요인과 핵심 요소

성공은 결과이지 목적이 아니다.

- 귀스타브 플로베르 Gustave Flaubert

Many of life's failures are people who did not realize how close they were to success when they gave up.

인생에서 실패한 사람 중 다수는 성공을 목전에 두고도 모른 채 포기한 이들이다.

- 토머스 A. 에디슨 Thomas A. Edison

성공의 진정한 본질은 무엇인가? 성공의 진정한 본질은 개인의 주관적인 가치관에 따라 다르게 인식될 수 있다. 성공은 개인적인 '목표나 열망의 성취', 원하는 수준의 '탁월함에 도달' 또는 한 사람의 완전한 '잠재력의 실현' 등으로 정의될 수 있다. 궁극적으로, 성공은 개인의 가치, 신념 그리고 경험에 의해 형성되는 개인적이고 개별적인 여행이다. 성공은 단지 부, 명성, 지위와 같은 외부적인 요소에 관한 것이 아니라 내적인 만족과 행복에 관한 것임을 인식하는 것도 중요하다. 성공은 인간관계, 교육, 일, 자기 성찰 등 다양한 요인에 의해 영향을 받을 수 있는 다면적이고 복합적인 개념이다.

그렇다면, 우리가 성공을 위한 본성을 어떻게 개발하여야 하는가? 성공을 위한 본성을 개발하는 것은 개인적인 믿음과 가치, 개인의 강점과 약점뿐만 아니라 사회적, 문화적, 경제적 영향과 같은 외부적인 요소들을 포함한 다양한 요소들의 조합을 포함한다.

- 성공을 위한 본성 개발의 몇 가지 일반적인 전략은 다음과 같다.
  - 자기 인식과 자기 성찰: 한 사람의 성격, 동기, 가치, 한계를 이해하는 것은 인생에서 가장 중요한 것이 무엇이고 성공을 이끄는 것이 무엇인지 결정하는 데 도움이 된다.
  - 개인의 성장: 개인의 성장과 자기 계발을 촉진하는 활동과 경험에 참여하는 것은 개인이 더 자신감 있고, 능력 있고, 회복력이 있도록 도울 수 있다.
  - 명확한 목표 설정과 달성하기 위한 노력: 구체적이고, 측정 가능하며, 달성 가능하고, 관련성이 있으며, 시간에 제한이 있는 SMART 목표를 설정하는 것은 방향과 초점을 제공한다. 이 목표를 정기적으로 검토하고 수정하는 것이 더 큰 성장을 위한 높은 동기부여가 유지되도록 한다.
  - 강한 관계 구축: 가족, 친구, 동료들과 강한 관계를 구축하는 것은 성공과 행복에 기여할 수 있는 지지적인 네트워크를 만드는 데 도움이 된다.
  - 적응성: 급변하는 세상에서 성공하려면 변화에 적응하고 새로운 도전에 유연하게 대처하는 능력이 관건이다.

이러한 전략들은 개인이 성공을 위해 그들의 본성을 발전시킬 수 있는 몇 가지 예에 불과하다. 그런데 한 사람에게 가장 효과적인 것이 다른 사람에게는 효과가 없을 수도 있다는 점을 제1편에서 살펴보았다. 궁극적으로, 성공과 행복은 자신만의 독특한 성격, 장점 그리고 상황과 환경 도전에 근거하여 각 개인에게 가장 잘 맞는 것을 찾아내는 것에 달려 있다.

성공전략은 어느 정도 복제가 가능할 수 있지만, 시대와 환경 및 개인의 상황이나 능력과 기회에 따라서도 달라진다. 성공을 보장하는 공식은 없지만, 성공을 이루게 하는 주요 요인은 여러 측면에서 다양하게 이야기할 수 있다.

'노력과 인내'는 중요한 성공 요인 중 하나다. 성공하기 위해서는 『1만 시간의 법칙』 등에서도 강조하는 것처럼 부단한 노력과 인내가 필수적이다. '명상'이나 '끌어당김의 법칙' 등은 '마음의 평온함이나 자기 긍정이나 도달 목표 명확화' 등의 긍정적 요소가 있으나, 그에 따른 행동과 실행 없이는 결실은 존재할 수 없다. 노력하지 않고 좋은 결과를 기대하기는 어렵다.

자신이 이루고자 하는 명확하고 달성 가능한 목표를 세우고 그것에 도달할 계획을 세우는 것은 성공전략과 노력의 방향성을 제공한다. 그리고 인생 여정에서 긍정적인 태도와 사고방식은 성공 노력의 기반이다. 긍정적인 태도와 회복력 및 도전과 실패를 다루는 능력은 성공에 있어서 매우 중요하다.

부단한 학습과 지속적인 개선 노력도 필요하다. 성공한 사람들은 항상 개선하고 성장할 수 있는 방법을 찾아 왔으며, 늘 새로운 학습 기회에 열려 있는 자세를 유지해 왔다. 다음으로 네트워킹 및 관계 관련이다. 다른 사람들과의 강력한 관계를 구축하고 유지하는 것은 기회와 자원 및 지원에 대한 액세스를 제공하므로 성공의 열쇠가 된다.

마지막으로 강조하고 싶은 내용은 열정이다. 어떤 일이든지 그 일을 해내고야 말겠다는 의지와 열정 없이는 중간에 포기하게 되고, 이솝 우화 「여우와 포도」처럼 자기 합리화로 회피하며 결실을 보지 못하고 만다. 어려운 과정을 이겨 내겠다는 의지와 열정이 있어야 강력한 성취동기를 이끌어 나갈 수 있다.

단순히 부나 지위나 명예를 추구하는 것보다, 자신에게 의미 있고 성취감 있는 무언가를 추구하는 것은 종종 장기적인 성공과 행복의 핵심 요소이다.

■ 성공 요인

성공하게 하는 요인에 관한 내용은 매우 다양하며, 이는 개인적이고 개별적이다. 수많은 자기 계발서와 인생 전략서에서 나름의 이유와 근거를 가지고 다양한 내용을 언급해 왔다. 한마디로 성공할 때까지 시련은 있어도 그 도전을 중단하지 않는 한 실패로 끝난 것은 아니라 할 수 있다. 그런데 이러한 전략은 긍정적인 효과도 있으나 큰 문제점을 안고 있다. 인생이라는 유한한 시한성과 자원 제약성을 고려할 때 대단히 큰 대가를 치르게 한다. 그리고 무수한 성공전략과 방법들을 자신의 인생에 적용하여 활용하는 것은 대단히 어렵고 복잡하다. 아울러 우리가 앞에서 살펴본 바와 같이 수렵·채집 시대와 농경시대의 인생 전략과 제4차 산업혁명 시대라 일컫는 현대사회의 인생 전략은 다를 수밖에 없다.

그러나 여기에서는 이런 환경과 상황적 요건 속에서도 현재에도 적용 가능한 공통적인 성공 요인을 다음과 같은 몇 가지 개념으로 압축하여 생각해 보기로 한다.

우리는 일하는 동안 많은 실패를 경험하게 된다. 하지만 그것들은 모두 성공으로 가는 단계일 뿐이다.

- 토머스 A. 에디슨 Thomas A. Edison

◆ **자신감** 自信感, self-confidence

'성공'을 이루는 데 먼저 언급하고자 하는 개념은 '자신감'이다. 자신감은 스스로를 믿는 감정이며, 자기효능감 self-esteem, 자존감이 결합된 개념으로 삶에서 매우 중요한 요소이다. 자기효능감이란, 다양한 문제나 목표를 성공적으로 해결할 수 있다는 자기 자신의 신념이나 기대감이다. 자존감 또한 비슷한 개념이며, 어떤 것에 성과를 이루어 낼 만한 자기 신념으로 행복한 삶과 더욱 연관이 있다.

자신감이 있으면 스스로를 존중하고 사랑한다. 현재 상태와 미래에 대해 긍정적이며 개인적, 직업적인 목표를 달성하는 데 필요한 위험을 감수한다. 자신감이 낮으면 스스로는 물론 소망 성취에 대해 부정적인 견해를 가지고 있어 기대가 낮거나 성과를 이루기 어렵다. 그런데 코넬대학의 데이비드 더닝 교수가 제안한 인지 편향 중 하나인 '더닝-크루거 효과*'에도 유의할 필요가 있다.

> *더닝 크루거 효과: 더닝 크루거 효과는 인지 편향 중 하나인데, 코넬 대학교 사회심리학 교수 데이비드 더닝David Dunning과 대학원생 저스틴 크루거Justin Kruger가 코넬 대학교 학부생들을 대상으로 실험한 결과를 토대로 제안한 이론이다.
>
> 특정 분야에 대해 조금 아는 사람은 자신의 능력을 과대평가하는 경향이 있는 반면 적당히 유능한 사람은 자신의 능력을 과소평가하는 경향이 있다는 것이 요지이다. 그들은 자동차 운전, 체스, 테니스 및 유머 감각, 문법 지식, 논리적 사고력 등의 부문으로 테스트를 했는데 점수가 낮을수록 실제 성적에 비해 피험자 당사자의 등수 기대치(자신감)가 높았고 오히려 높은 성적을 받은 피험자들은 그 반대 경향을 보인 것이다.

그러나 우리에게 위안이 되는 것은 자신감은 얼마든지 훈련으로 스스로 개발하고 강화해 나아갈 수 있다는 점이다. 자신감이 있는 사람은 어떤 행동이든 적극적으로 행동하는 편이어서 결과의 도출이 빠르며, 결과가 좋지 않아도 쉽게 긍정적으로 바꾼다.

● **높은 자신감을 가지면**[110]

- ◆ 특정 가치와 원칙을 굳게 믿으며 역풍을 만나더라도 이를 방어할 준비가 되어 있고 경험에 비추어 생각을 수정할 수 있을 만큼 충분히 안정되어 있다.
- ◆ 자신의 판단을 믿으며 다른 사람이 자신의 선택을 좋아하지 않을 때 죄책감을 느끼지 않고 생각하는 대로 행동할 수 있다.
- ◆ 과거에 일어난 일이나 미래에 일어날 수 있는 일에 대해 지나치게 걱

정하면서 시간을 낭비하지 않고 과거로부터 배우고 미래를 계획하며 현재를 치열하게 살아간다.
- ◆ 실패와 어려움 뒤에 주저하지 않고 자신의 문제해결 능력을 신뢰하며 필요시 다른 사람들에게 도움을 요청한다.
- ◆ 재능, 명성, 재정 상태의 차이를 인정하면서 자신이 열등하거나 우월하지 않고 다른 사람과 동등한 존엄성을 갖는다고 생각한다.
- ◆ 우정을 가진 사람들에게 자신이 얼마나 소중한 사람인지 안다.
- ◆ 심리적 조작에 저항하고 적절한 관계만을 유지한다.
- ◆ 긍정적이든 부정적이든 다양한 내적 감정과 욕구를 인정하고 받아들이며, 타인이 원할 때에만 그러한 욕구를 드러낸다.
- ◆ 다른 사람의 감정과 필요를 잘 알고 사회적 규칙을 존중하고 타인의 비용이 들어가는 권리나 욕구를 주장하지 않는다.
- ◆ 문제가 발생할 때 자신이나 다른 사람을 하찮게 여기지 않고 해결책을 찾고 불만을 표출하기 위해 노력할 수 있다.

● **자신감 강화 훈련**

다음에서는 미국 스포츠 의학 아카데미 NASM 인증 교정운동 전문가이며 홀리스틱 생활 전문가인 니콜렛 튜라 Nicolette Tura의 「자신감을 갖는 법」을 간략히 정리하여 소개한다.[111] 니콜렛 튜라는 웰니스 전문가이며 샌프란시스코 소재 웰니스 및 관계 컨설팅 회사 The Illuminated Body의 창업자이다(ko.wikihow.com/자신감을 갖는 법).

그에 의하면 자신감은 오직 자신에게 달린 것이지만 자신에 대한 좋은 감정은 다른 사람에 의해 결정되기 매우 쉽다. 이는 "자신감 표현하기, 자신감을 가지고 생각하기, 자신감 연습하기" 3개 부분으로 나누어진다.

그 중심 내용을 간단히 살펴본다.

- 자신감 표현하기

  자신감 표현의 시작은 우선 "외모를 가꾸는 일"이다. 즉, 남에게 보이는 외모에서 비롯된다. 적절한 옷차림, 머리 모양 등 남 앞에서의 외모에 대해 스스로 만족할 수 있다면 절반은 성공이다. 외형은 내부적인 자신감을 드러내는 기초가 된다. 이어서 '자세'를 바르게 가지며, '미소' 띤 얼굴 모습은 내외면적인 여유로움을 드러내게 된다. 이제는 자신에게 오는 사람들의 '시선'을 맞추면서, 적절한 '바디랭귀지'를 사용할 수 있는 여유를 보인다면 해결이다.

- 자신감을 가지고 생각하기

  '자신감'은 타고나는 것이 아니며, 상황과 환경에 맞는 준비, 노출과 노력의 과정을 거쳐 축적되는 경험이다. 먼저 고려해야 할 것은 자신의 '재능과 장점'에 대한 인식이다. 남다른 그 무엇을 자신에게서 끄집어낼 수 있다면 절반의 성공이다. 그것이 기반이 된다. 다음으로 자신감을 낮추는 '장애물'이 있는지 생각해 본다. 종전의 나쁜 경험, 성적, 내성적인 성격 등이 열거될 수 있다. 그런데 사람들 대부분이 '자신감'에 관해 힘들어한다는 사실을 기억할 필요가 있다. 자신감은 하나의 '결과나 결실'이 아닌 '과정'으로 이해해야 한다. 다양한 기회에서 부단한 자기 노출 경험이 자신감 부족 문제를 극복해 줄 수 있기 때문이다. "자신감 부족은 외부의 세상과 아무런 관계가 없으므로, 자신만의 생각에서 벗어나야 한다."

- 자신감 연습하기

자신감에 대한 연습과 훈련은 중요하다. 먼저 연습의 기반이 되는 준비 과정이 있다. 이는 자신의 '관심 영역'에 대한 부분이다. 잘하고 싶은 스포츠나 취미가 있으면 이에 관한 기술이나 능력의 향상을 위해 노력한다. 흥미 있는 분야의 수준 향상은 자신감 높이기의 첩경이다. 낯선 사람들과의 대화 기회도 자신 있는 마음 상태를 만드는 데 도움이 된다. 발표할 때나 말할 때 여유롭게 천천히 하는 것은 긴장도를 낮추고 자신감을 찾는 데 도움이 된다. 필자의 오랜 경험에 의하면, 강연이나 연설과 같은 환경 상태에서는 무대나 강단에 선 뒤, 최초 15~30초간이 매우 중요하다. 말을 시작하기 전에 환경을 둘러보고 시선을 던지며, 짧게 침묵하는 여유를 가지는 것이 좋은 방법이 된다.

"위험부담을 감수하자. 때때로 유일한 방법은 직접 경험하는 것이다. 당신은 곧바로 훌륭해질 수는 없다. 만약 늘 하던 방법만을 유지한다면, 어떤 것에도 결코 나아지지 못할 것이다. 성장할 기회를 가져야만 한다."

내면에서 일어나는 부정적인 감정을 제어하는 훈련이 필요하다. 자신감이 부족하다고 여기는 부정적인 내면의 소리를 다스려야 한다. 자신에 대한 모든 좋은 느낌과 사실들을 상기해 본다. 그런 것들로 마음을 채워 긍정적인 정서를 키워야 한다. 우리는 다른 어떤 사람보다 자신을 가장 잘 알고 있다. 자신을 격려하고 사랑하고 감사하자. 부정적인 타인의 언급을 듣거나 부정적인 생각이 들게 되면 즉각적으로 거부하고 긍정적인 표현으로 바꾸자.

● 자신감 강화 훈련 요약

지금까지의 설명을 종합하여, 자신감 또는 자기효능감을 향상시키는 훈련 방법에 관해 다음과 같이 제안한다.

- ◆ 자신의 장점을 확인하자: 자신의 개인적인 장점, 기술, 그리고 능력의 목록을 만들자. 목표를 설정하고 새로운 도전을 할 때 이러한 영역에 집중하자.
- ◆ 자기 관리를 실천하라: 신체적, 정신적, 감정적으로 자신을 돌보는 것은 자신감을 향상시킬 수 있다. 충분히 수면하고, 규칙적으로 운동하며, 잘 먹고, 필요할 때 휴식을 취하라.
- ◆ 긍정적인 자기 대화를 사용하라: 자신 내면의 대화에 주의를 기울이고 부정적인 생각을 긍정적인 생각으로 대체하라. 실수나 실패보다는 성취와 발전에 집중하자.
- ◆ 달성 가능한 목표를 설정한다: 자신감을 형성하고 점차 더 큰 목표를 향해 노력하기 위해 작고 달성 가능한 목표를 설정한다. 그 과정에서 당신의 작은 성공을 축하하자. 이것은 다음 단계 목표 달성의 동력을 제공한다.
- ◆ 새로운 기술을 배우자: 새로운 기술을 습득하는 것은 자기효능감을 향상시킬 수 있다. 자신이 관심 있는 주제에 대한 수업이나 워크숍에 참여하자.
- ◆ 자신을 지지하는 사람들로 둘러싸라: 자신을 격려하고 지지하는 친구, 가족, 그리고 멘토를 찾아 보라. 그들의 긍정과 피드백은 자신감을 높일 수 있다.
- ◆ 성공을 시각화하자: 목표를 달성하고 꿈을 이루는 자신의 모습을 상상해 보자. 이는 자신감과 동기부여를 개발하는 데 도움이 된다.

◆ 위험을 감수하라: 안전지대에서 벗어나 위험을 감수하는 것은 자기효능감을 향상시킬 수 있다. 이것으로 성공하지 못하더라도, 그 경험을 통해 배우고 성장한다.

당신이 가진 모든 것에 감사해야 한다. 불안감과 자신감 부족의 근원은 감정 상태이다. 돈이나 능력 등이 부족하다고 생각한 자신과 타인이 내리는 부정적 평가일 뿐이다. 자신이 가진 것들에 감사함으로써, 불만족스러운 느낌을 통제할 수 있다.

완벽하게 하려고 하지 않아야 한다. 그 누구도 완전할 수 없다. 우리의 일상은 늘 문제와 과제들을 가지고 있다. 실패를 두려워하지 말자. 실패는 배움의 경험으로 받아들이고 긍정적인 믿음으로 나아가자.

사람들에게 진정한 자신의 모습을 보여 주는 것을 두려워하지 말자. 설령 좋아하지 않더라도 그것은 그들의 생각일 뿐이다. 자신에게 감사하며 관대하고 사랑하자. 두려움을 벗어던져라. 자신이 가진 것, 자신의 좋은 점들을 다른 사람들과 비교하여 얼마나 행운인지 생각하자. 자신이 가진 다른 점과 단점들을 포용하고 당신을 당신답게 만들어 주는 모든 것을 수용하자. 그것이 당신 자신이기 때문이다. 어떠한 것도, 어떠한 사람도 당신을 괴롭게 만들어서는 안 된다. 괴롭게 하거나 성가신 모든 것들을 떨치고 일어서서 나를 바로 세우자.

◆ 목표 명확화

성공 요인에서 다음으로 살펴볼 중요한 개념으로는 '목표 명확화'이다. 우리가 "이루고자 하는 그 무엇"을 목표라 한다. 이 목표는 영어로 goal, target, objective 중 어느 것과 가까운가? 우리 사전에서 목표는 "활동을 이루거나 도달하려는 실제적 대상으로 삼음, 또는 그 대상"이나 "행동을 취하여 이루려는 최후의 대상"으로 풀이하고 있다. 유사한 용어로 '목적'이 "왜 하는가?"라는 의미라면, '목표'는 "무엇을 얻으려 하는가?"이다. 영어 표현 'goal'은 달성하려고 하는 장기적 목표이고, 'target'은 '표적' 또는 '과녁'과 같은 성격이라면, 'objective'는 어떤 단계를 통해 달성되는 구체적인 성취를 의미한다고 한다. 그러므로 'goal'과 'objective'는 혼용하여 사용되나 그 구체성의 정도가 구별된다. 후자는 매우 구체적이나 전자는 좀 더 추상적이라고 사전은 설명하고 있다. 경영학이나 심리학에서 대체로 'goal'을 '목표'로 번역하여 사용하고 있고 우리도 이를 따르기로 한다. "performance goal"을 "성과 목표"로, "goal setting"을 "목표 설정"으로 사용하고 있다.

인생에서 명확한 목표를 세우는 것이 왜 중요한가? 이는 우리가 진정으로 중요한 것을 성취하는 데 에너지와 자원을 집중하도록 돕기 때문이다. 명확한 목표가 없다면, 우리는 방향과 목적이 부족한 삶으로 표류하는 자신을 발견할 수도 있다. 명확한 목표는 삶에 대한 로드맵을 제공하고, 행동의 우선순위를 부여하며, 우리가 가치와 열망에 맞는 결정을 내리도록 도와준다. 아울러, 명확한 목표를 설정하는 것은, 진전을 측정하고 성취를 축하하는 데 도움이 되며, 성취감과 계속해서 앞으로 나아가야 하는 동기부여를 제공한다. 궁극적으로 명확한 목표를 설정하는 것은 더 의도적이고 목적적인 삶을 살 수 있게 해 주고, 더 큰 만족과 행복으로 이어진다.

인생에서 얻고자 하거나, 도달하려고 하는 목표는 삶의 이정표이며 방향성이다. 우리는 자신의 가치관과 부합하는 인생 목표를 세우고, 이를 이루고자 하는 전략적인 노력을 하고 있는가? 대체적으로는 그렇지 못하다. 우리 시대 경영학계의 구루라고 불리는 피터 드러커는 목표 설정의 중요성에 대해 강조하였다. 그 유명한 "목표에 의한 관리$_{\text{MBO: management by objectives}}$"는 경영에 있어 중요한 개념이다. 'SMART 목표관리 기법'은 그가 처음 제안한 이후, 조지 도란의 『There's S.M.A.R.T. Way to Write Management Goals and Objectives』(1981)에서 언급되기 시작했다. 목표 설정은 구체적이며$_{\text{specific}}$, 측정 가능하고$_{\text{measurable}}$, 실행 가능하며$_{\text{attainable}}$, 현실성이 있고$_{\text{relevant}}$, 기한이 설정된$_{\text{time-bounded}}$ 형식으로 표현되어야 한다는 개념이다. 기업이나 조직의 경영 목표와 같이 개인적인 삶의 여정에 있어서도 목표 설정은 동일한 중요성과 의미를 갖는다.

우리에게는 달성하고자 하는 수많은 목표가 있다. 일시적이거나 단기적이거나를 불문하고, 목표를 명확하게 하여야 구체적인 실천 계획과 전략이 마련될 수 있고, 그 달성 여부도 판단할 수 있게 된다. 우리 개인이 서 있는 위치에 따라 그 목표는 "학업 성적, 진학, 취업, 결혼, 승진, 지위"

와 같은 것일 수도 있고, "부(富), 건강, 행복, 관계" 등과 같은 성격일 수도 있다. 그 어떤 목표가 되더라도 목표를 명확하게 하면 달성 여부를 쉽게 알 수 있으며, 그에 따른 성취감과 더 높은 경지를 위한 강력한 동기도 발생하게 된다. 목표에는 도달하고자 하는, 단계적 수준 형태도 있고, 영역적 수준 형태도 있다.

● **명확한 목표 설정으로 성공한 사람의 한 예는 오프라 윈프리이다.**

 1954년 미시시피에서 가난하게 태어난 오프라는 어린 시절 학대와 불안정을 포함한 수많은 도전적 환경에 직면했다. 하지만 그녀는 교육에서 위안을 찾았고 곧 훌륭한 학생이 되었다. 지역 미인대회에서 우승한 후, 뉴스 앵커직을 제안받아 빠르게 지위가 상승하였고 결국 그녀만의 낮 토크쇼인 「오프라 윈프리 쇼」를 상륙시켰다.

 경력 내내, 오프라는 자신을 위한 명확한 목표를 일관되게 세웠고 그것들을 성취하기 위해 지칠 줄 모르고 노력했다. 오프라의 궁극적인 목표는 세상에 긍정적인 영향을 주기 위해 항상 자신의 플랫폼을 사용하는 것이라고 말했고, 수많은 방법으로 그렇게 했다. 자신의 텔레비전 네트워크인 OWN을 설립한 것부터 다양한 자선 사업을 시작한 것까지, 오프라는 경력 내내 사회 정의와 평등의 옹호자였다.

 오프라의 성공은 대부분 명확한 목표를 세우고 역경 앞에서 집중하고 결단력을 유지하는 그녀의 능력에 기인한다. 수많은 좌절과 도전적 환경에 직면했음에도 불구하고, 자신의 비전에 대한 헌신에 흔들림이 없었고 목표를 달성하기 위해 지칠 줄 모르는 노력을 계속해 왔다. 오프라의 이야기는 명확한 목표 설정과 흔들림 없는 결단력을 통해 자신의 삶에서 성공을 이루려는 사람들에게 영감을 준다.

● **명확한 목표를 세우려고 노력했지만 실패한 사람의 한 사례이다.**

명확한 목표를 세우려고 노력했지만 실패한 사람의 한 예는 존이라는 청년이다. 존은 성공적인 기업가가 되는 꿈을 가지고 있었고 35세까지 그의 사업을 시작하는 목표를 세웠다. 하지만 존이 그의 목표를 향해 노력하기 시작하면서, 그는 몇 가지 도전과 좌절에 직면했다. 독특한 사업 아이디어를 내기 위해 고군분투했으나 그의 회사를 시작하는 데 필요한 자금을 확보할 수 없었다. 또한 일과 사생활의 균형을 맞추기가 어렵다는 것을 알았고, 종종 처한 상황으로부터 압박과 스트레스를 받았다.

그의 초기 열정과 결단력에도 불구하고, 존은 결국 그의 사업을 시작하려는 그의 목표를 포기했다. 그는 자신의 실패에 낙담하고 패배감을 느꼈고 동기부여를 유지하는 것이 어렵다는 것을 알았다.

존이 목표를 달성하지 못한 주된 이유 중 하나는 명확성과 구체성의 부족이었다. 그는 자신이 성취하고자 하는 것에 대해 전반적인 생각은 가지고 있었지만, 자신의 더 큰 목표를 더 작고 관리하기 쉬운 단계로 분해하는 데 도움이 될 명확하고 구체적인 목표를 설정하지 않았다.

존은 또한 목표를 달성하는 데 필요한 기술과 자원이 부족했다. 그는 성공적으로 사업을 시작하고 운영하는 데 필요한 기술을 연구하고 개발할 시간을 갖지 못했고, 다른 기업가들과 네트워크를 구축하거나 멘토나 지도를 구하지 않았다.

궁극적으로, 존의 목표 달성 실패는 명확하고 구체적인 목표를 설정하고, 필요한 기술과 자원을 개발하고, 다른 사람들로부터 지원과 지도를 구하는 것 등의 중요성을 간과한 결과로 분석할 수 있다.

● **명확한 삶의 목표를 세울 수 있는 구체적인 방법을 정리해 본다.**
다음은 삶의 목표 명확하게 설정하는 데 참고할 구체적인 방법이다.

- ◆ 자신의 가치관으로 시작하라: 자신에게 중요한 것이 무엇인지, 삶에서 어떤 가치를 지키고 싶은지 생각해 보자. 이러한 가치관은 전체적인 비전과 일치하는 목표를 설정하는 데 도움이 될 수 있다.
- ◆ 목표를 스마트smart하게 하라: 스마트는 구체성, 측정 가능, 달성 가능, 관련성 및 시간제한을 의미한다. 목표를 설정할 때, 명확하고 구체적이며 실행 가능하도록 이러한 기준을 충족하는지 확인하자.
- ◆ 장기적인 목표를 단기적인 목표로 세분화하라: 장기적인 목표는 너무 멀고 크며, 압도적으로 느껴질 수 있으므로 단기적으로 목표로 삼을 수 있는 더 작고 관리하기 쉬운 목표로 세분화하는 것이 도움이 될 수 있다.
- ◆ 그것들을 적어 보라: 목표를 종이나 컴퓨터에 적는 것은 자신의 마음속에 그것들을 확고히 하는 데 도움이 되고, 무엇을 향해 노력하고 있는지 상기시켜 주는 역할을 할 수 있다.
- ◆ 규칙적으로 검토하고 수정하라: 목표는 시간이 지남에 따라 바뀔 수 있으므로 목표가 여전히 자신의 가치와 비전에 부합하도록 정기적으로 검토하고 수정하는 것이 중요하다.

- 자신의 목표를 다른 사람들과 공유하자: 자신의 목표를 지지하는 친구, 가족, 또는 멘토와 공유하는 것은 자신이 책임감과 동기부여를 받을 수 있도록 도와줄 수 있다.
- 유연성 유지: 인생은 예측할 수 없다. 환경과 상황을 유연하게 보고, 필요에 따라 목표를 조정하는 것도 중요하다. 목표가 더 이상 자신에게 도움이 되지 않거나, 새로운 기회가 발생하여 갈아타는 것을 두려워하지 말아야 한다.

목표 설정의 구체적인 방법과 실행 전략에 대한 더 자세한 내용은 전술한 제7장에서 언급한 부분을 참고 바란다.

◆ 인내(의지력)

재능보다는 훈련, 열정, 행운이 우선이다. 그러나, 이보다 더 중요한 것은 인내심이다.

- 제임스 볼드윈 James Baldwin

인내의 기술을 배워라. 목표를 달성할 수 있을지 마음이 불안해질 때, 단련한 대로 마음을 다스려라. 인내하지 못하면 긴장감과 두려움이 생기고 낙담해 실패한다. 인내할 줄 알아야 자신감, 결단력, 합리적 시각이 생겨서 끝내 성공할 수 있다.

- 브라이언 아담스 Brian Adams

성공하는 데 있어서 '인내'만큼 필요한 요소도 드물다. 노력하는 과정에서 만나게 되는 장애나 시련, 작은 실패는 많다. 그런저런 사유로 좌절하고 만다면 거기에서 끝난다. 시도와 노력을 포기하지 않는 이상, 만나는 장애물은 일시적인 호흡조절이나 중단이거나 우회로를 찾아가는 과정에 불과하다. 펌프로 물을 퍼 올리기 위해서는 '마중물'이 필요하다. 노력한다고 바로 결과가 얻어진다면 삶이 얼마나 간단할까? 석유를 시추하기 위해서는 수많은 시추공으로 뚫어 보는 시도가 필요하다. 어느 시추공에서 검은 석유가 나올지는 알기는 어렵다.

어떤 일이 이루어지려면 그 과정에서 시간이 필요하다. 어느 특정한 순간이나 시점인 임계점을 벗어나기 전에는 달라지지 않는다. 노력도 그러하다. 인내의 과정을 거쳐서 그 결실의 순간을 맞이하게 된다. 그 과정은 지루하고 어렵기에 이를 이겨 내는 용기인 '인내'가 필요한 것이다.

성공과 인내는 끊임없이 함께하는 것이다. 이 경우의 인내는 어떤 일을 시작했을 때, 어려운 시기에도 포기하지 않고 꾸준히 노력하는 것을 의미한다. 인내는 또한 성공을 이루는 데 필수적인 요소 중 하나이다. 어떤 일이든지 성공하려면, 그것을 이루기 위한 지속적인 노력과 시간이 필요하다. 이때 인내심을 가지고 참을성 있게 기다리면서 꾸준히 노력한다면, 언젠가는 성공을 이루게 된다.

그러나 성공과 인내는 반드시 항상 함께하는 것이 아님에도 유의해야 한다. 어떤 경우에는 많은 자원이나 노력과 시간을 들여도 성공하지 못할 수도 있기 때문이다. 이럴 때는 더욱더 인내심을 갖고, 실패를 통해 배움을 얻으며 새로운 방법을 찾아 나가야 한다. 새로운 전환이 필요한 경우에는 과감하고 유연하게 대처하는 지혜를 가져야 한다.

● **인내력 기르기 훈련에 대해 생각해 보자.**

우리는 인내심의 중요성을 알고 있지만, 실제로 인내하는 것은 어렵다. 삶에서 중요한 것들은 보통 시간이 걸린다. 추구할 만한 일들은 실제적인 행동과 기다리며 인내하는 시간을 포함해서 이루어진다. 우리는 대체로 급하고 서두르며 충분히 숙성하도록 기다리지 못한다. 성공을 위해서는 인내하는 습관을 기르는 것이 필요하다.

인내심을 기르기 위해서는 첫째, 속도에 대한 집착에서 벗어나는 일이 먼저이다. 현대사회와 같이 급변하는 시대 환경에서는 점점 서두르는 일상에서 벗어나기 어렵다. 그러므로 인생에서 가치가 있는 일은 시간이 걸린다는 사실도 잊어버린다. 순간의 기다림이 좋고 나쁜 결정들의 분기점이 되기도 한다. 인생에서 모든 결정을 쉽고 빠르게 서두르고 있다면 우리가 만들어 가는 구조물은 견고하지 않을 수 있다. 차근차근 천천히 성과를 쌓아 가도록 하자.

둘째는 예측 가능한 일정 만들기이다. 예측 가능한 일정을 만드는 것은 인내심을 강화하는 데 도움이 된다. 계획에 따라 일정을 지켜 나가면, 이는 예기치 못한 일이 발생하더라도 유연하게 대처할 수 있도록 도움을 준다.

셋째는 긍정적인 자기 대화이다. 자신에게 긍정적인 말을 해 주는 것은 인내심을 강화하는 데 중요하다. 자신을 격려하고, 자신의 능력과 가능성을 믿어 주는 긍정적인 자기 대화를 지속적으로 하면 성과를 위한 실천과 노력의 동력을 얻게 된다.

인내심을 기르기 위한 넷째의 방법으로는 '시도하자'이다. 노력하고 있던 것이 잘되지 않으면 좌절하거나 포기해 버리기 쉽다. 이런 경우 대체로 자신감 부족, 능력 부족, 소질 부족으로 자신을 질책하게 된다. 그러지 말고 다시 '시도하자'라는 의미이다. 인내력은 자라 온 환경이나 개인적인 성향에 따라 다양하며 조절 가능한 범위도 다르다. 이른바 '만족 지연'이라는 특성과도 연결된다. 나중에 맞이하는 더 큰 성취를 위해 눈앞의 작은 성취나 욕구를 지연할 수 있는 능력이 '만족 지연'이다. 당장 내가 원하는 성취를 이루지는 못하지만 노력하는 과정을 통하여 목표에 다가가는 것이다. 인내력은 지속적인 '시도'를 필요로 한다.

다섯째로는 인내력이 부족한 사람이 빠지는 함정에서 벗어나는 일이다. 인내력이 부족한 사람은 노력하지 않고 결과를 쉽게 얻는 지름길을 찾으려고 한다. 이로 인해 근거가 부족하고 알맹이 없는 자기 계발서의 유혹에 빠지곤 한다. "일하지 않고 돈 버는 방법, 먹으며 하는 다이어트, 학습 노력 없는 공부법, 상상만으로 얻어지는 끌어당김의 법칙, 땀을 흘리지 않는 운동" 등 인내력이 부족한 사람들을 현혹하는 마케팅에 놀아나지 않아야 한다. 뿌린 씨앗이 없는데 추수할 결실이 있을까?

마지막으로 인내력을 습관으로 만들어야 한다. 우리는 습관적인 행동은 쉽게 한다. 무언가 하기 어렵다거나 싫증이 날 때, 다른 사람도 그럴까? 라고 반문해 보며 포기하거나 벗어나지 않고 인내심 부족을 다스릴 수 있는 습관으로 만들어 가면 된다.

불굴의 투지와 인내, '그릿$_{grit}$'을 가장 중요한 성공 습관으로 제안한 펜

실버니아대학 심리학과 교수인 앤절라 더크워스의 견해도 참고하기 바란다.

◆ 열정

> 목표를 이루기 위해서는 인내와 열정이 필요하다. 인내는 어떠한 난관도 극복할 수 있게 하고, 열정은 성공을 이루기 위한 원동력이 된다.
> - 토머스 A. 에디슨 Thomas A. Edison

> 이기고자 하는 의지와 성공하고자 하는 열망, 완전한 잠재력에 도달하려는 충동, 이것들은 개인적 탁월함의 문을 여는 열쇠다.
> - 에디 로빈슨 Eddie Robinson

> 대단한 헌신 없이는 위대한 성공도 없다.
> - 밥 딜런 Bob Dylan

열정熱情, passion은 감정 중 하나로, 어떤 일에 열렬한 애정을 가지고 열중하는 마음을 의미한다. '사람, 일, 사물 등' 특정한 대상에 대한 강하고 다루기 힘들거나 간신히 통제할 수 있는 감정이나 성향을 나타내는 데 사용되는 용어이다.

성공에 있어서 '열정'은 매우 중요하다. 열정은 우리가 하고 있거나, 하고자 하는 일에 대한 강한 열망과 그 일을 위해 최선을 다할 준비가 되어 있다는 마음의 상태이다. 열정이 없으면 어려운 일이나 실패를 겪고 있을 때 쉽게 포기하거나 자신의 능력에 대해 의심하게 될 수 있다.

열정은 또한 자신의 목표에 집중하고 그것을 달성하기 위해 노력하는 데 도움을 준다. 만약 우리가 진정으로 중요하게 생각하는 그 무엇이 있다면, 열정은 그것을 이루는 데 필요한 끈기와 인내심을 가져다준다.

하지만 열정만으로는 충분하지 않다. 열정은 어떤 일을 시작할 때 중요한 요소이지만, 그것을 유지하고 발전시키는 데에도 중요하다. 끊임없는 열정과 함께 꾸준한 학습과 전문성을 갖추어 가는 노력이 필요하다. 따라서 성공을 위해서는 열정과 함께 지속적인 노력과 발전을 추구해야 한다.

인생에 있어서 성공하지 못한 사람은 자신의 재능이 부족했다고 생각하며, 반대로 성공한 사람은 자신이 가진 '열정'으로 원하는 꿈을 실현하였다고 생각한다는 것이다. 각 분야에서 성공한 사람 중 열정 없이 재능만으로 성공한 사례는 드물다. 그러하기에 성공에 있어서 '재능'보다도 '열정'이 훨씬 중요한 요인으로 보아야 할 것이다. 누구든지 자신의 열정으로 재능을 계발하며 성장과 발전을 가져오는 것이 가능하다는 의미이다.

일본의 중견작가인 기타가와 야스시의 『편지 가게』에서 이와 관련한 다음 글을 보자.[112]

실패한 사람은 재능을, 성공한 사람은 열정을 이유로 든다.
꿈을 이루지 못한 사람들은 '나는 재능이 없었어'라고 말한다.

꿈을 이루지 못한 이유가 재능이 없었다는 것이라면
꿈을 이룬 사람들은 모두 '재능이 있었다'라고 대답하는 것이 맞겠지만,
성공한 사람 중에 그런 대답을 한 사람은 한 명도 없다.

꿈을 이룬 사람들은
'정말로 하고 싶었던 일을 열정을 가지고 계속했을 뿐이다'라고 말한다.

다음에서 열정을 가지고 끈기 있게 노력하여 성공한 대표적인 몇 사람의 사례를 보자.

- 스티브 잡스 Steve Jobs는 애플의 공동 창업자로서 열정적인 지도력으로 많은 혁신적인 제품들을 선보이며 기술 산업을 선도했다.
- 빌 게이츠 Bill Gates는 마이크로소프트의 창업자로서 열정과 인내심으로 기업을 성장시켜 세계에서 가장 부유한 인물 중 하나가 되었다.
- 조지 루카스 George Lucas는 「스타워즈」 시리즈를 창작한 영화감독으로서, 자신이 꿈꾸던 작품을 만들기 위해 끝없는 열정과 노력을 기울였다.
- 일론 머스크 Elon Musk는 테슬라와 스페이스X를 창업한 기업가로서, 자신의 열정과 비전으로 혁신적인 기술을 만들어 세계를 변화시키고 있다.

이러한 사람들은 자신의 꿈을 이루기 위해 끝없는 열정과 노력을 기울인 결과, 대단한 성과를 이룬 사례들이다.

- **열정 유지 훈련에 대해 알아보자.**

　열정을 유지하는 것은 매우 중요하다. 다음은 열정을 유지하는 몇 가지 방법이다.

- ◆ 목표 설정하고 계획 세우기: 열정은 목표를 향한 열망에서 시작된다. 목표를 설정하고 그것을 달성하기 위한 계획을 세우는 것은 열정을 유지하는 데 중요하다.
- ◆ 인내심 기르기: 모든 목표를 달성하는 것은 쉽지 않다. 때로는 실패와 좌절이 따르기도 한다. 이런 상황에서 인내심을 갖추고, 다시 시도하며, 끈기를 갖고 노력하는 것이 열정을 유지하는 데 도움이 된다.
- ◆ 자기 자신 돌보기: 몸과 마음을 돌보는 것은 열정을 유지하는 데 중요하다. 충분한 수면과 영양을 섭취하고 규칙적인 운동을 지속하면 건강한 상태를 유지할 수 있다.
- ◆ 새로운 것 배우기: 열정은 새로운 것을 배우는 것에서도 유지된다. 새로운 경험과 지식을 습득하는 것은 자신의 열정을 확장하고 지속하는 데 도움이 된다.
- ◆ 취미 가지기: 열정은 취미나 관심사에서도 나타난다. 시간을 내서 자신이 즐기는 취미를 즐기는 것은 열정을 유지하는 데 도움이 된다.
- ◆ 동료들과 연결하기: 같은 관심사를 가진 사람들과 연결하고 공유하는 것은 열정을 유지하는 데 중요하다. 함께 일하고 배우며, 자신의 열정을 공유하는 것이 도움이 된다.
- ◆ 가치와 목적 인식하기: 가치와 목적을 이해하고 그것을 실천하는 것은 열정을 지속하는 데 중요하다. 자신이 무엇을 원하는지를 이해하고 그것을 달성하기 위해 노력하는 것이 열정을 유지하는 데 도움이 된다.

어떤 일의 완수에 있어서 최초에 가졌던 열정을 지속해서 유지하기는 쉽지 않다. 성과가 생각보다 미진하거나 더딜 수도 있고, 때에 따라 뜻하지 않은 장애에 직면하기도 한다. 인생 여정은 그러한 과정의 연속이다. 온갖 역경을 견디고 이겨 낸 사람만이 성취와 성공을 맛보게 된다. 그러기 위해서는 그 원하는 일에 관한 열정을 유지해 나가는 일이 중요한 과제가 될 것이다.

◆ 긍정 습관

> 좋은 일을 생각하면 좋은 일이 생긴다. 나쁜 일을 생각하면 나쁜 일이 생긴다. 여러분은 여러분이 하루 종일 생각하고 있는 것, 바로 그것이다.
>
> — 조셉 머피 Joseph Murphy

> 긍정적이고 행복하게 살아가자. 열심히 노력하고 희망을 포기하지 마라. 우리의 비판에 마음을 열고, 배움을 계속하자. 행복하고 따뜻하고 진정한 사람들로 둘러싸여 있도록 하자.
>
> — 테나 데사에 Tena Desae

인생을 살아가는 덕목에서 '긍정 습관'은 매우 중요한 것 중의 하나다. 우리의 행동이 생각이나 인식에서 비롯한다면 긍정적인 사고는 중요한 역할을 한다. 비관에 빠지거나 패배감을 가지고 있다면 그 일을 성공적으로 수행해 나아가기 힘들다. 그러면 긍정적인 습관은 어떤 이점이 있고, 긍정적으로 살기 위해서는 어떻게 해야 하나?

긍정적인 마음가짐은 어떤 고난이 있더라도 할 수 있다는 태도로 부딪치며 앞으로 나아갈 수 있게 동력을 제공한다. 우리가 마주치는 환경과 상황 속에서 어떻게 반응하는가에 따라 그 결과는 엄청난 차이가 발생하게 된다. 환경과 상황, 사람이나 일이 우리를 압도하는가 아니면 자신이 그것을 통제할 수 있는가를 반문해 보자. 우리가 가진 '습관'은 지금까지 해 왔던 생각과 행동 및 경험들이 축적되어 자동으로 형성된 것이다. 일단 형성된 습관을 바꾸기는 쉽지 않다는 것을 앞에서 설명하였다. 좋은 습관인 긍정 습관을 기를 수 있도록 노력하는 것은 인생의 성공에서 중요한 하나의 과제이다.

생각과 습관들이 긍정적으로 바뀐다면 결과도 긍정적으로 맞이하게 된다. 마음가짐, 태도, 행동들이 바른길로 나아가고 있을 때, 성공은 점점 더 다가온다.

- **긍정 습관이 성공에 중요한 이유를 알아보자.**

  여기에는 몇 가지 주요 이유가 있다.

    - ◆ 긍정 습관은 동기부여와 열정을 촉진한다: 긍정적인 사고방식은 우리가 직면한 어려움을 극복하고 동기를 부여하는 데 도움이 된다. 우리는 성공적인 결과를 얻기 위해 열정적으로 노력할 때 긍정적인 마인드셋이 매우 중요하다. 이것이 바로 우리가 도전에 대한 긍정적인 시각을 가지고, 실패를 잠재적인 성공의 계단으로 바라볼 수 있는 이유이다.
    - ◆ 긍정 습관은 창의적인 해결책을 발견하는 데 도움이 된다: 긍정 습관을 가진 사람은 자신의 능력과 자원을 활용하여 도전적인 문제를 해결하기 위한 창의적인 해결책을 발견하는 데 능숙하며, 성공에 중요한

역할을 한다. 창의적인 해결책을 발견하는 것은 문제를 해결하고 더 나은 결과를 얻는 데 도움이 된다.
- ◆ 긍정 습관은 자신감을 향상한다: 긍정 습관은 자신감을 향상하는 데도 도움이 된다. 할 수 있는 일에 대한 자신감을 가질 때, 더 많은 도전에 대한 열린 마음과 용기를 가지게 된다. 이러한 자신감은 우리가 더 많은 것을 이룰 수 있도록 돕는다.
- ◆ 긍정 습관은 건강과 행복을 촉진한다: 긍정 습관은 건강과 행복을 촉진하는 데 중요하다. 긍정적인 사고방식은 스트레스를 줄이고 우울증을 예방하는 데 도움이 된다. 이는 건강하고 행복한 삶을 살 수 있도록 지원한다.

긍정적인 마인드셋은 성공적인 삶, 좋은 건강과 행복한 인생을 누릴 수 있도록 기여한다.

● 긍정 습관 기르기

긍정적인 태도와 생각을 가지는 것은 일상생활에서 매우 중요하다. 다음은 긍정 습관을 기르는 방법들이다.

- ◆ 생각을 긍정적으로 바꾸기: 생각이 부정적이라면 그것을 긍정적으로 바꾸는 연습이 필요하다. "나는 이 일을 해내지 못할 것 같다"라는 생각 대신 "나는 어떻게든 이 일을 해낼 수 있을 것이다"라는 긍정적인 생각을 가져라.
- ◆ 감사의 마음 가지기: 일상에서 당연하게 받아들이는 것들에 대해 감사의 마음을 가지는 것이 중요하다. 하루에 한 번씩, 감사하게 생각하는 것을 떠올려 보자. 이는 생각을 긍정적으로 유지하는 데 도움이 된다.

- 긍정적인 영향력 받기: 주변에서 긍정적인 영향력을 받는 것이 중요하다. 긍정적인 사람들과 시간을 보내거나 긍정적인 영상, 글, 음악 등을 즐겨 보자.
- 강점에 집중하기: 자신의 강점을 발견하고 그것에 집중하는 것은 긍정적인 자아 이미지를 갖는 데 도움이 된다. 강점을 찾고, 그것을 발전시키는 방법을 찾아보자.
- 실패에 대해 긍정적으로 생각하기: 실패는 누구에게나 일어날 수 있는 것이다. 하지만, 그것을 긍정적인 경험으로 만들 수 있다. 실패를 기회로 생각하고, 그것으로부터 배움을 얻자.

이러한 방법들을 적용하여, 긍정적인 습관을 기를 수 있다. 우선, 습관이 아니라 의식적인 노력이 필요할 수 있지만, 시간이 지나면서 이것이 자연스럽게 습관이 된다면 긍정적인 태도를 유지하기가 더욱 쉬워진다.

◆ 적응 유연성

가장 적응력이 뛰어난 자가 생존하는 것이 아니다. 가장 강한 자도 아니며, 지식이 가장 많은 자도 아니다. 그러나 변화에 가장 잘 적응하는 자가 살아남는다.

- 찰스 다윈 Charles Darwin

강한 나무는 바람에 부러지지 않고 오히려 휘어짐으로써 더욱 굳건해진다.

- 브루스 리 Bruce Lee

> 성공의 비결은 유연성이다. 모든 것이 변화하고 있기 때문에 우리는 항상 적응하고 개선해 나가야 한다.
>
> - 마크 큐반 Mark Cuban

> 진정한 유연성은 새로운 것을 수용하면서도 항상 자신의 가치를 유지하는 것이다.
>
> - 조나단 휴이 Jonathan Lockwood Huie

'적응適應, adaptation'은 어떤 환경이나 조건에 응하여 알맞게 변화하는 의미로 생물학적 용어이며, '유연柔軟, flexible'은 부드럽고 연하다는 의미이다. 두 가지 개념을 합하여 유연하게 적응한다는 개념으로 정의해 보기로 한다. '적응 유연성resilience'은 사전적 의미로는 '다시 돌아오는 경향, 회복력, 탄력성'으로 표현된다. 역경이나 어려움 속에서도 본래의 기능 수행으로 다시 회복한다는 의미이다. 이러한 유연성은 위험이나 역경 등에 대한 경험에도 불구하고 현실에 잘 적응하게 한다. 상처받기 쉬운 일이나, 충격 및 불안으로부터 빠르게 회복하면서도 환경에 성공적으로 잘 적응하는 것을 뜻한다. 이러한 적응은 다양한 위험 요인이나 스트레스의 충격과 상처로부터 스스로 회복하는 것이며, 역경에도 불구하고 일을 잘 수행하는 긍정적인 능력이다.

'적응 유연성'은 개인의 특성이라는 관점과 환경과의 상호작용을 통해 변화하는 역동적인 과정이라고 보는 관점 등으로 정의되고 있다.

적응 유연성을 정의할 때 두 가지 조건을 강조하는데 첫째는 중대한 위험이나 심각한 불운에 노출되는 것을 전제하고 둘째는 발달 과정에 있어서 주요한 위협을 당하더라도 사회적 맥락에서 요구되는 발달적 과업과 사회적 기대에 부합하는 긍정적인 적응을 획득해야 한다는 점이다.

적응 유연성은 위험과 어려움에도 불구하고 성공적으로 적응하는 개인의 능력이고, 스트레스 상황에도 불구하고 예기치 않은 높은 성취를 보이는 능력이다. 아울러 자신이 처한 부정적인 상황에 좌절하기보다 긍정적인 자세로 도전하고 극복해 나가는 탄력적인 삶의 태도라고 할 수 있다.

적응 유연성을 지닌 사람들의 심리적 특성으로 "긍정적인 미래 지향성, 감정조절, 신기성 추구"로 분석하고 있다. 또 다른 관점으로는 "충동성 통제, 감정조절, 인과관계 분석 능력, 목표 달성 추구, 감정 이입, 자기 효능감 및 낙관주의"로 설명하고 있다.

- 성공하는 데 적응과 유연성이 왜 중요한가?
  - ◆ 변화에 대한 대처 능력: 성공한 사람들은 항상 변화와 불확실성에 대처할 수 있는 능력을 가지고 있다. 기업체에서도 마찬가지이다. 적응과 유연을 통해 시장 동향, 기술의 발전, 경쟁사의 움직임 등 다양한 상황에서 빠르게 대처할 수 있으며, 이를 통해 성공적인 비즈니스 전략을 수립하고 실행할 수 있다.
  - ◆ 새로운 아이디어 발굴: 적응과 유연성은 새로운 아이디어를 발굴하고 적용하는 것에도 중요한 역할을 한다. 기존의 패턴에 갇혀 있지 않으며, 새로운 아이디어를 수용하고 실험해 보는 것을 두려워하지 않는다.
  - ◆ 문제해결 능력: 성공한 사람들은 문제해결에서도 적응과 유연성을 발

휘한다. 문제를 발견하면 빠르게 대처하고, 발생한 원인을 찾아내어 지속적으로 개선하는 방향으로 해결한다.
- ◆ 인간관계 관리 능력: 적응과 유연성은 인간관계 관리에도 중요하다. 성공한 사람들은 다양한 인간관계를 유연하게 다룰 수 있으며, 타인의 생각과 감정을 이해하고 존중한다. 이를 통해 협력적인 팀워크를 구성하고 좋은 인간관계를 유지할 수 있다.

따라서 적응과 유연성은 성공을 위해 필수적인 능력이다. 이를 통해 변화에 대응하고 새로운 아이디어를 발굴하며, 문제를 해결하고 인간관계를 관리할 수 있기 때문이다.

● **적응 유연성을 어떻게 향상할까?**

성공을 위해서는 적응력과 유연성이 필수적이며, 다음은 적응력과 유연성을 높이는 방법이다.

- ◆ 새로운 경험을 즐기자: 새로운 경험이라면 어떤 것이든, 그 경험을 즐길 수 있는 마인드셋을 갖추는 것이 중요하다. 새로운 경험을 통해 배우고 성장할 수 있다.
- ◆ 일상에서 불확실성에 대한 대처 방법을 배우자: 불확실성이나 예기치 않은 상황에 대처하는 능력은 적응력과 유연성을 높일 수 있다. 예를 들어, 스트레스를 줄이기 위해 명상이나 요가를 시도해 볼 수 있다.
- ◆ 새로운 것을 배우자: 새로운 것을 배우는 것은 적응력과 유연성을 향상시키는 데 매우 효과적이다. 새로운 언어나 기술을 배우거나 새로운 스포츠나 취미를 시작해 보자.

- 문제해결 능력을 강화하자: 문제해결 능력은 적응력과 유연성을 높이는 데 매우 중요하다. 문제를 해결하는 방법을 찾기 위해 창의적인 사고를 연습하고, 다양한 시각에서 문제를 바라보는 것이 필요하다.
- 다른 사람들과 소통하자: 적응력과 유연성을 높이기 위해서는 다른 사람들과 소통하는 능력이 중요하다. 다른 사람들의 의견을 수렴하고, 다양한 관점에서 문제를 바라보는 것이 필요하다.
- 계획을 세우자: 적응력과 유연성은 계획과 함께 발전할 수 있다. 일상적인 활동이나 일정을 계획하고, 예상치 못한 일이 발생했을 때 대처할 계획을 세우자.
- 실패를 받아들이자: 실패는 성공의 한 부분이다. 실패를 받아들이고, 실패에서 배울 점을 찾아내어라. 실패를 통해 적응력과 유연성을 발전시킬 수 있다.

우리는 지금까지 성공 요인에 대해 논의하였다. 인생에서 성공을 가능하게 하는 요인 중에서 중요하게 인식되는 개념으로는 "자신감, 목표 명확화, 인내(의지력), 열정, 긍정 습관, 적응 유연성" 등을 살펴보았다. 이는 성공한 사람들을 분석한 다양한 조사 보고서에서 언급된 성공 요인 관련 개념들을 종합한 것이라 할 수 있다.

■ '성공원칙'이라는 용어에 매몰되지 말라

"이렇게 하면 성공한다"라는 어떤 원칙과 공식이 있다면 상당히 유용할 것이다. 그런데 성공에는 시대적인 환경과 상황적인 요인뿐만 아니라 개별적인 특성 요인과 함께 운fortune 요인까지 관여하게 되므로 복잡하다. 그래서 성공을 이루는 데 기여하는 '성공원칙'이란 것이 없다는 말인가?

수많은 서적들에서 "성공원칙principles for success"을 다루어 왔다.

최근에는 워런 버핏의 아들 피터 버핏이 아버지 아래에서 배운 '인생 성공의 비밀'이라는 내용으로 『피터 버핏의 12가지 성공원칙』이 소개되고 있다. "워런 버핏이 아들 피터에게 물려준 건 부와 명예가 아니라 자신의 가치와 정체성을 찾는 힘이다"라는 소개와 함께 2022년 말에 국내에도 번역 출간되었다.[113]

미국의 연쇄 창업가이자 엔젤 투자자로, 베이너엑스(VaynerX)의 회장인 게리 바이너척의 『부와 성공을 부르는 12가지 원칙』(2022)에서 그에 의하면, "나의 성공에 밑받침이 되어 준 것들이다. 내가 사랑하고 존경하는 이들을 관찰하며 배운 감사, 자기인식, 책임감, 긍정, 공감, 친절함, 끈기, 호기심, 인내심, 확신, 겸손, 그리고 야망이 그것이다"라고 12가지 개념으로 설명하고 있다.[114]

미국 헤지펀드 투자 사업가인 레이 달리오의 『성공원칙』(2018)은 "자신만의 원칙을 세워 인생, 경영, 투자 등에 적용했고, 놀라운 성과들을 보였다"라고 소개한다.[115]

브라이언 트레이시는 『절대 변하지 않는 8가지 성공원칙』(2006)으로 "생각하는 대로, 꿈꾸는 사람만, 리더 역할, 돈 버는 능력, 최고 세일즈맨, 협상력, 시간 통제" 등으로 성공원칙을 풀어 가고 있다.[116]

이러한 사례들에서 보여 준 "원칙"이라고 이야기한 것들의 속성은 무엇인가? 각각 자신의 전문 분야에서 자신이 접한 성공한 사람들 및 자신의 경험과 성공에 기여한 요인들을 녹여 내어 그 개념들을 설명하기 위해 끌어온 용어 선택을 의미한다.

성공을 이루는 데 필요한 요인은 확실하게 존재한다. 그것에는 시대를 아우르는 몇 가지 덕목들이 있음을 우리는 이미 살펴보았다. 그러한 요인들을 우리가 '성공 요인'으로 부르건 '성공원칙'으로 명명하건 용어 자체가 중요한 것은 아니다. 다만, 너무 복잡하여 일일이 신경 쓰기도 관리하기도 어렵거나 불가능할 수가 있어서 문제가 된다.

물리학이나 과학에서 '원칙'으로 부르는 것은 비교적 명확하고 안정적이다. 그러나 이조차도 현대 '양자물리학' 세계에서는 무력화하는 '중첩성'이나 '불확정성' 등의 개념들이 있다. 그러므로 여기에서 '성공원칙'으로 명명된 것들에 너무 크게 비중을 두거나 집착할 필요가 없다는 점을 이야기하고자 한다. 다만, 그러한 개념들과 내용들을 중요하게 고려해야 한다는 점을 강조한다고 생각하면 된다.

■ 최고의 변화는 어떻게 만들어지나?

변화는 더 나은 무엇을 위해 과거로부터 형성된 습관이나 현재의 상태를 바꾸고자 하는 것이다. 조직체에 있어서 변화관리는 '현재 상태'current situation에서 목표로 하는 '바람직한 상태'desired situation로 전환하기 위한 과정에서 생기는 저항 및 여러 가지 격차gap를 해소하고 구성원들이 힘들이지 않고 변화에 동참하게 하는 활동에 대한 것이다. 개인에게도 변화관리는 어렵다. 잠재하고 있는 습관이 저항하고, 현실적인 욕망이 변화를 어렵게 하기 때문이다.

독일계 미국 심리학자 쿠르트 레빈Kurt Lewin은 조직이 새로운 시스템, 과정, 구조가 도입되는 것만으로는 변화하지 않는다는 걸 알았다. 성공적인 변화는 조직구성원들이 스스로 변화에 참여하여 조직을 앞으로 나아가게 하고, 조직의 성과를 거둘 때 일어난다. 레빈은 "변화란 고정된 어떤 상태에서 새로운 상태로 바뀌는 것"이라고 주장했고, 그러한 세 가지 상태를 해빙unfreeze, 변화change(이동moving), 재결빙refreeze이라고 이름 붙였다. 조직뿐만 아니라 개인 또한 어떤 고착된 습관에서 변화를 실행하여 다시 고정된 습관으로 재결빙하는 과정을 거친다고 볼 수 있다.

레빈은 인간 행동을 분석하는 데 있어서, 변화의 개념을 중요하게 여겼다. 그는 변화의 개념에 대해 "언제나, 어디서나, 무엇이든 변화 가능하다"라고 말하며, 이를 위해서는 인간의 심리적, 사회적, 환경적인 측면을 모두 고려해야 한다고 강조했다. 그는 "언어-행동 관점"이라는 개념을 도입하여, 언어와 행동 간의 상호작용을 강조했다.[117] 이 개념은 인간의 행동 변화를 이해하는 데 중요한 역할을 한다. 그의 변화 관련 연구는 현재에도 많은 영향을 미치고 있으며, 조직이나 개인의 변화관리에 관한 연구나 교육 분야에서도 다양하게 활용되고 있다.

변화와 성장 전문가인 벤저민 하디『성격은 영원하지 않다』(2020)가 국내에서『최고의 변화는 어떻게 만들어지는가?』(2021)로 출판되었다.[118] 그는 변화를 만드는 네 가지 레버로 "트라우마 조절, 정체성 다시 쓰기, 잠재의식 강화, 환경 바꾸기"로 설명하고 있다. 다음과 같이 간략히 소개한다.

- 트라우마 조절trauma regulation: 트라우마는 과거의 상처와 희생으로 인해 발생하는 정서적인 부담이다. 우리 모두 트라우마에 갇혀 있다고 하며, 이를 조절하여 내재한 두려움에서 벗어나기를 강조한다.
- 정체성 다시 쓰기rewriting identity: 최고들이 자신의 과거를 돌아보는 방법으로 경험이 삶에 어떤 의미가 되는지를 인식하며 자아를 재구성하고 새로운 정체성을 만들어 낸다. 이는 예전의 부정적인 정체성을 떠나 새로운 긍정적인 자아를 만들어 내는 것이다.
- 잠재의식 강화subconscious reinforcement: 숨겨진 마음의 비밀인 잠재의식을 강화하여 더 나은 선택을 할 수 있도록 한다. 자신의 목표를 실현하기 위한 내재적인 동기부여를 얻을 수 있다.
- 환경 바꾸기environmental change: 인생을 바꾸는 가장 빠른 방법은 환경을 바꾸는 것이다. 전략적으로 기억하고, 선택적으로 무시하는 환경 설계가 최고의 변화를 만드는 네 번째 레버로 소개하고 있다.

이러한 방법을 활용하여 "명확한 목표를 설정하고, 습관을 변경하며, 작은 승리를 경험하고, 자신의 정체성을 바꾸며, 동기부여를 유지하면" 벤저민 하디의 언급처럼 최고의 변화를 이룰 수 있다. 이 변화는 성공으로 가는 길을 의미한다.

● **개인 습관 변화관리**

　개인 습관 변화관리는 일상생활에서 성취하고자 하는 목표를 달성하기 위해 습관을 변화시키는 과정이다. 이는 개인의 삶의 질을 향상하는 데 큰 역할을 할 수 있다. 습관 변화를 성공적으로 관리하는 방법은 다음과 같다.

- ◆ 목표 설정: 구체적인 목표를 설정하고, 그 목표에 맞게 습관을 변화시키는 것이 중요하다.
- ◆ 습관 파악: 목표 달성을 위해 어떤 습관이 필요한지 파악하고, 현재의 습관을 파악하여 어떤 점을 개선해야 하는지 판단한다.
- ◆ 계획 수립: 목표 달성을 위한 구체적인 계획을 세우자. 예를 들어, 목표가 건강한 식습관을 가지는 것이라면, 하루에 섭취해야 할 칼로리와 영양소를 계산하고, 그에 맞는 식단 계획을 수립한다.
- ◆ 실행: 계획대로 실제 행동하는 것이 중요하다. 초기에는 적극적인 자기 관찰과 자기 평가가 필요하다.
- ◆ 지속: 변화가 이루어져도 지속하는 것이 필요하다. 변화는 지속해야 효과가 발휘되고 습관으로 굳어진다.
- ◆ 동기부여: 동기부여가 필요하다. 스스로 동기부여를 유지하거나, 다른 사람들과의 지속적인 소통을 통해 동기부여를 유지할 수 있다.
- ◆ 실패와 반성: 실패는 언제나 일어날 수 있다. 하지만 실패를 통해 자신의 한계와 부족한 점을 파악하고, 다시 시도해 나가는 것이 중요하다. 실패와 반성을 통해 자신을 더욱 성장시킬 수 있다.

　개인 습관 변화관리는 삶의 여러 영역에 적용될 수 있다. 예를 들어, "건강한 식습관을 유지하거나, 운동 습관을 만드는 것, 취미 생활을 늘리는 것" 등이 있다. 이러한 습관 변화를 통해 자신이 도달하고자 하는 목적지를 향한 인생 여정이 될 수 있다.

■ 성공으로 받아들이는 구성 요소

성공을 이루게 하는 '성공 요인'에 대해서 앞에서 언급하였다. 이제는 어떤 부문에서 무엇을 이루어야 성공이라 할 수 있는지 '성공 구성 요소'에 대해 생각해 보기로 한다. 일상적으로 성공을 이야기할 때 "부, 지위나 명성, 관계, 건강과 행복" 등이 성공 구성 요소가 된다.

무엇이 성공인가? 성공은 사람마다 그 기준이 다를 수 있다. 일반적으로는 자신이 원하는 목표를 달성하거나, 원하는 결과를 얻는 것을 의미한다. 하지만 이는 어떤 측면에서의 성공인지에 따라 다르다. 경제적인 측면에서의 성공은 많은 돈을 버는 것이겠지만, 사회적인 측면에서의 성공은 사람들과의 관계에서 자신의 역할을 충실히 수행하는 것일 수 있다. 따라서 성공의 정의는 개인의 가치관, 목표 그리고 생활 방식에 따라 다르다. 성공은 그 자체로 목표가 아니라, 개인이 추구하는 가치와 방식에 따라 결정된다.

인생에서 '부, 지위, 명성, 관계, 건강, 행복'은 모두 중요한 가치들이다. 그들 간의 우선순위나 비중 및 관계는 복잡하고 상황에 따라 다를 수 있다. 각각의 개인적인 가치관과 상황에 따라 '부, 지위, 관계, 건강, 행복'의 우선순위에 대한 인식이 달라진다. 사람들은 보통 다음과 같은 순서로 이러한 가치들을 평가한다.

- ◆ 건강: 건강은 무엇보다도 중요하다. 건강이 좋지 않으면 다른 모든 것이 무의미해지기 때문이다. 따라서 건강은 대부분의 사람들에게 가장 중요한 가치 중 하나가 된다.
- ◆ 관계: 관계는 인간이 사회적 동물이기 때문에 매우 중요하다. 가족, 친구, 연인, 동료 등 좋은 인간관계는 우리 삶에서 지속적으로 필요로 하는 자원이다.
- ◆ 행복: 행복은 인생에서 매우 중요한 가치 중 하나이다. 행복한 삶을 살고 싶기 때문이다. 하지만 행복은 매우 개인적인 인식과 판단이며, 어떤 것이 어떻게 자신에게 행복을 주는지는 다르다.
- ◆ 부富, wealth: 부는 인생에서 중요한 가치 중 하나이다. 하지만 이것은 인생에 있어서 추구할 목적보다는 다른 무엇을 위한 하나의 수단이며 부차적 기능이다. 부자이기 위해 건강이나 관계, 행복 등의 다른 가치들을 희생하는 것은 적절하지 않다.
- ◆ 지위: 지위는 대개 부와 연결되어 있다. 하지만 지위가 가치 중 하나이긴 하지만, 인생에서 가장 중요한 가치는 아니다. 지위나 명예는 우리가 다른 사람들로부터 인정받는 것이지만, 이는 자신을 위한 삶의 의미나 가치와 연관되어 있지 않다.

앞에서 언급한 바와 같이 개인적인 가치관과 상황에 따라 부, 지위, 관계, 건강, 행복이 각자의 인생에서 차지하는 비중과 순위는 달라질 수 있다. 그런 의미에서 본서는 통상적인 성공의 구성 요소에 대한 논의의 순서를 조금 다르게 구성하려고 한다. '건강'이 우리의 성공 요소의 우선순위에서 제일 중요한 것에 대해서는 의심의 여지가 없이 공감한다. 그런데 그 이외의 요소들을 위해 성공의 목적보다는 부차적이며 수단적인 기능인 '부'에 대한 이야기부터 시작하려고 한다. '부'에 이어 '지위·명성·관계' 및 '건강과 행복'에 대해서는 별도의 장chapter으로 확장하여 구체적으로 이야기하려고 한다.

제11장
성공 요인 구성 함수: 재능·노력·운

재능은 누구에게나 있다. 문제는 어떤 재능인지 알아낼 때까지 시행착오를 반복할 수 있느냐 없느냐이다.

- 조지 루카스 George Lucas

혹 실패한다 해도 시도한다면 20년 뒤에 웃으면서 말할 수 있다. 그러나 하지 않는다면 20년 뒤 후회할 뿐이다.

- 마크 트웨인 Mark Twain

내가 얼마나 노력을 기울였는지 알면 천재라는 말은 나오지 않을 것이다.

- 미켈란젤로 Michelangelo

성공에 있어 가장 어려운 면은 성공한 상태를 계속 유지해야 한다는 것이다. 이 분야에서 재능은 출발점일 뿐이다. 당신은 그 재능을 계속 연마해야 한다. 언젠가 재능을 구하려 하면 그것은 거기에 없을 것이다.

- 어빙 베를린 Irving Berlin

우리는 성공한 사람이나 성공 그 자체에 대해 많은 오해를 한다. 성공한 사람들이나 성공 그 자체에 대한 일반적인 오해 중 하나는 그것을 오로지 부, 권력 또는 명성과 같은 외부적인 요소에 근거해 판단한다는 것이다. 그러나 성공은 내면적이며 주관적일 수 있고 개인적인 성취를 의미하기도 하므로 바른 인식이 아닐 것이다.

또 다른 오해는 성공은 '힘든 일, 헌신, 인내'와 같은 것을 필요로 하는 일인데도, 쉽게 이룰 수 있다고 여기거나 성공한 누군가처럼 하면 성공이 복제될 수 있다는 믿음을 가지는 것이다. 나아가 성공한 사람들은 운이 좋았을 뿐이라는 인식은 그들의 성공은 위험을 감수하고 수행한 엄청난 노력의 결과라는 것을 간과한다. 이러한 오해는 비현실적인 기대와 성공의 진정한 본질에 대한 이해 부족으로 빚어진다.

우리는 성공을 가능하게 하는 요인으로 본서 제10장에서 검토한 바 있다. 그것은 "자신감, 목표 명확화, 인내(의지력), 열정, 긍정 습관, 적응력"으로 제시한 바 있다. 이는 개인이 성공을 이루기 위해 이러한 요소들을 육성하고 갖추어야 한다는 의미이다. 이는 시대와 지역과 환경을 불문하고 성공을 이루기 위해 필수적이고 공통적인 덕목들에 대한 분석이다.

여기에서는 성공 요인을 '재능, 노력, 운'으로 더욱 압축하고, 이들 간의 상호관계성과 영향을 살펴보기로 한다.

■ 성공을 위한 요인 구성 함수

성공 요인은 복합적이고 개별적이다. 어떤 매우 강력한 한두 개의 변수로 성공 요인을 정리하기는 어렵다. 일반적으로 성공을 이야기하는 많은 인생 전략서들은 통상적으로 다양한 성공 스토리를 소개하면서 그같이 하면 당신도 성공할 수 있다고 주장한다. 그런데 성공 요인에는 앞에서 언급한 여러 다양한 요인들이 있으며, 이보다도 훨씬 강력하고 개별적인 변수인 개인의 '능력'이나 부모님의 지원과 주변인의 도움이나 '운'과 같은 변수는 보통 논외로 하고 있다.

성공 요인 구성 함수는

$f(x) = y$
$f(성공 요인 변수) = 성공$

등과 같이 표현할 수 있다.
성공 요인 변수는 단일 변수가 아니다. 그러므로,

$f(재능) \neq 성공$
$f(노력) \neq 성공$
$f(운) \neq 성공$

성공 요인 변수는 단일 변수가 아니라 다양하므로 다음과 같이 성공 요인 함수를 생각해야 한다.

$f(a,b,c,d,e...x,y,z) = S$

그런데 성공 요인 변수가 복잡하고 다양하다고 하더라도 위와 같이 표현되면, 성공을 위한 설명과 관리가 매우 어렵다. 그러므로 변수를 가급적 단순화하여 성공 요인 함수를 다음과 같이 표현하고자 한다.

$f(a.e.l.)=S$
 * a: ability, e: efforts, l: luck, S: success

$f(재능 \times 노력 \times 운)=성공$

성공 요인 함수를 이렇게 구성하는 데에는 충분한 이유가 있다. 지금까지 우리가 '성공 요인'으로 불러온 대부분의 변수는 '재능'이나 '노력'의 요소에 포함할 수 있다. 그리고 '운'이라 불리는 요소는 일단 분리해 두자.

여기에서 중요한 것은 '재능'이란 요소도 타고난 부분도 있지만 얼마든지 학습과 훈련을 통해 개발할 수 있다는 점에 주목할 필요가 있다. 현대 심리학 이론에 따르면 대체로 50% 정도는 타고나며, 나머지 50% 정도는 출생 이후 성장 과정에서 지속적으로 개발된다는 것을 확실히 해 두고자 한다.

'노력'에 대한 부분은 성공 요인 함수에서 역시 중요한 요인이다. 그런데 수차 언급하였지만 '노력'을 너무 강조하는 것도, '노력'을 너무 등한시하는 것도 위험하다. 대개의 성공 스토리는 어려운 환경에서 어렵게 시련을 극복하고 꾸준히 '자신'의 '노력'만으로 성공했다고 이야기하고 소개한다. 과연 그러한가? 성공 스토리의 이면을 보면 대체로 그렇지 않을 수도 있다는 생각이 금방 들게 된다.

이제 '운'에 대한 이야기를 시작해 보자. 기업체의 경우, 그 기업이 생산하거나 판매하는 시장의 환경으로 매우 획기적인 성공을 거두기도 하고, 실패하기도 한다. 그 경우 해당 최고 경영자인 CEO나 직원들의 실력으로 성공이나 실패했다고 단정하기 어렵다. 코로나-19 환경을 생각해 보자. 여행업은 대부분 엄청난 손실을 입었거나 폐업도 속출하였다. 이것이 '운'이다. 개인이 속한 기업이나 어떤 조직에서도 비슷한 경우는 많이 발생한다. '운'은 대처하기도 어렵고, 관리하기도 쉽지 않다. 그러나 세상만사 모두에서 이 요소가 작동되는 것은 아니며, 어느 정도 대비하는 방법을 고려하는 것이 필요하다. 오죽하면 사회에서 "운도 실력이다!"라는 표현이 생겼을까?

다시 성공 요인 함수로 돌아가 보자.

$f(재능 \times 노력 \times 운) = 성공$

이 성공 요인 함수에서 중요한 개념은 '재능과 노력과 운'은 곱셈의 법칙이라는 점이다. 어느 하나가 없으면(0), 결과치(값)는 0이다. 재능도, 노력도, 운도 그 어떤 변수도 없거나 작으면, 그 결과는 '성공할 수 없다'로 귀결된다. 각 요소들의 최곳값을 10이라고 하면, 성공의 최고치는 1,000이 된다. 그러면 어떤 점수 이상이면 '성공'이라 부를 수 있겠는가?

재능: 5
노력: 5
운: 5

이 경우, ƒ(a.e.l.)=125이다. 통상적인 삶이다.

재능: 7
노력: 10
운: 8

이 경우, ƒ(a.e.l.)=560이다. 최선의 노력값으로 운도 어느 정도 도왔다. 상당한 성취이며 성공이다.

여러분은 어느 정도의 점수를 성공이라 부를 것인가? 작은 성취라고 하더라도 126점 이상이면 '성공'이다. 여기에서 우리가 생각할 요소는 재능은 타고난 50%를 제외한 나머지 50% 정도는 자기가 개발할 수 있고, 노력의 정도와 방식은 전적으로 자신이 선택할 수 있다. 노력의 정도에 따라 '운'의 요소도 함께 나아진다. 우리 주위를 살펴보자. 우리가 함께해 온 많은 주변 사람들이 어떤 노력으로 얼마나 큰 성공을 이루었는 가를 추정해 보자.

노스이스턴대학 교수이며 복잡계 네트워크 창시자인 세계적인 과학자 앨버트 라슬로 바라바시는 그의 '성공의 공식 포뮬러 the formula'를 통해 '성공 공식'을 다섯 가지로 제안하고 있다.[119] 그는 같은 재능과 능력을 보유했는데 성공과 실패의 차이가 나는 이유가 무엇인지, 장기적으로 성공하려면 어떻게 해야 하는지를 다음과 같이 제시하였다.

바라바시 성공 공식 1: 성과 + 연결망 = 개인의 성공
바라바시 성공 공식 2: 성공 + α = ∞
바라바시 성공 공식 3: 과거의 성공 × 적합성 = 미래의 성공
바라바시 성공 공식 4: 다양성 + 균형 + 리더십 = 팀 성공
바라바시 성공 공식 5: Q-요인 × 끈기 × 노력 = 장기적 성공

바라바시의 '성공 포뮬러'는 우리에게 상당한 시사점을 준다. 성공에 대한 분석을 통해 공식으로 제안했다는 것은 괜찮은 시도이다. 그는 과학, 스포츠, 예술, 기업 등 다양한 영역에서 성공적인 삶을 산 개인과 집단을 분석하여, 그 결과를 상기와 같은 다섯 가지 공식으로 유도해 내었다.

그는 성공은 '공동체로부터 얻는 보상'이라고 규정한다. 또한, 개인적인 성과 이외의 요소가 작용함을 주목하였다. 이어서 끈질긴 노력의 결과는 장기적인 성공을 가져온다는 사실을 확인했다고 밝히고 있다. '성공'과 같은 추상적이고 감성적인 개념을 계량적 방식으로 공식화한 것은 선구적 시도이며, 업적으로 평가된다.

성공 요인 구성 함수에서 바라바시의 '성공 포뮬러'가 성공을 몇 가지 형태로 구분하여 고찰한 결과이다. 개인과 팀의 성공에서 개인의 경우에는 개인 주변의 관계 연결망의 중요성이 강조되었고, 팀은 다양성과 균

형 및 리더십의 조화가 중요한 요인으로 고려되고 있다. 미래의 성공과 장기적 성공 요인에 대해서는 미래의 성공 경우는 예전 성공 경험이 적합성을 만나면 성공한다고 보고, 장기적 성공은 "끊임없이 시도하고 노력하는 한 성공할 가능성이 있다"라는 분석이다. 끈질긴 집념과 노력의 중요성을 강조하고 있다.

여기에서 우리가 앞에서 제안한 성공 함수를 다시 보면

$f(a,b,c,d,e...x,y,z)=S$
$f(a.e.l.)=S$
$f(재능 \times 노력 \times 운)=성공$

이는 바라바시의 '성공의 공식 포뮬러'와 어느 정도 공통성을 가지고 있다. 재능과 역량을 키우고, 지속적으로 노력해 가면, 운세도 따라온다는 보편적 진리가 아니겠는가?

■ 자기분석과 재능 개발 전략

성공은 노력만으로 주어지는 것은 아니다. 자신이 가진 재능과 역량을 지속적으로 개발하고 확장해 나아가며 끈질긴 노력과 인내가 함께해야 가능한 일이다. 그러기 위해서는 자신에 대한 분석과 이를 기반으로 한 재능 개발 전략이 필요하게 된다.

자기분석은 '본인의 생각이나 감정 및 행동과 경험을 조사하고 평가하여 자신을 더 잘 이해하는 과정'이다. 그것은 자신의 경험과 사고와 행동 패턴을 성찰하고, 체계적이고 객관적인 방식으로 분석하는 것을 포함한다. 자기분석은 개인이 자신의 강점과 약점을 파악하고, 가치와 신념을 명확히 하며, 동기와 목표에 대한 통찰력을 얻는 데 도움이 되기 때문에 개인 성장에 유용한 도구가 될 수 있다. 그뿐만 아니라 이는 개인이 자신의 잠재력을 최대한 발휘하는 것을 방해할 수 있는 행동이나 생각의 패턴을 식별해 내는 것에도 활용할 수 있다.

자기분석을 위해, 개인은 일기 쓰기나 자기 발견 연습 및 자기 성찰과 같은 다양한 방법을 사용할 수 있다. 아울러 본인의 생각과 행동에 대한 외부의 관점을 얻기 위해 친구, 가족, 정신 건강 전문가와 같은 다른 사람들로부터 피드백을 받을 수도 있다.

자기분석에는 자신에게 솔직해지려는 의지와 개인의 성장과 발전에 대한 욕구가 필요하다. 그것은 개인이 자신의 삶을 통해 배우고 성장하는 지속적인 과정이며, 더 큰 자기 인식과 개인적 성취를 달성하는 데 귀중한 도구가 될 수 있다.

● **자기분석 절차와 방법에 대해 좀 더 구체적으로 알아보자.**

자기분석의 방법론은 자신에 대한 통찰력을 얻기 위해 자신의 생각, 감정, 행동, 경험을 조사하는 체계적이고 성찰적인 과정을 포함한다. 자가 분석을 수행하는 데 도움이 될 수 있는 몇 가지 단계는 다음과 같다.

◆ 구체적인 목표를 설정하라: 자신이 탐구하거나 개선하고 싶은 삶의 특

정한 영역을 확인하는 것으로 시작하라. 이는 자신의 관계, 경력, 개인적인 발전 또는 삶의 다른 측면과 관련이 있을 수 있다.
- 정보 수집: 자기 성찰, 저널링 및 다른 내성적인 기술을 통해 자신에 대한 정보를 수집한다. 다른 상황에서 본인의 생각, 감정, 그리고 행동에 주의를 기울이고, 자신의 반응에 영향을 미치는 패턴이나 계기를 식별하려고 노력한다.
- 결과 분석: 충분한 정보를 수집했으면 정보를 분석하여 나타나는 패턴이나 테마를 식별한다. "이 분야에서 나의 강점과 약점은 무엇인가?" 또는 "나의 행동을 이끄는 근본적인 믿음이나 가치는 무엇인가?"와 같은 질문을 스스로에게 한다.
- 자신의 가정supposition에 도전하라: 본인의 가정과 믿음이 정확하고 도움이 되는지 알아보기 위해 질문하라. "이 믿음이 나에게 도움이 될까?" 또는 "이 믿음을 뒷받침할 증거가 무엇인가?"라고 자문한다.
- 행동 계획 수립: 자신의 발견을 바탕으로, 관심 분야를 다루거나 본인의 강점을 더 발전시키기 위한 행동 계획을 수립하라. 목표를 달성하기 위해 취할 수 있는 구체적인 단계를 파악하고 이러한 작업을 구현하기 위한 일정을 설정한다.
- 진행 상황 모니터링: 진행 상황을 지속적으로 모니터링하고 필요에 따라 계획을 조정한다. 성공과 도전을 추적하고 이 정보를 사용하여 자가 분석을 더욱 정교하게 만들어 간다.

기억하자. 자기분석은 개인의 성장과 발전을 위한 지속적인 과정이다. 이 방법론을 사용함으로써, 자신에 대한 더 큰 통찰력을 얻을 수 있고 본인의 삶에 긍정적인 변화를 만들 수 있다.

- **재능 개발이란 무엇이며 어떻게 하는가?**

재능 개발은 개인이 자신의 잠재력을 최대한 발휘할 수 있도록 가지고 있는 능력이나 재능을 확인하고 육성하는 과정이다. 여기에는 성장과 발전의 기회를 제공하는 것은 물론, 개인이 장애물을 극복하고 목표를 달성할 수 있도록 필요한 지원과 지침을 포함한다. 다음은 재능 개발을 위한 몇 가지 단계이다.

- 장점과 개선해야 할 부분을 파악하라: 개인의 장점과 개선해야 할 부분을 파악하는 것부터 시작하라. 이는 기술 테스트, 성격 평가 또는 동료와 감독자의 피드백과 같은 다양한 평가 도구를 통해 수행될 수 있다.
- 목표 설정: 장점과 개선해야 할 영역이 확인되면, 개발을 위한 구체적인 목표를 설정한다. 목표는 조직의 요구뿐만 아니라 개인의 관심사와 가치와도 일치해야 한다.
- 학습과 개발의 기회 제공: 훈련, 멘토링 또는 코칭과 같은 학습과 개발의 기회를 제공한다. 이러한 기회들은 개인의 목표와 학습 스타일에 맞춰져야 한다.
- 실습과 피드백 장려: 본인의 기술을 연습하고 성과에 대한 피드백을 받도록 한다. 이는 본인의 재능을 더 발전시키고 개선할 수 있는 부분을 찾는 것에 도움이 된다.
- 진행 상황 인식 및 보상: 목표를 향한 진전을 인식하고 보상한다. 이는 칭찬, 승진 또는 개인이 자신의 재능 개발을 지속하도록 동기를 부여하는 다른 인센티브가 될 수 있다.
- 지원 제공: 인재 육성 과정 전반에 걸쳐 지원과 지도를 제공한다. 여기에는 본인 자신이 장애물을 극복하고 목표를 달성할 수 있도록 돕는 자원과 도구뿐만 아니라 정서적 지원도 포함될 수 있다.

이러한 단계를 따름으로써, 조직과 개인은 자신의 재능을 개발하고 개인적이고 직업적인 삶에서 더 큰 성공을 이룰 수 있게 된다.

● **인생에서 성공하기 위해 자기분석 결과를 활용하는 방법을 정리해 보자.**
자기분석은 개인의 성장과 발전을 위한 강력한 도구가 될 수 있고, 개인이 그들의 삶의 다양한 영역에서 성공을 성취하도록 도와준다. 인생에서 성공하기 위해 자기분석의 결과를 활용하는 몇 가지 방법이다.

- 당신의 장점을 확인하라: 자기분석은 자신의 장점과 재능을 확인하여, 경력이나 개인적인 삶에서 자신에게 유리하게 사용될 수 있다. 본인의 장점을 파악한 후에는 더 큰 성공을 달성하기 위해 장점을 더욱 발전시키는 데 집중한다.
- 자신의 약점을 해결하라: 자기분석을 통해 개선해야 할 부분을 식별할 수 있다. 인식된 약점을 해결함으로써, 지장이 될 수 있는 장애물들을 극복하고 더 큰 성공을 이룰 수 있다.
- 명확한 목표를 설정하라: 자기분석으로 본인의 가치, 신념, 그리고 동기를 식별하고, 이것을 자신을 위한 명확하고 의미 있는 목표를 설정하는 데 사용한다. 목표를 설정할 때는 구체적이고 측정 가능하며 달성 가능하고 관련성이 있으며 시간에 제한이 있는지 확인한다.
- 실행 계획을 수립하라: 명확한 목표가 설정되면, 목표를 달성하기 위한 행동 계획을 수립한다. 수행해야 할 구체적인 단계를 파악하고 완료 일정을 설정한다. 정기적으로 진행 상황을 모니터링하고 필요에 따라 계획을 조정해야 한다.
- 자기 인식을 실천하라: 자기분석은 삶의 모든 영역에서 성공에 필수적인 더 큰 자기 인식을 향상하는 데 필요하다. 본인의 생각, 감정 그리

고 행동에 집중하는 연습을 하고, 이 인식을 자신의 목표와 가치에 맞는 의도적인 선택을 하기 위해 사용한다.
- ◆ 피드백을 구한다: 본인의 강점과 약점에 대한 외부의 관점을 얻기 위해 다른 사람들로부터 피드백을 구하라. 이 피드백은 자신이 사각지대를 식별하고 본인의 삶을 더 개선하는 데 도움이 된다.

자기분석 결과를 이용하여 장점을 활용할 수 있고, 개선할 부분을 파악하여 적절한 노력을 할 수 있게 된다. 자신의 명확한 목표를 설정하고, 행동과 실행 계획을 수립하여, 자기 인식을 통해 선택된 과제를 수행하며, 적절한 피드백을 활용하는 것을 학습해야 한다. 이러한 과정을 통해 개인은 자신의 재능을 계속하여 개발하며 성장하게 되고, 개인적인 삶과 직업적인 삶에서 더 큰 성공을 거둘 수 있게 된다.

■ 운이 성공에 미치는 역할에 관한 세 가지 반응

운運, luck이란, 사전적 의미로 "이미 정하여져 있어 인간의 힘으로는 어쩔 수 없는 천운天運" 또는 "어떤 일이 잘 이루어지는 운수"를 뜻한다. 운은 사회에서 결과적인 불평등 요소이지만, 발생 측면에서는 평등하다. 환경이나 노력과 무관하게 실현되기 때문이다. 운은 자연의 영역이다. 운을 활용하거나 불운을 최소화하려면 어떻게 해야 할까? 이것은 인류의 커다란 숙제이다.

사람들은 우리의 삶에서 운이 하는 역할에 대해 주로 세 가지의 반응을 보였다. 순종하거나, 반항하거나, 부정하는 방법이었다.

철학적으로 보면, 모든 우주 만물을 관찰할 수 있다면 모든 사건들이 예측 가능하므로, 세상 모든 일의 결과는 결정되어 있다는 결정론식 입장이 된다. 현실적으로 운이란 불확실한 요소이다. 수학자와 과학자는 확률 이론으로 운을 설명하려 노력한다. 계산이 가능하기 때문이다. 숫자로 운을 포착하여 공식과 그래프로 나타낼 수 있기 때문이다. 숫자를 추적하기가 매우 어려운 복잡한 경우에도 확률 이론으로 운의 역할을 파악할 수 있다고 믿는다. 이들은 확률 이론, 양상 이론, 통제 이론 등을 통해 운을 설명하려고 한다.

스티븐 헤일스 미국 펜실베이니아 블룸스버그대 철학과 교수는 신간 『운이란 무엇인가』The Myth of Luck에서 운의 역사를 개괄하며 운은 인지적 착각이며, 우리의 운은 "스스로 만드는 것"이라고 말한다.[120] 우리의 일상생활에서 벌어지는 일에서 운이 얼마나 작용하는지에 관한 판단은 각자의 관점에 따라 다르며, 운은 "객관적 속성이 아니라 우리가 주변 상황을 바라보는 하나의 관점, 즉 주관적 평가에 지나지 않는다"라는 것이다.

플라톤은 에르의 신화에서, 라케시스는 "불운한 인생에 대한 책임은 그 삶을 선택한 자에게 있다"라고 말한다. 우리의 일상생활에서 벌어지는 일들에서 운이 얼마나 작용하는지에 관한 판단은 각자의 관점에 따라 다르며, 운은 객관적인 속성이 아니라 우리가 주변 상황을 바라보는 하나의 관점, 즉 주관적인 평가에 지나지 않는다는 것이다.

인생에서 행운이 하는 역할에 대한 세 가지 주요 반응을 분석하면 어떻게 될까? 성공과 실패를 이야기할 때, "성공은 재능과 노력을 더한 결과이고, 실패는 재능과 노력의 합에서 행운을 뺀 결과이다"라고 말하는 것이 받아들여질 수 있을까?

이것은 성공과 실패에 대한 일반적인 사고방식으로 어느 정도 진실성이 있다. 하지만 행운은 성공이나 실패에 관여하는 많은 요소들 중 하나일 뿐이라는 것을 기억하는 것이 중요하다. 재능과 노력이 확실히 중요하지만, 교육, 경험, 네트워킹, 자원에 대한 접근과 같은 다른 요소들도 성패를 결정하는 데 중요한 역할을 할 수 있다. 이와 비슷하게, 예상치 못한 사건, 시장 변화 그리고 그 밖의 외부 상황과 같은 요소들은 긍정적이든 부정적이든 인간 노력의 결과에 영향을 미칠 수 있다.

그러므로, 운이 결과에 확실히 영향을 미칠 수 있지만, 그것이 유일한 요소는 아니며, 그것에 집중하는 것이 항상 도움이 되는 것은 아니다. 대신에 우리 자신의 재능, 노력, 전략과 같이 우리가 통제할 수 있는 것들에 집중하고, 결단력과 끈기를 가지고 우리의 목표를 향해 일하는 것이 종종 더 생산적이다.

● **인생에서 운이 하는 역할에 대한 세 가지 주요 반응을 살펴본다.**

인생에서 운이 하는 역할에 대한 세 가지 주요 반응은 다음과 같다.

(1) **운의 힘에 대한 믿음**: 어떤 사람들은 운이 인생의 성패를 결정하는 데 중요한 역할을 한다고 믿는다. 그들은 성취나 좌절을 행운이나 불운 탓으로 돌릴 수도 있고, 종종 운명이 그들의 통제를 벗어났다고 느낀다.

이러한 개인들은 위험을 감수하거나 우연에 의존할 가능성이 더 높을 수 있으며, 그들의 행동이나 결과에 대한 책임을 덜 질 수 있다.

운이 성패를 좌우하는 중요한 역할을 한다는 생각은 역사를 통틀어 다양한 철학자들과 학자들에 의해 논의되어 왔다. 고대 그리스 철학자 아리스토텔레스는 그의 작품인 『니코마코스 윤리』에서 운의 역할에 대해 광범위하게 설명했다.[121] 그는 우리에게 일어나는 일의 운과 우리가 하는 일의 운과 같은 다른 종류의 운을 구별했고, 비록 우리가 도덕적인 성격 특성을 가지고 있더라도 운은 우리의 결과에 영향을 미칠 수 있다고 주장했다.

17세기 영국 철학자 토마스 홉스는 그의 책 『리바이어던』에서 운의 역할에 관해 썼다. 그는 운이 인간 행동의 결과를 결정하는 데 중요한 역할을 하며, 부정적인 결과를 피하기 위해 사람들이 그들의 결정에 신중해야 한다고 주장했다.[122]

나심 니콜라스 탈렙은 무작위성과 불확실성이 인간 문제에 미치는 영향에 대해 광범위하게 언급한 철학자이자 통계학자이다. 그는 많은 중요한 사건들이 예측이나 통제가 불가능한 "블랙 스완" 사건의 결과라고 주장했다.[123] 그의 저서 『행운에 속지 마라』Fooled by Randomness에서 금융 시장과 일상생활에서 운의 역할에 대해 논의했다.[124] 그는 사람들이 종종 운이 그들의 결과에 미치는 영향을 과소평가하고 있는데, 무작위적인 사건들이 우리의 삶에 상당한 영향을 미칠 수 있다고 주장한다.

리처드 와이즈먼은 행운과 그것에 관여하는 요소들에 관해 광범위한 연구를 수행한 영국의 심리학자이다.[125] 그는 이 주제에 대해 『행운의 법칙』The Lucky Factor을 포함하여 여러 권의 책을 썼다. 『행운의 법칙』은 '행운' 이라는 주제에 관해 풀이해 낸 최초의 과학적 연구 성과라 할 만하다. 그는 '성공한 사람들만의 특별한 네 가지 법칙'으로 "기회를 잡아라, 직감에 귀를 기울여라, 행운을 꿈꿔라, 불운도 행운으로 바꿔라"라고 제안한다. 그의 작품은 행운을 경험하는 데 있어 개인의 인식과 태도의 중요성을 강조한다.[126]

이러한 견해는 운이 결과를 결정하는 데 중요한 역할을 할 수 있는 도박, 스포츠, 엔터테인먼트와 같은 분야에서 더 설득력이 있을 수 있다.

(2) 운의 힘 인정 거부: 이 사람들은 운이 삶에 중요한 영향을 미친다는 생각을 거부한다. 그들은 열심히 일하는 것, 재능, 그리고 결단력이 성공을 달성하는 데 중요한 유일한 요소라고 믿고, 운에 대한 귀인歸因은 실패에 대한 핑계로 본다. 이러한 사람들은 위험을 더 싫어할 수 있고 목표를 달성하기 위해 보수적인 접근을 할 가능성이 더 높다.

20세기 프랑스 철학자 장 폴 사르트르는 운의 개념을 거부하고 개인은 자신의 행동과 결과에 전적으로 책임이 있다고 주장했다. 사르트르는 저서 『실존주의와 인간의 감정』에서 "인간은 자유로울 수밖에 없다"라며 외부 환경과 상관없이 우리가 하는 선택에 대해 전적인 책임을 져야 한다고 썼다.[127]

또 다른 20세기 프랑스 철학자 알베르 카뮈도 운의 힘에 대한 인정을 거부하고 개인적 책임의 중요성을 주장했다. 카뮈는 그의 저서 『시지프

신화』에서 겉보기에는 무의미한 세상에서 의미를 찾기 위한 인간의 투쟁에 관해 썼고, 자신의 삶과 행동을 책임지는 것의 중요성을 강조했다.[128]

20세기 러시아계 미국인 철학자 에인 랜드도 운의 힘에 대한 인정을 거부하고 개인주의와 자립의 중요성을 주장했다. 랜드는 그녀의 책 『아틀라스』에서 성공은 개인의 노력과 능력의 결과이며, 개인은 다른 사람들의 간섭 없이 자유롭게 자신의 이익을 추구해야 한다는 생각을 제창했다.[129]

로버트 H. 프랭크는 경제적 결과에서 행운과 개인적 책임의 역할에 대해 광범위하게 쓴 경제학자이다. 그는 행운이 경제적 성공에 중요한 역할을 하지만 개인도 성공 가능성을 높이기 위한 조치를 취해야 한다고 주장해 왔다. 그에 의하면, "누군가 사회적으로 꽤 성공했다고 말하려면, '실력, 노력 그리고 행운'이 필요하다. 경쟁이 너무나 격렬한 우리 시대에 최종 승자 그룹 안에 들어가기는 무척 힘들다. 당락을 결정짓는 실력 차가 있더라도, 재능과 노력만으로 승리가 보장되는 경우는 드물다. 따라서 세 가지 중 마지막 '행운'은 없어선 안 될 요인이다"라고 주장하였다.[130] 어쩌면, '운'에 대한 균형 잡힌 시각 부류에 속할 수도 있겠다.

토마스 길로비치는 행운과 "뜨거운 손*"의 오류에 대한 믿음에 관여하는 인지적 편견에 관한 연구를 수행한 심리학자이다. 그는 행운의 많은 가정된 사례들이 실제 현상보다는 인지적 편견의 결과라고 주장했다.[131]

  * 뜨거운 손 현상 Hot Hand Phenomenon: 이전 슛을 성공시킨 농구 선수가 다음 슛 역시 성공시킬 것이라고 믿는 현상이다. 이전의 성공이 다음 번의 성공으로 이어질 것이라고 믿는 인지적 편향을 의미한다. 심리학

제4편 성공의 핵심 요소별로 전략적으로 실천하라 | 263

자이며 행동경제학자인 아모스 트버스키Amos Tversky와 심리학자 토머스 길로비치Thomas Gilovich가 인지심리학회지에 게재한 「농구 경기에서 뜨거운 손」The Hot Hand in Basketball: On the Misperception of Random Sequences (1985) 논문에서 소개된 현상이다.

이러한 견해는 개인의 노력과 혁신이 종종 성공의 핵심 요소로 강조되는 과학, 기술, 기업가정신과 같은 분야에서 더 설득력이 있을 수 있다.

(3) 운에 대한 균형 잡힌 시각: 세 번째 접근법은 삶에서 운의 역할에 대해 더 균형 잡힌 시각을 취하는 것이다. 이 접근법을 취하는 사람들은 운이 결과를 결정하는 역할을 할 수 있다는 것을 인정하지만, 성공을 달성하는 데 있어서 자신의 노력, 기술, 전략이 중요하다는 것도 인정한다. 이들은 잠재적 위험과 결과에 영향을 미칠 수 있는 외부 요인을 염두에 두고 제시된 기회를 극대화하는 데 초점을 맞출 수 있다.

운의 역할과 개인의 노력과 전략의 중요성을 모두 인정하면서, 운에 대한 균형 잡힌 관점의 생각은 역사를 통해 다양한 철학자들과 학자들에 의해 논의되어 왔다.

고대 그리스 철학자 에픽테토스는 그의 가르침에서 개인적인 상태와 전략의 중요성을 강조하는 동시에 우리가 통제할 수 없는 외부 요인의 역할을 인정했다.[132] 그의 책 『교본』The Enchiridion에서, 그는 "어떤 것들은 우리가 통제할 수 있고 어떤 것들은 그렇지 않다. 우리가 통제할 수 있는 것들은 의견, 추구, 욕망, 혐오, 그리고 한마디로 우리 자신의 행동이 무엇이든 간에 말이다. 우리가 통제할 수 없는 것들은 신체, 재산, 평판, 명령, 그리고 한 마디로 우리의 행동이 아닌 것들이다."[133]

19세기 영국 철학자 존 스튜어트 밀은 그의 작품 『공리주의』Utilitarianism에서 개인의 노력과 외부적 요인 사이의 상호작용에 관해 썼다.[134] 그는 개인이 타인의 행복과 외부 환경이 결과에 미치는 영향을 염두에 두면서 자신의 행복을 극대화하기 위해 노력해야 한다고 주장했다.

현대의 심리학자이자 작가인 리차드 와이즈먼은 그의 책 『행운의 법칙』The Luck Factor에서 운에 대한 균형 잡힌 견해를 주장한다.[135] 그는 운은 순전히 우연의 문제가 아니라 우리 자신의 태도와 행동에 의해서도 영향을 받는다고 주장한다. 새로운 기회에 열려 있고 계산된 위험을 감수하는 것과 같은 특정한 전략과 사고방식을 채택함으로써, 우리는 "행운"을 경험할 기회를 늘릴 수 있다.

캐롤 덕은 성취에서 사고방식의 중요성에 관한 연구를 수행한 심리학자다. 그녀는 타고난 능력을 강조하는 고정된 사고방식보다는 노력과 학습을 강조하는 성장 사고방식의 중요성을 강조해 왔다.

아담 그랜트는 성공에서 행운의 역할과 개인의 노력에 대해 광범위하게 집필한 조직 심리학자이다. 그는 성공은 종종 열심히 일하는 것과 기회를 모두 필요로 하며, 개인은 성공의 기회를 늘리기 위한 조치를 취할 수 있다고 주장해 왔다.[136]

이러한 견해는 성공의 열쇠로 종종 노력과 기회에 초점을 맞추는 것이 강조되는 교육, 개인 개발, 경영과 같은 분야에서 더 설득력이 있을 수 있다.

궁극적으로, 인생에서 운의 역할을 바라보는 방식은 그들의 사고방식, 행동 그리고 결과에 중요한 영향을 미칠 수 있다. 운이 역할을 할 수 있다는 것을 인정하는 것도 중요하지만, 우리 자신의 노력, 기술, 전략 등 우리가 통제할 수 있는 것에 집중하고, 결단력과 회복력을 가지고 우리의 목표를 향해 노력하는 것도 중요하다.

● 운에 관한 세 가지 주장 중 현대적 관점에서 가장 적절한 논리는 무엇인가?

현대적 관점에서 볼 때, 이 세 가지 주장 중 어느 것이 다른 주장보다 확실히 더 적절하다고 말하기는 어렵다. 이러한 관점은 각각 장단점이 있으며, 운 대 개인의 노력과 전략의 상대적 중요성은 맥락과 상황에 따라 달라질 수 있다. 그러나 현대의 많은 사상가들은 운과 다른 외적인 요소들이 결과를 결정하는 데 중요한 역할을 할 수 있으며, 성패를 평가할 때 이러한 요소들을 고려하는 것이 중요하다는 것을 인식한다 경제학 분야에서 연구자들은 종종 무작위 사건이나 외부 충격이 경제 결과에 미치는 영향을 연구한다.

예를 들어, 도박이나 스포츠와 같은 특정 분야에서, 가장 숙련되고 전략적인 개인도 예상치 못한 사건이나 우연한 결과에 의해 영향을 받을 수 있기 때문에, 행운의 역할이 강조되는 경우가 많다. 그러한 환경에서는 운이 중요한 역할을 한다는 주장을 듣는 것이 더 일반적일 수 있다.

반면 과학연구나 기업가정신과 같은 분야에서 성공하기 위해서는 상당한 계획, 노력, 혁신이 필요한 경우가 많기 때문에 개인의 노력과 전략이 강조되는 경우가 많다. 그러한 환경에서, 성공은 주로 개인의 노력과 능력의 결과라는 주장을 듣는 것이 더 일반적일 수 있다.

동시에 개인의 노력, 기술, 전략이 성공을 결정하는 중요한 요소이며, 사람들이 목표를 달성할 수 있는 가능성을 높이기 위한 조치를 취할 수 있다는 인식도 있다. 이 균형 잡힌 견해는 운과 다른 외부적인 요소의 역할을 인정하는 동시에 개인적인 상태와 전략적인 행동의 중요성을 강조한다. 전반적으로, 가장 적절한 관점은 운과 개인의 노력 사이 관계의 복잡성과 뉘앙스를 인정하고, 두 요소가 결과를 결정하는 데 중요한 역할을 할 수 있다는 것을 인식하는 관점일 것이다.

● 운의 존재 여부에 관한 과학적 설명에 대해 살펴보자.

운의 존재를 과학적으로 설명하기 위한 "확률 이론, 양상 이론, 도덕적 균형 이론" 등은 무엇이며, 그중에서 가장 일반적으로 받아들여지는 것은 무엇인가? 운의 존재와 그것이 어떻게 작용하는지를 설명하려는 몇 가지 과학적 이론이 있다.

(1) 확률론: 확률론은 무작위 사건의 분석을 다루는 수학의 한 분야이다. 다른 결과의 가능성을 정량화하는 방법을 제공하며 특정 사건이 발생할 확률을 예측하는 데 사용할 수 있다. 이 이론은 위험과 불확실성을 관리하기 위해 도박, 금융, 보험과 같은 분야에서 종종 사용된다.

(2) 양상 이론: 양상 이론은 운이 외적인 힘이 아니라 심리적 또는 지

각적인 내적 요소임을 제시하는 철학적, 심리학적 이론이다. 양상 이론은 개인이 '행운'(자신의 통제 밖에 있는 긍정적인 사건)과 '불운'(자신의 통제 밖에 있는 부정적인 사건) 등 다양한 운의 측면을 경험할 수 있다고 제안하는 심리학 이론이다. 이 이론은 행운이 어떻게 경험되는지에 대한 개인의 인식과 태도의 중요성을 강조한다.

이 이론에 따르면, 기회에 더 개방적이고 삶에 대해 긍정적인 시각을 가진 사람들은 '행운'을 경험할 가능성이 높은 반면, 폐쇄적이거나 부정적인 시각을 가진 사람들은 '액운'을 경험할 가능성이 더 높다.

(3) **도덕적 균형**Moral balance **이론 또는 "정의로운 세계 가설"**: 도덕적 균형 이론은 사람들이 공정성과 정의에 대한 본질적인 욕구를 가지고 있다고 제안하는 사회 심리 이론이다. 개인이 세상이 본질적으로 공평하다고 믿는 경향이 있고 개인이 마땅히 받아야 할 것을 얻는다고 제안하는 심리학 이론이다. 이 이론은 사람들이 운의 역할을 인정하기보다는 자신의 성공이나 실패를 자신의 통제 안에 있는 요인들로 돌릴 수도 있다는 것을 암시한다. 이 이론에 따르면, 사람들은 도덕적으로 좋은 방식으로 행동할 때 "행운"을 경험할 가능성이 더 높고, 도덕적으로 나쁜 방식으로 행동할 때 "액운"을 경험할 가능성이 더 높다.

그 밖에도 문화적, 사회학적 관점을 포함하여 행운의 존재를 설명하기 위해 개발된 많은 이론과 틀이 있다. 행운의 본질에 대한 의견은 개인과 맥락에 따라 천차만별이기 때문에 이 중 어느 것이 가장 보편적으로 받아들여지는지 말하기는 어렵다.

그러나 운에 대한 현대 과학적 관점은 결과를 결정하는 데 있어서 운이 할 수 있는 역할의 복잡성과 뉘앙스를 인식하는 경향이 있다는 것에 주목할 필요가 있다. 확률 이론과 다른 프레임워크를 사용하여 우연한 사건의 가능성을 이해할 수 있지만, 실제 상황에서는 종종 상당한 정도의 불확실성과 예측 불가능성이 있다. 개인의 노력, 기술, 전략의 중요성도 널리 인식되고 있지만, 운이 결과에 영향을 미치는 정도는 구체적인 상황에 따라 다르다.

이 이론들 중에서 확률론은 아마도 가장 일반적으로 받아들여지고 널리 사용되는 이론일 것이다. 다양한 결과의 가능성을 이해하기 위한 정량적이고 경험적인 프레임워크를 제공하며 다양한 분야에서 성공적으로 적용되었다. 그러나 양상 이론과 도덕적 균형 이론은 또한 특정한 서클에서 약간의 관심을 얻었고, 운에 영향을 미치는 심리적, 사회적 요인에 대한 유용한 통찰력을 제공할 수 있다.

■ 운이 작용하는 분야는 없는가?

인간의 삶에서 전혀 예측할 수 없는 일이 일어난다. 이 상황을 운과 관련하여 설명할 수 있을까? 결과를 평가함으로써, 어떤 사물이나 상황을 비난하는 것이 타당한가?

그렇다. 예측할 수 없는 사건들은 종종 운에 기인할 수 있다. 운은 긍정적인 사건과 부정적인 사건 모두에서 중요한 역할을 할 수 있고, 예측하거나 통제하는 것은 어려울 수 있다. 예를 들어, 복권에 당첨되거나 교통사고에 휘말리는 것은 둘 다 대체로 운의 문제인 예측할 수 없는 사건으로 여겨질 수 있다.

하지만 부정적인 사건에 대해 운을 탓하거나 긍정적인 사건에 대해 운에 공을 돌리는 것이 항상 합리적인 것은 아니다. 대부분의 경우 개별 행동이나 외부 요인이 특정 결과에 더 많은 영향을 줄 수 있다. 예를 들어, 운전 중 문자 메시지를 보내는 바람에 교통사고를 당한 사람이 있다면, 그 사고를 단지 운 탓으로만 돌리는 것은 정확하지 않을 것이다.

마찬가지로, 만약 어떤 사람이 특정한 분야에서 성공을 거둔다면, 그것은 전적으로 운에 의한 것이 아니라 그들의 노력, 재능 그리고 기회의 결과일 수도 있다. 하지만 운은 그들에게 그 과정에서 도움이 되는 특정한 기회나 우연한 만남을 제공하는 역할을 했을지도 모른다.

전반적으로, 운은 우리 삶의 결과에 영향을 미칠 수 있는 많은 요소 중 하나일 뿐이다. 운이 하는 역할을 인식하면서도 우리 자신의 행동과 선택에 대한 책임을 지고, 근면, 재능, 외부 환경 등 다른 요소들이 우리의 결과를 결정한다는 사실을 인식하는 것이 중요하다.

■ 운과 함께하는 방법

내 인생을 행운으로 만드는 방법은 없을까?

운은 종종 우연과 상황의 조합으로 정의되며, 운에 관여하는 몇몇 요소들은 개인이 통제할 수 없을 수도 있지만, 행운의 가능성을 높이기 위해 할 수 있는 특정한 것들이 있다.

다음은 우리들의 삶에 행운이 따르도록 만드는 몇 가지 방법이다.

- 기회에 열려 있어라: 우리에게 오는 새로운 경험과 기회에 열려라. 때때로, 최고의 기회는 예상치 못한 장소에서 올 수 있다.
- 열심히 일하고 인내하라: 행운은 종종 열심히 일하고 도전을 통해 인내하는 사람들에게 유리하다. 노력을 기울이고 목표에 전념함으로써, 우리의 성공의 가능성을 증가시킨다.
- 긍정적인 관계를 발전시켜라: 다른 사람들과 긍정적인 관계를 형성하고 지도와 지원을 제공할 수 있는 멘토를 구하라. 이러한 관계는 우리들의 삶에 도움이 될 수 있는 새로운 기회와 통찰력으로 이어질 수 있다.
- 사전 예방: 솔선수범하여 목표를 추구하는 데 적극적으로 임하라. 무언가가 우리에게 오기를 기다리지 말고, 자신이 삶에서 원하는 상황을 만들기 위해 행동을 취하라.
- 감사를 실천하라: 우리의 삶에서 좋은 것들에 집중하고 그것들에 대한 감사를 실천하자. 이러한 긍정적인 사고방식은 더 많은 긍정적인 경험과 기회를 끌어내는 데 도움이 될 수 있다.
- 실수로부터 배워라: 실수나 실패에 연연하지 말고, 그것들을 성장하고 향상시킬 수 있는 배움의 기회로 사용하자. 이를 통해 보다 탄력적으

로 대응할 수 있게 되고 적응력 또한 키울 수 있어 향후 성공 가능성을 높일 수 있다.

인생에 행운이 보장되는 것은 아니지만, 이러한 전략을 채택함으로써, 우리는 긍정적인 경험과 기회의 가능성을 높일 수 있고, 궁극적으로 자신을 위해 더 운이 좋은 삶을 만들 수 있다.

다음은 프린스턴대 졸업 후 『비즈니스 윅』과 『타임』에서 편집자로 있던 막스 귄터 Max Gunther의 성공 스토리를 살펴보자. 열세 살부터 주식 투자를 시작한 그는 스위스 은행에 근무하면서 돈의 과학적 관리법과 투자 기술을 터득하며 평생을 투자의 최전선에서 엄청난 자산을 형성했다. 최근 국내에 번역 소개된 그의 저서 『운의 시그널』How to Get Lucky은 투자의 최전선에서 엄청난 자산을 이룬 투자자가 포착한 '좋은 운을 만드는 열세 가지 법칙'을 담은 책이다.[137]

운을 만드는 열세 가지 법칙은 다음과 같다.

- ◆ 운과 계획을 구분하라
- ◆ 빠른 흐름을 잡아 내라
- ◆ 영리하게 위험을 감수하라
- ◆ 운의 흐름을 잘라 내라
- ◆ 운을 선택하라
- ◆ 직선이 아닌 지그재그 삶을 살아라
- ◆ 건설적인 초자연주의를 기억하라

- 최악의 경우를 분석하라
- 입을 다물어라
- 교훈이 되지 않는 경험을 인정하라
- 세상은 불공정함을 받아들여라
- 이것저것 시도하라
- 운명의 짝을 찾아라

그는 "우리가 의식하지 못했을 뿐, 운은 항상 곁에 있다. 내가 무작위의 유전자 조합으로 태어난 것부터 현재 좋거나 나쁜 결과를 내는 일까지 모두 '운'이 좌우한다"라고 말한다.

그는 "운, 그러니까 행운과 불운은 인간의 삶을 형성하는 일종의 힘이다"라고 주장한다.

"내 안에 있는 좋은 운(기회)을 찾아 깨우고, 다가오는 운(기회)을 잡아보자. 이제 운에 휘둘리지 않고, 내가 운을 잡을 차례다"라고 언급하며, "내 안의 좋은 운을 깨우는 시그널을 보내고, 무작위로, 전방위에서 다가오는 운을 잡아라!"라고 강조한다.

제12장
부(富)

부를 경멸하는 것처럼 보이는 사람들을 너무 신용하지 않는 것이 좋다. 부를 얻을 가망이 없는 사람들이 부를 경멸하기 때문이다. 그러한 사람들이 부를 얻게 되면 그들만큼 상대하기 곤란한 사람은 없다.

- 프랜시스 베이컨 Francis Bacon

큰 재산을 만들기 위해서는 대담함과 용의주도한 신중함이 있어야 하고, 재산을 만들어 그것을 유지하는 데는 재산을 만들기까지 쏟은 힘의 몇 배나 더 큰 대담함과 신중함을 필요로 하는 것이다.

- 랠프 월도 에머슨 Ralph Waldo Emerson

'부와 명예, 건강과 행복'은 인생이 추구하는 중요한 그 무엇이다. 부자가 되고 싶지 않은 사람은 드물다. 사람의 인생관에 따라 '물질적인 부'보다는 '정신적인 부'의 가치를 훨씬 높게 평가하는 종교인은 다를 수 있어도, 우리는 대체로 여유로운 삶의 기본이 되는 물질적인 '부'를 추구한다. 우리 인생이 생활하는 문화권이나 환경에 따라 '부'를 대하는 관점은 달라도 바람직한 인생에서 '부'는 우리의 중요한 관심과 과제의 대상이 되고 있다.

우리 인생은 환경에 따라 태어나면서부터 '부'가 이미 확보된 사람도 있겠지만 우리의 관심사는 "어떻게 하면 부를 이룰 수 있는가?"에 집중되어 있다. '부'도 인생 성공의 주요 요소 중 하나이므로 이를 추구하기 위한 노력은 중요하다. 선지자들은 '부'란 그것이 목표라기보다는 자신이 좋아하는 일을 하며 살아가면 자연스럽게 따라온다고 말하고 있다. 바람직한 인생이다.

'부'를 이루기 위한 수단은 무엇일까? 보통 주식이나 부동산투자, 창업이나 직장 내 성공, 금은 등의 귀금속 투자, 비트코인과 같은 가상화폐 투자, NFT 관련 투자 아니면 유명 스포츠 선수, 유명 연예인, 특수 분야 전문가 되기 등등 현대사회에서 부자 되는 길은 매우 다양하다. 농경사회에서는 농토 소유가 거의 유일한 활로였으나, 지식정보화 사회인 제4차 산업혁명의 시대는 매우 다르다. 이제는 인터넷망으로 전 세계가 24시간 연결되고 메타버스Metaverse, 웹3.0, 로봇, IoT, ChatGPT 기술 등 디지털 시대 환경으로 급격한 전이가 이루어지고 있어서 새로운 기회가 널려 있다.

나는 어떻게 부자가 될까? 이것은 매우 개인적인 선택이다. 성공론에서도 언급하였듯이 이미 "부자가 된 사람의 길을 따라가면 나도 부자가 되는가?"라는 질문은 대답이 어렵다. 모두 개별적이며 상대적이고, 상황과 환경 변화에 따라 결과가 많이 다를 수 있기 때문이다. 그러나 길은 많다.

여기서 한 가지 언급해 두고 싶은 것은 자신이 원하는 어떤 특정한 분야가 있다면 그 분야의 전문가들, 선행 경험자들이 쓴 국내외의 서적들을 통해 지식을 쌓는 일이 중요하다는 이야기이다. 전문가들이 주장하는 내용이나 선행 경험자들의 스토리가 본인에게 적합하지 않은 경우는 많다. 그러나 우선적으로 그 분야에 대한 기본적 내용인 지식이나 산업 흐름, 환경 상태를 이해하는 일이 출발점이 되기 때문이다.

■ 부자가 되는 길

이미 언급한 바와 같이 부를 이루는 길은 매우 다양하다. 부를 이루기 위한 노력은 가능한 대로 일찍 시작하는 것이 효과적이다. 여기에서는 청년기의 준비와 학습의 내용에 대해 먼저 알아보고, 이어서 우리가 가져야 하는 부자가 되는 원칙과 습관에 관해 생각해 보기로 한다.

● **20대 대학생이나 초기 직장인의 경우**

본인이 20대라면, 미래에 부자가 되기 위해서는 무엇을 어떻게 해야 할까? 20대는, 부를 축적하는 데 도움이 되는 강력한 재정적 기반을 구축하기 시작할 기회의 시기가 된다. 다음은 그 시작을 위해 수행할 수 있는 몇 가지 단계이다.

◆ 예산 수립: 부를 쌓기 위한 첫 번째 단계는 예산을 만드는 것이다. 여기에는 수입과 지출을 추적하고 지출을 줄일 수 있는 영역을 파악하는

작업이 포함된다. 절제하는 생활을 함으로써, 우리는 미래를 위해 저축하고 투자할 기초 자금을 마련할 수 있다.

◆ 비상금 설정: 비상금은 갑작스러운 의료비 등 예상치 못한 비용을 충당하기 위해 적립되는 돈이다. 쉽게 접근할 수 있는 저축 계좌에 최소 3개월에서 6개월 치 정도의 생활비를 저축하는 것을 목표로 한다.

◆ 빚 갚기: 학자금 대출이나 다른 빚이 있다면, 가능한 한 빨리 갚는 데 집중하라. 고금리 부채는 부의 축적에 큰 장애가 될 수 있으므로 미래를 위해 투자하기 전에 먼저 상환하는 것이 우선이 된다.

◆ 조기 투자: 복리의 힘은 투자를 일찍 시작할수록 자산을 늘리는 데 더욱 효율적이라는 데 있다. 청년우대 적금, 청년우대 청약통장 등 같은 세금 혜택을 받는 우대형 계좌를 개설하는 것을 고려하고 가능한 한 빨리 납입을 시작한다.

◆ 교육과 관심 자격 취득: 교육과 훈련은 부를 쌓는 귀중한 도구가 될 수 있다. 좋은 수입 잠재력과 직업 안정성을 제공하는 분야의 학위나 자격증을 취득하는 것을 고려해 보자. 자신이 관심 있는 분야의 환경 변화에 대응해 나갈 수 있도록 미리 움직이자.

◆ 다중 소득 흐름 개발: 정규직 외에도 추가적인 수입을 얻을 수 있는 방법을 찾아라. 이것은 투잡job, 쓰리잡과 같이 부업을 시작하거나, 프리랜서로 일하는 것을 포함하며, 다양한 분야에서 수입이 발생하도록 활동하는 것을 말한다.

◆ 네트워크 및 관계 구축: 멘토 및 동료와 강력한 관계를 구축하는 것은 부를 구축하는 데 귀중한 도구가 된다. 네트워크를 구축하고 해당 분야의 다른 사람들로부터 배우는 기회를 찾는다.

요약하자면 20대에는 예산을 만들고, 긴급자금을 마련하며, 빚을 조기에 갚는다. 조기에 투자하고, 교육과 훈련에 참여하며, 여러 소득원을 개발하고, 네트워킹과 관계를 구축함으로써 튼튼한 재정 기반을 구축하기 시작한다. 이러한 훈련과 활동을 이른 시기에 수행함으로써 미래의 재정적 성공을 위해 스스로를 설계해 나아갈 수 있게 된다. 이 시대는 한 가지 직업으로부터 들어오는 한 개의 수입원으로는 원하는 부를 형성하기는 어려운 시대이면서, 동시에 다양한 수입 원천을 만들 수 있는 기회의 시대이다.

● 부자가 되는 원칙과 습관

부자가 되는 것은 다양한 전략과 접근법을 포함할 수 있는 다면적이고 복잡한 과정이다. 부자가 되는 확실한 방법은 없지만, 시간이 지남에 따라 부를 축적할 기회를 증가시킬 수 있는 특정한 원칙과 습관이 있다.

첫째는 재무 계획 수립이다. 부자가 되기 위한 첫 단계는 재정 계획을 세우고 실행하는 것이다. 이 계획에는 재정 목표 설정, 예산 편성, 저축 및 투자 전략 수립이 포함되어야 한다. 자신의 진로를 고려하고 그것이 장기적인 재정 성장 가능성을 제공하는지 평가해야 한다.

둘째는 분수에 맞게 살기이다. 부를 축적하기 위해서는 분수에 맞는 생활을 하는 것이 중요하다. 이는 자신이 버는 것보다 적게 쓰고 불필요한 지출을 피하는 것을 의미한다. 또한 더 낮은 비용 지출을 찾거나 새 물품 대신 '당근마켓' 중고품을 사용하는 것과 같이 돈을 절약하는 방법을 찾아야 한다.

셋째는 장기 투자이다. 투자는 부 축적의 핵심 요소이다. 장기적으로 투자하고 위험을 줄이기 위해 투자를 다양화하는 것이 중요하다. 주식, 채권, 부동산을 혼합하여 투자하는 것을 고려하고, 시장에 시간을 맞추려고 시도하는 것을 피하라. 우량주를 사서 10년을 기다려 보자. 어떤 결과일까?

넷째는 다양한 수입원 개발이다. 부를 증가시키는 한 가지 방법은 다양한 수입원을 개발하는 것이다. 여기에는 부업을 시작하거나, 임대 부동산에 투자하거나, 배당금을 지급하는 주식에 투자하는 것과 같은 수동적인 소득 흐름을 만드는 것이 포함될 수 있다.

다섯째는 지속적으로 교육 기회를 가져야 한다. 인생의 어떤 분야에서든 성공하기 위해서는 지속적으로 스스로를 교육하는 것이 중요하다. 특히 재정과 투자에 있어서는 더욱 그렇다. 시장 동향을 최신 상태로 유지하고, 금융 뉴스를 읽고, 금융 전문가의 조언을 구하라.

여섯째는 긍정적인 사고방식이다. 마지막으로 긍정적인 사고방식을 유지하는 것은 부를 축적하는 데 매우 중요하다. 이것은 자신의 목표에 집중하고 좌절에도 불구하고 동기부여를 유지하는 것을 의미한다. 자신의 의욕과 결단력을 공유하는 같은 생각을 가진 사람들로 당신을 에워싸라.

부자가 되는 것은 재정 계획, 절제 그리고 교육의 조합을 필요로 하는 복잡하고 지속적인 과정이다. 분수에 맞는 생활을 하고, 장기적으로 투자하며, 다양한 수입원을 개발한다. 지속적인 교육 기회를 갖고, 긍정적인 사고방식을 유지함으로써, 시간이 지남에 따라 재정적인 성공을 이룰 가능성을 높일 수 있다.

■ 부를 이루는 다양한 수단

부를 이루는 길은 매우 다양하다. 주식이나 부동산과 같은 대표적인 투자 분야는 물론이고, 창업, 전문가, 운동선수, 예능인 등 특정한 분야에서의 큰 성취는 명예와 함께 막대한 부를 이루는 기회가 된다. 특정한 분야에 관심이 있다면, 그 분야에 관한 서적이나 전문가의 강연이나 유튜브 등을 통해 지식을 쌓고, 부단히 노력해 나가야 한다. 여기에서는 부에 관한 일반적인 원칙과 전략에 대한 개론적인 설명을 시작한다.

부자가 되기 위한 다양한 방법과 전략은 무엇인가?
부자가 되는 가장 일반적인 방법 중 일부는 다음과 같다. 우선 전통적인 부자의 길은 주식, 창업, 부동산이다.

첫째는 주식 시장에 투자하기이다. 부를 축적하는 가장 인기 있는 방법 중 하나는 주식 시장에 투자하는 것이다. 주식을 구입하여 장기적으로 보유함으로써 투자자들은 상당한 수익을 얻을 수 있다. 이에 대한 상세한 전략은 뒤에서 다시 살펴보기로 한다.

둘째는 창업이다. 성공적인 사업을 시작하는 것은 또한 부를 축적하는 수익성 있는 방법이 될 수 있다. 수익성 있는 틈새시장을 파악하고 강력한 브랜드를 구축할 수 있는 기업가는 잠재적으로 상당한 이익을 얻을 수 있다. 이는 분야도 다양하고 많은 준비가 필요하며, 긴 호흡과 인내가 필수적인 부문이다. 관련 분야 전문가, 전문 서적, 현실적 산업계 인사 등의 조언을 참고해야 한다.

셋째는 부동산 투자다. 부동산에 투자하는 것은 시간이 지남에 따라 부를 쌓는 좋은 방법이 될 수 있다. 임대 부동산을 구입하거나 주택 리모델링, 차익거래 등 부동산 투자자들은 정기적인 임대 수익이나 부동산을 팔아서 이익을 얻을 수 있다. 부동산 투자에 관해서도 뒤에서 다시 살펴보기로 한다.

창업이나 주식 및 부동산 투자와 같은 전통적인 방법 이외에도 많은 부자의 길은 있다. 부를 이루는 다음의 전략도 살펴보자.

첫째는 교육훈련이다. 고임금 분야의 교육훈련을 추구하는 것도 부를 축적하는 귀중한 전략이 된다. 가치 있는 기술과 지식을 습득함으로써, 수입 잠재력을 증가시킬 수 있고 자신의 경력을 통해 더 높은 급여를 받을 수 있다.

둘째는 비용 절감 및 예산 책정 방법이다. 다른 전략들처럼 매력적이지 않을 수도 있지만, 저축과 예산 편성은 시간이 지남에 따라 부를 축적하는 강력한 방법이 된다. 절약하며 검소한 생활을 하고 매달 수입의 일부를 저축함으로써, 점차 상당한 자금과 부를 축적할 수 있다.

셋째는 자신에게 투자하기이다. 자신에게 투자하는 것은 또한 부를 쌓기 위한 가치 있는 전략이다. 여기에는 새로운 기술을 배우기 위해 세미나 및 워크샵에 참석하거나 재무 고문과 협력하여 개인화된 투자 전략을 개발하는 것이 포함된다.

넷째는 네트워킹 및 관계 구축이다. 성공적인 개인들과 네트워킹을 하고 강한 관계를 구축하는 것도 부를 축적하는 강력한 방법이 될 수 있다. 이미 재정적인 성공을 거둔 다른 사람들로부터 배움으로써, 자신의 목표를 달성하는 데 도움이 될 수 있는 귀중한 통찰력과 네트워크를 얻을 수 있다.

이런 방법들은 주식 투자, 창업, 부동산 투자 등과 같은 전략과는 다른 접근법이다. 교육과 훈련 추구, 저축과 예산, 자신에 대한 투자, 네트워킹과 관계 구축 등 부자가 되기 위한 또 다른 방법과 전략들이다. 자신의 고유한 환경과 목표에 가장 적합한 전략을 찾고 장기적으로 절제와 집중력을 유지하는 것이 핵심이다.

◆ 대표적인 투자 분야

"주식, 부동산 등"과 같이 부자가 되기 위한 대표적인 투자 분야는 무엇인가?

잠재적으로 부자가 되는 데 도움이 될 수 있는 대표적인 투자 영역은 다음과 같다.

(1) **주식**: 주식에 투자하는 것은 부를 축적하는 가장 인기 있는 방법 중 하나이다. 상장 기업의 주식을 매입함으로써 가격 상승과 배당을 통해 상당한 수익을 얻을 수 있다.

(2) **부동산**: 부동산에 투자하는 것은 또한 부를 쌓는 좋은 방법이 될 수 있다. 이것은 임대 부동산을 구입하거나, 차익 실현을 위한 주택 리모델링 등을 포함한다.

(3) **채권**: 주식과 같이 채권에 투자하는 것은 잠재적인 가격 상승뿐만 아니라 꾸준한 수입의 흐름을 제공할 수 있다.

(4) **뮤추얼 펀드**mutual fund: 뮤추얼 펀드는 유가증권 투자를 목적으로 설립된 주식회사 형태의 법인회사이며, 투자가가 수익자이자 주주가 되는 형식이다. 다시 말해 뜻이 맞는 사람끼리 돈을 모아 투자 회사를 차린 것이라고 할 수 있다. 뮤추얼 펀드는 주식, 채권 및 기타 자산의 다양한 포트폴리오를 구축하기 위해 많은 투자자로부터 돈을 모은다. 이는 다양한 투자 영역에 노출되고 잠재적으로 시간이 지남에 따라 강력한 수익을 얻을 수 있는 좋은 방법이다.

(5) **상장지수펀드**ETF*: Exchange Traded Fund: ETF는 뮤추얼펀드와 유사하지

만 개별 주식처럼 증권거래소에서 거래한다. 이를 통해 투자자는 다양한 자산 포트폴리오에 투자할 수 있는 보다 유연하고 저렴한 방법을 제공한다.

* ETF: 인덱스펀드를 거래소에 상장시켜 주식처럼 거래할 수 있도록 만든 상품. 투자자들이 개별 주식을 고르지 않아도 되는 펀드 투자의 장점과, 언제든지 시장에서 원하는 가격에 매매할 수 있는 주식 투자의 장점을 모두 가지고 있는 상품. 인덱스펀드와 주식을 합친 개념.

* 인덱스펀드 index fund: 일반 주식형 펀드와 달리 KOSPI 200과 같은 시장 지수의 수익률을 따라가도록 구성된 펀드(KOSPI 또는 S&P500 등의 정해진 지수의 수익률과 유사한 수익을 실현할 수 있도록 운용되는 펀드).

(6) 현물: 금, 은이나 석유와 같은 상품에 투자하는 것은 인플레이션과 다른 경제적 위험에 대한 헤지 hedge 를 제공할 수 있다.

* 헤지: 투자자가 보유하고 있거나 앞으로 보유하려는 자산의 가격이 변함에 따라 발생하는 위험을 없애려는 시도. 위험이란 가격의 변동을 의미하는데 가격 하락 시의 손실과 가격 상승 시의 이익도 포함하는 개념. 헤지의 목적은 이익을 극대화하려는 것이 아니라 가격 변화에 따른 손실을 막는 데 있음.

(7) 대체 투자: 사모펀드나 헤지펀드와 같은 대체 투자는 투자자들에게 고유한 투자 기회와 잠재적으로 높은 수익을 제공할 수 있다.

* 사모펀드 私募펀드, private equity fund: 소수의 투자자(투자신탁업법: 100인 이하, 자본시장법: 49인 이하)로부터 모은 자금을 주식·채권 등에 운용하는 펀드. 주로 기관투자자들이나 고액자산가들이 모집대상이다. 공모펀드와 달리 투자 대상이나 투자 비중 등에 제한이 없어 주식, 채권, 부동산, 원자재 등 자유롭게 투자하여 운용할 수 있다. 통상 사모펀드는 ▷절대 수익을 추구하는 전문투자형 사모펀드(헤지펀드) ▷회

사 경영에 직접 참여하거나 경영·재무 자문 등을 통해 기업 가치를 높이는 경영참여형 사모펀드(PEF)로 나뉜다.

* 공모펀드public offering fund: 불특정다수에게 공개적으로 투자 기회를 주는 펀드. 간접투자자산운용업법에 의하여 불특정한 일반 투자자를 50명 이상 공개적으로 모집하는 펀드로서 주로 개인투자자들을 대상으로 자금을 모집하는 것이 특징이다. 공모펀드는 불특정 다수를 상대로 판매하기 때문에 운용에 제한이 없는 사모펀드와 달리 투자자 모집이나 펀드 운용에 대한 규제가 비교적 엄격하다.

주식, 부동산, 채권, 뮤추얼 펀드, ETF, 상품, 대체 투자 등 부자가 될 수 있도록 할 수 있는 대표적인 투자 분야들이 많이 있다. 핵심은 다양한 자산 클래스에 걸쳐 투자를 다양화하고 장기적으로 절제와 집중력을 유지하는 것이 필요하다.

◆ 주식 투자

누가 주식 투자에 성공했는지, 투자 원칙과 방법을 대표적인 투자자의 사례를 살펴본다. 주식 투자를 통해 상당한 부를 축적한 성공적인 투자자들이 많이 있다. 다음은 성공적인 투자자와 투자 원칙 및 방법의 몇 가지 사례들이다.

- 워런 버핏Warren Buffett: 투자의 귀재라고 불리며 20세기를 대표하는 미국의 사업가이자 투자가이다. 1930년생인 그는 증권 세일즈맨인 아버지 아래 성장한 워런 버핏은 콜롬비아 대학 경영대학원에서 경제학 석사학위를 받았다. 가치투자value investing라고도 불리는 과학적 주

식 투자 방법을 세계 금융계에 소개한 벤저민 그레이엄Benjamin Graham 수하로 일했다. 워런 버핏은 가치 있는 주식을 발굴해 매입하고 이를 오랫동안 보유하는 것으로 유명하다. 워런 버핏은 1,000억 달러 이상의 순자산을 가진 역대 가장 성공적인 투자자 중 한 명이다. 그의 투자 원칙은 경쟁 우위가 강한 고품질 기업에 투자하는 것, 장기적으로 투자를 유지하는 것, 그리고 투기적 투자를 피하는 것을 포함한다. 그는 또한 시장에 의해 저평가된 주식을 구매하는 것을 포함하는 가치투자에 집중하는 것으로 유명하다.[138]

◆ 피터 린치Peter Lynch: 그는 월스트리트 역사상 가장 성공한 펀드매니저이자 마젤란 펀드를 세계 최대의 뮤추얼 펀드로 키워 낸 '월가의 영웅'. 1944년 보스턴에서 태어나 보스턴대 수학과 교수였던 아버지가 별세한 11세 때부터 학비를 벌기 위해 골프장 캐디로 일하기 시작했다. 68년 펜실베니아대 와튼스쿨에서 MBA를 받은 후 69년 피델리티Fidelity Investments에 리서치 애널리스트로 입사, 77년 마젤란 펀드를 맡게 되기까지 다양한 분야의 산업의 담당했는데 그 경험은 펀드매니저로 본격 활동하는 데 좋은 바탕이 되었다. 그가 마젤란 펀드를 시작했던 77년 펀드 운용자산은 1,800만 달러에 불과했으나 은퇴 시기인 90년에는 140억 달러 규모에 달했다. 그는 Fidelity Investments에서 재직하는 동안 큰 성공을 거둔 전직 뮤추얼 펀드 매니저이다. 그의 투자 철학은 성장 잠재력이 강한 기업을 찾는 데 초점을 맞췄다. 또한 철저한 연구를 수행하고 투자 접근법에서 원칙을 유지하는 것의 중요성을 강조했다. 10년이 넘는 기간 동안 시장수익률을 능가한 경우는 월가에 린치와 워런 버핏을 제외하면 없다고 한다.[139]

◆ 벤저민 그레이엄Benjamin Graham (1894~1976): 영국 태생의 미국의 투자가이자, 경제학자, 교수이다. 증권분석의 창시자이자 가치투자의 아버지로 널리 잘 알려져 있다. 저서는 『현명한 투자자』[140], 『증권분석』,

『벤저민 그레이엄 자서전』이 있다. 벤저민 그레이엄의 투자철학은 행동경제학, 부채의 최소화, 매수 후 유지, 기본적 분석, 분산투자, 안전마진 내 매수, 행동주의 투자 그리고 역발상에 중점을 둔다. 그는 종종 가치투자의 아버지로 여겨지며, 그의 투자 원칙은 워런 버핏을 포함한 많은 성공한 투자자들에게 상당한 영향을 미쳤다. 그레이엄의 접근방식은 시장에서 저평가된 주식을 구매하는 것이었고, 기회를 식별하기 위해 철저한 재무 분석을 수행하는 것이 중요하다고 강조했다.

* 그레이엄의 가치주 선별 기준: 배당·금리·자산 등 기업의 펀더멘털 대비 저평가 종목을 파악하기 위한 5개의 보상기준과 재무안정성을 확인하기 위한 5개의 리스크 기준 등 총 열 가지를 제안했다. 또 1개 이상의 보상기준과 1개 이상의 리스크 기준을 동시에 만족하는 종목이 시장 대비 초과수익률을 낼 수 있다고 주장했다.

◆ 존 템플턴John Templeton(1912~2008): 미국 출신의 영국 투자자. 투자회사인 템플턴 그로스사Templeton Growth를 설립하였고, 투자 범위를 세계적으로 확대한 글로벌 펀드라는 새로운 분야를 개척한 인물로, '월스트리트의 살아 있는 전설', '영적인 투자가' 등의 별칭으로 불린다. 종교계의 노벨상으로 불리는 템플턴상을 제정하였다. 그는 "평소 주식 매수 리스트 후보를 만들어라!"라고 제안한다. "강세장은 비관 속에서 태어나 회의 속에서 자라며 낙관 속에서 성숙해 행복 속에서 죽는다. 최고로 비관적일 때가 가장 좋은 매수 시점이고 최고 낙관적일 때가 가장 좋은 매도 시점이다." 그는 국제 투자의 선구자였으며, 그의 투자 원칙은 전 세계 시장에서 저평가된 주식을 식별하는 데 초점을 맞췄다. 또한 투자에 대해 반대적인 접근법을 취하는 것의 중요성을 강조했고, 종종 시장에서 인기가 없는 주식에 투자했다. 그 때문에, 시장에서 그를 '역발상 투자의 귀재'라는 칭호를 붙여 주었다.[141] 그는 늘 최적의 투자 타이밍은 비관론이 팽배할 때라는 철학을 가지고 있었다. 이

런 철학을 실천하기 위해 자신의 책상 위에 '위기는 곧 기회다'라는 명판을 놓고 있었다고 한다.

- ◆ 레이 달리오Ray Dalio(1949~): 그는 미국의 투자자이자 헤지펀드 매니저, 자선사업가이다. 1975년 브리지워터 어소시에이츠 Bridgewater Associates*를 설립하고 세계 최고의 헤지펀드 회사로 성장시켰다. 달리오는 블룸버그에서 전 세계 최고 부자들 중 69등으로 선정되었다. 그는 다각화, 리스크 관리 및 데이터 기반 분석을 사용하여 투자 기회를 식별하는 것에 중점을 둔다. 그는 또한 투자 결정을 내리기 위해 일련의 지침 원칙을 사용하는 원칙 기반 의사결정을 강조하는 것으로 유명하다.[142] 레이 달리오는 '위험균형펀드risk parity fund'란 개념을 창안했다. 그가 이끄는 '브리지워터 올웨더펀드'는 1996년부터 2013년까지 연평균 8.9%의 수익을 거뒀다. 이 펀드는 주식과 채권을 3 대 7 혹은 주식, 원자재, 채권을 3 대 1 대 6과 같은 비율로 섞어 주식시장에서의 부진을 채권시장에서 만회한다.

  * 브리지워터 어소시에이츠Bridgewater Associates: 1975년도에 레이 달리오가 설립한 미국 헤지펀드이다. 연금펀드, 재단, 외국 정부, 중앙은행 등 기관투자자들을 대상으로 $1,200억 규모의 자산을 운용하고 있다. 당시 주 사업은 기업 고객 자문과 국내외 환율 및 이자율 위험을 관리하는 것이었는데, 이후 사업 초점을 바꾸어 나비스코와 맥도날드 같은 기업들과 정부들을 대상으로 경제적 자문을 제공했다.

주식 투자를 통해 큰 성공을 거둔 성공적인 투자자들이 많이 있다. 그들의 투자 원칙과 방법은 다양하지만, 몇몇 공통 주제는 가치투자, 철저한 연구 및 분석, 장기적 관점 그리고 투자에 대한 원칙과 절제 있는 접근을 포함하고 있다.

- 주식 투자의 대표적인 두 가지 전략에 대해 살펴보자. 그 내용과 주요 투자자 및 그 성공원칙에 대해 알아본다.

주식에 투자할 때 투자자들이 활용할 수 있는 전략은 여러 가지가 있지만 대표적인 두 가지 전략이 가치투자와 성장투자이다. 다음은 이 두 가지 전략과 대표적인 투자자의 성공원칙에 대한 개요이다.

(1) 가치투자: 가치투자는 기업의 가치에 믿음을 둔 주식 현물 투자 전략을 말한다. 가치투자를 지향하는 주식 현물 투자가들을 가치투자자라고 부른다. 기업의 가치를 구성하는 요소는 순자산가치, 성장가치, 수익가치와 기타 무형의 가치들이 있다.

쉽게 표현하면, 가치투자는 시장에서 저평가된 주식을 구매하는 전략이다. 이 전략은 가치투자의 아버지로 여겨지는 벤저민 그레이엄에 의해 대중화되었고, 워런 버핏, 세스 클라먼을 포함한 많은 유명한 투자자들에 의해 성공적으로 사용되었다.

가치투자의 주요 원칙은 다음과 같다.

- 재무 상태가 양호하고 실적이 확실한 기업에 초점을 맞춘다.
- 수익, 장부가액 또는 현금 흐름과 같은 요인에 따라 고유 가치를 할인하여 거래하는 주식을 찾는다.
- 투기주를 피하고 강력한 경쟁 우위나 해자접근불가, moat가 강한 기업에 투자하는 것이다.

가치투자 접근법을 사용한 성공적인 투자자로는 워런 버핏, 찰리 멍거, 조엘 그린블랫 등이 있다.

(2) 성장투자: 성장투자는 전체 시장보다 빠른 속도로 성장할 것으로 예상되는 기업의 주식에 투자하는 전략이다. 이 전략은 기술 주식 및 각 산업의 혁신가인 다른 회사와 연관된다.

성장투자의 주요 원칙은 다음과 같다.

- ◆ 강력한 성장 전망을 가지고 있고 장기적인 추세의 혜택을 받을 가능성이 있는 기업에 초점을 맞춘다.
- ◆ 수익성에 대한 수익 증가, 매출 증가 및 시장 점유율 증대를 강조한다.
- ◆ 강력한 경쟁 우위와 파괴적 혁신의 실적을 가진 기업에 투자한다.

성장투자 접근법을 사용한 성공적인 투자자로는 피터 린치Peter Lynch, 윌리엄 오닐William O'Neil 및 필립 피셔Philip Fisher가 있다.

가치투자와 성장투자는 주식 투자의 대표적인 두 가지 전략이다. 두 전략 모두 성공적일 수 있지만, 서로 다른 투자 원칙을 수반하고 서로 다른 유형의 투자자에게 어필한다. 가치투자는 저평가된 주식을 찾는 데 초점을 맞추고, 성장투자는 성장 전망이 강한 기업에 초점을 맞춘다.

● **주식 투자를 공부할 수 있는 대표적인 서적과 그 내용에 대해 살펴보자.**

주식 투자 전략에 관한 많은 좋은 책들 중 대표적인 것들은 다음과 같다.

◆ 『현명한 투자자』The Intelligent Investor, 벤저민 그레이엄: 이 책은 가치투자의 바이블로 여겨지며, 이 접근법의 아버지인 벤저민 그레이엄이 저자이다. 투자자들에게 저평가된 주식을 식별하고 재무제표를 분석하며 투자에서 흔히 볼 수 있는 실수를 피하는 방법을 알려 준다.

◆ 『보통주와 비범한 이익』Common Stocks and Uncommon Profits, 필립 피셔: 이 책은 성장투자에 초점을 맞추고 있으며 투자자들에게 강력한 성장 잠재력을 가진 기업을 식별하는 방법을 알려 준다. 철저한 조사와 분석을 수행하고, 투자하고 있는 기업의 장기적인 전망을 이해하는 것의 중요성을 강조한다.

◆ 『월가의 영웅』One Up On Wall Street, 피터 린치: 이 책은 피터 린치가 재임 기간 동안 뛰어난 수익을 거둔 피델리티 마젤란 펀드를 운용한 경험을 바탕으로 하고 있다. 연구를 수행하고, 투자하는 회사를 이해하고, 자신의 접근방식에 인내심과 절제를 갖는 것의 중요성을 강조한다. 그의 첫 책 『월가의 영웅』One up on Wallstreet이 펀드매니저로서의 자서전이라면 두 번째 저서인 『이기는 투자』Beating the Street는 첫 책에서 못다 한 개인투자자들을 위한 주식·펀드 투자 전략을 담았다. 마지막 저서 『피터 린치의 투자 이야기』Learn to Earn : A Beginner's Guide to the Basic of Investing and Business 등 총 3권의 저서를 남겼다.

◆ 『주식시장을 이기는 작은 책』The Little Book That Beats the Market, 조엘 그린블랫[143]: 이 책은 "매직 공식 투자"로 알려진 가치투자 전략에 초점을 맞추고 있다. 시장에서 저평가돼 있지만, 수익률과 투자자본이익률이 높은 종목을 매수하는 전략이다.

- 『워런 버핏 방법』The Warren Buffett Way, 로버트 해그스트롬[144]: 이 책은 워런 버핏의 투자 원리와 투자에 대한 접근법에 초점을 맞추고 있다. 이 책은 투자자들에게 회사를 분석하고, 연구를 수행하며, 경쟁 우위가 강한 저평가된 주식을 식별하는 방법을 가르쳐 준다.

이 서적들은 재무제표 분석, 저평가된 주식 식별, 리스크 관리에 대한 원칙과 전략을 포함하여, 주식 투자에 접근하는 방법에 대한 자세한 지침을 제공하고 있다. 각각의 책이 약간 다른 접근법이나 전략에 초점을 맞출 수도 있지만, 그들은 모두 철저한 연구를 수행하고, 접근법을 훈련하며, 장기적인 관점을 유지하는 것의 중요성을 강조하고 있다.

◆ 부동산 투자

부를 이루는 또 다른 방법인 부동산에 투자해서 부자가 되는 방법과 전략을 살펴보기로 한다. 부동산에 투자하는 것은 장기적으로 부를 쌓는 방법이 된다. 다음은 부동산 투자를 통해 부자가 되기 위한 몇 가지 전략들이다.

- 구매 및 보유: 이 전략은 장기적으로 보유할 목적으로 부동산을 구입하고 소득을 창출하기 위해 임대하는 것을 포함한다. 시간이 지남에 따라 부동산의 가치가 상승하고 담보 대출을 지불해 감에 따라 투자자는 자본을 구축하고 수동적인 소득을 창출할 수 있다. 우리나라에 부동산 불패라는 용어가 왜 있겠는가?
- 튀기기Flipping: 튀기기는 부동산을 수리하여, 이익을 위해 빨리 팔려고

하는 의도로 부동산을 사는 것을 포함한다. 이 전략은 저평가된 부동산을 파악하고, 보수 비용을 정확하게 추산할 수 있어야 한다. 신속하고 수익성 있게 부동산을 판매하기 위해서는 많은 지식과 기술이 필요하다.

- 리츠REITs, Real Estate Investment: 부동산투자신탁REITs은 소득을 창출하는 부동산을 소유하고 운영하는 회사이다. 투자자들은 리츠의 주식을 사고 부동산에서 발생한 소득에 따라 정기적으로 배당금을 받을 수 있다. 이것은 부동산 투자의 더 수동적인 형태이고 더 적은 직접적인 관리를 요구한다.

- 부동산 크라우드펀딩Real estate crowdfunding: 부동산 크라우드펀딩 플랫폼은 투자자들이 부동산 프로젝트에 투자하기 위해 돈을 모을 수 있도록 한다. 이는 부동산을 직접 구매하는 데 필요한 것보다 적은 돈으로 부동산에 투자하는 방법이 될 수 있으며, 여러 부동산에 걸친 다양화를 제공할 수 있다.

● **성공적인 부동산 투자를 위한 몇 가지 주요 전략은 다음과 같다.**
- 부동산 및 시장에 대한 철저한 조사 및 실사 실시
- 접근방식에 있어 인내심과 절제와 원칙을 갖고 성급하게 투자하지 않는 것
- 다양한 부동산 및 시장에 걸쳐 다각화하여 위험을 관리
- 부동산 중개인, 부동산 관리자, 회계사와 같은 전문가 팀을 구성하여 투자 관리를 지원하도록 한다.
- 부동산 투자의 세금 영향을 이해하고 감가상각 및 비용 공제와 같은 세금 혜택을 활용한다.

요약하자면, 부동산 투자를 통해 부자가 되는 것은 지식, 기술, 그리고 훈련을 필요로 한다. 전략에는 부동산 매입 및 보유, 부동산 튀기기, 리츠 또는 크라우드펀딩 플랫폼에 대한 투자가 포함될 수 있다. 성공적인 부동산 투자자들은 철저한 조사와 실사를 수행하고, 투자를 다각화하여 위험을 관리하며, 전문가 팀을 구성하여 투자 관리를 돕게 한다.

● **성공적인 부동산 투자를 위한 투자 원칙**

성공적인 부동산 투자를 위한 부동산 투자 원칙은 어떠한지 살펴본다. 부동산 투자에 유용한 몇 가지 일반적인 원칙은 다음과 같다.

- ◆ 첫째는 위치가 중요하다: 부동산에 투자할 때 고려해야 할 가장 중요한 요소 중 하나는 부동산의 위치이다. 바람직한 위치에 있는 부동산은 가치가 더 빨리 상승하고 임대 수익이 더 높아지는 경향이 있다.
- ◆ 둘째는 현금 흐름이다: 긍정적인 현금 흐름을 창출하는 부동산에 투자하는 것이 중요하다. 이는 해당 부동산이 창출하는 임대소득이 해당 부동산의 소유 및 관리와 관련된 비용보다 커야 한다는 것을 의미한다.
- ◆ 셋째는 다양화이다: 부동산에 투자하는 것은 다양한 부동산과 시장에 걸쳐 다각화를 포함해야 한다. 이를 통해 리스크를 분산하고 한 부동산 또는 시장의 실적이 저조할 경우 발생하는 영향을 최소화할 수 있게 된다.
- ◆ 넷째는 예상치 못한 비용에 대비하라: 부동산 투자는 수리, 유지보수, 공실 등 예상치 못한 비용이 수반될 수 있다. 이러한 비용을 충당하고 재정적인 스트레스를 관리하기 위해 현금을 준비하는 것이 중요하다.
- ◆ 다섯째는 출구 전략에 대한 숙지이다: 투자를 종료하고 수익을 실현하

는 방법에 대한 명확한 계획을 세우는 것이 중요하다. 이것은 부동산을 팔거나, 담보 대출을 재융자하거나, 상속인에게 부동산을 물려주는 것을 포함할 수 있다.

이러한 원칙은 부동산 투자 결정을 안내하고, 성공 가능성을 높이는 데 도움이 될 수 있다. 하지만 투자 결정을 내리기 전에 개별 부동산과 시장에 대한 철저한 조사와 실사를 실시하는 것이 필요하다. 부동산 중개업자, 재무 고문 등 전문가의 조언을 구하는 것도 중요하다.

● **대표적인 부동산 투자자들**

누가 어떻게 부동산 투자에 성공했는지 살펴보자. 투자를 통해 부와 재정적인 성공을 거둔 성공적인 부동산 투자자들이 많다. 이들의 사례는 부동산 투자에 대한 다양한 안목과 함의implication를 제공한다. 다음은 몇 가지 사례들이다.

◆ 도널드 트럼프Donald Trump: 1970년대부터 부동산 사업으로 부를 쌓았으며, 2016년 제45대 미국 대통령 선거에 공화당 후보로 출마하여 당선되었다. 그는 부동산 개발, 경영, 소유권의 결합을 통해 재산을 축적한 유명한 부동산 투자자이자 개발자이다. 트럼프의 부동산 투자에는 호텔, 리조트, 사무실 건물 및 주거용 부동산이 포함되었다. 2024년 미 대선에 다시 도전하여 성공하고, 2025년 1월 제47대 대통령에 취임하였다.

◆ 샘 젤Sam Zell: 그는 아파트, 사무실 건물, 산업용 부동산 등 다양한 분야에서 성공을 거둔 부동산 투자자이다. 젤은 다른 사람들이 간과했을

수도 있는 저평가된 부동산과 시장을 찾는 투자에 대한 그의 상반된 접근법으로 유명하다.

- ◆ 바바라 코코란 Barbara Corcoran: 그는 부동산 중개업과 임대 부동산 투자를 통해 부를 축적한 부동산 투자자이자 기업가이다. 그는 부동산 시장에서 떠오르는 트렌드를 파악하고 이를 활용하는 능력으로 유명하다.
- ◆ 로버트 기요사키 Robert Kiyosaki: 그는 『부자 아빠 가난한 아빠』Rich Dad Poor Dad를 포함하여 개인 금융 및 투자에 관한 책을 여러 권 쓴 작가이자 부동산 투자자이다. 그는 긍정적인 현금 흐름과 수동적인 소득을 창출하는 부동산에 초점을 맞춘 부동산 투자에 대한 현금 흐름 기반 접근법을 옹호한다.
- ◆ 그랜트 카돈 Grant Cardone: 그는 아파트 건물과 상업용 부동산에 대한 투자를 통해 부를 축적한 부동산 투자자이자 작가이다. 그는 현금 흐름의 중요성을 강조하고 저평가된 부동산을 찾고 이를 인수하기 위해 공격적으로 협상하는 투자 방식으로 유명하다.

이러한 투자자들은 부동산 개발, 임대 부동산, 상업 부동산 등 부동산 투자에 대한 다양한 접근방식을 통해 성공을 거두었다. 성공적인 부동산 투자자들 사이에서 공통적인 주제는 현금 흐름에 초점을 맞추고, 계산된 위험을 감수하려는 의지와 투자 기회를 평가할 때 연구와 실사에 대한 원칙과 절제 있는 접근방식을 포함한다.

● **부동산 투자 전략과 관련된 참고 서적은 어떤 것이 있나?**

부동산 투자 전략에 대해 매우 강력하게 추천되는 책은 게리 켈러 Gary Keller, 데이브 젱크스 Dave Jenks, 제이 파파산 Jay Papasan의 『백만장자 부동산 투자자』The Millionaire Real Estate Investor이다.¹⁴⁵ 이 책은 성공적인 부동산 포트폴리오를 구축하기 위한 실질적인 조언 및 전략과 함께 부동산 투자에 대한 포괄적인 가이드를 제공한다.

이 책은 투자 기회 찾기, 거래 분석, 자금 조달, 부동산 관리, 부동산을 통한 부의 창출 등 다양한 주제를 다루고 있다. 여기에는 성공적인 부동산 투자자와 그들의 전략에 대한 사례 연구뿐만 아니라 독자들이 책에 요약된 전략을 실행할 수 있도록 돕는 워크시트와 체크리스트도 포함되어 있다.

『백만장자 부동산 투자자』는 부동산 투자에 대한 장기적이고 규율 있는 접근방식의 중요성을 강조한다. 초보 투자자와 경험이 풍부한 투자자 모두에게 실행 가능한 조언을 제공한다. 부동산 투자를 막 시작하든, 포트폴리오를 다음 단계로 끌어올리려는 사람이든, 이 책은 부동산을 통해 재정적인 성공을 거두려는 사람들에게 귀중한 자료이다.

다음으로 로버트 기요사키의 『부자 아빠 가난한 아빠』에 대해 알아보자. 2000년대 초반 우리나라에 소개되어 큰 호응을 얻은 스토리이다. 『부자 아빠 가난한 아빠』는 로버트 기요사키가 쓴 책으로 개인 금융 및 투자 문학의 고전이 되었다.¹⁴⁶ 이 책은 기요사키의 진짜 아버지(고위 공무원인 "가난한 아버지"라고 부르는)와 그의 가장 친한 친구의 아버지(그가 "부자 아빠"라고 부르는)를 대조하고, 돈과 투자에 대한 그들의 다른 접근법을 사용하여 독자들에게 금융 교육의 중요성과 자산을 통해 부를 쌓는 것에 대해 가르친다.

이 책은 현금 흐름과 수동적인 수입의 중요성을 강조하고, 독자들이 기업체나 조직체의 직원보다는 투자자처럼 생각하도록 장려한다. 기요사키는 또한 자산과 부채와 같은 주요 개념을 소개하고 부동산, 주식, 기업과 같은 소득 창출 자산 포트폴리오를 구축하기 위한 실용적인 조언을 제공한다.

그는 수년간 다양한 자산과 사업에 투자를 계속해 왔다. 기요사키는 현금 흐름에 초점을 맞추고, 임대 부동산과 사업과 같은 소득 창출 자산을 선호하는 것으로 유명하다. 그는 또한 인플레이션에 대비하고, 부를 보전하는 방법으로 금은과 같은 귀금속에 투자하는 것을 옹호해 왔다.

기요사키의 투자 전략이 모든 사람에게 적합하지는 않을 수 있지만, 금융 교육과 자산 구축에 대한 그의 접근방식은 전 세계 수백만 명의 독자들에게 반향을 일으켰고, 그의 책은 재정적인 성공을 달성하고자 하는 많은 사람들에게 인기 있는 자료가 되고 있다.

■ 부를 이룬 사람들의 공통점

● **부를 이룬 사람들의 공통적인 특징은 무엇인가?**
부를 성취하기 위한 만능의 공식은 없지만, 많은 부유한 사람들이 공유하는 특정한 공통적인 특징과 특질들이 있다. 그중 몇 가지는 다음과 같다.

- 수련Discipline: 부유한 사람들은 그들의 습관과 행동에서 훈련을 받는다. 그들은 목표를 설정하고 그것을 이루기 위해 열심히 노력한다. 그것이 희생과 자기 훈련을 요구할 때조차도 그렇게 한다.
- 인내: 부유한 사람들은 도전과 좌절 앞에서도 끈기 있고 회복력이 있다. 그들은 쉽게 포기하지 않고, 대신 자신의 실수로부터 배우고 계속해서 앞으로 나아간다.
- 초점: 부유한 사람들은 그들의 목표와 우선순위에 매우 집중하는 경향이 있다. 그들은 빛나는 실물이나 최신 유행에 정신을 빼앗기지 않고, 대신 장기적인 비전에 전념한다.
- 창의력: 부유한 사람들은 종종 창의적으로 생각하고 틀 밖에서 문제에 관한 새롭고 혁신적인 해결책을 찾는다. 그들은 계산된 위험을 감수하고 새로운 것을 시도하는 것을 두려워하지 않는다.
- 지속적인 학습: 부유한 사람들은 그들의 지식과 기술을 향상시키기 위해 항상 노력하는 평생 학습자들이다. 그들은 책을 읽고, 세미나에 참석하고, 그들이 성장하고 성공하도록 도울 수 있는 멘토와 조언자를 찾는다.
- 강한 직업윤리: 부유한 사람들은 보통 열심히 일하고 그들의 직업이나 사업에 헌신한다. 그들은 성공을 위해 필요한 시간과 노력을 기꺼이 투자한다.
- 재정적 문해력Financial literacy: 부유한 사람들은 일반적으로 재정 개념과 돈을 효과적으로 관리하는 방법에 대한 강한 이해를 가지고 있다. 그들은 자신의 투자로 계산된 위험을 감수하는 것을 두려워하지 않고

다양화와 자산 할당의 중요성을 이해하고 있다.
- ◆ 관대함: 마지막으로, 많은 부유한 사람들은 그들의 시간과 자원에 관대하며, 그들의 공동체에 돌려주고 그들이 믿는 대의를 지지한다. 그들은 세상에 긍정적인 영향을 주기 위해 그들의 부를 사용하는 것의 중요성을 이해하고 있다.

■ 신흥 IT 기업 창업자의 성공과 직장인, 전문가의 성공 패턴

● 창업

신생 IT 기업가의 성공 사례 및 패턴에 관한 이야기이다.

현대 디지털 문화 시대의 리더인 스티브 잡스는 애플을 창업하였고(1976년), 빌 게이츠는 PC 운영체계인 윈도우즈로 대변되는 마이크로소프트를 창업하였다(1975년). 음반과 DVD 유통으로 시작한 아마존이 제프 베이조스에 의해 창업되었고(1994년), 인터넷 검색서비스의 대명사 구글(알파벳)이 래리 페이지와 세르게이 브린에 의해 창업되었다(1998년). 하버드대학에서 소셜네트워크 필요성으로 시작된 페이스북은 마크 저커버그에 의해 2004년에 시작되었고, 페이스북은 2019년 현재 전 세계 가입자 수 23억 명에 이르게 되었다.

미국이 낳은 창조적 인물들과 그 스토리는 인간의 창의적 사고의 무한한 가능성을 보여 주는 좋은 사례들이다.

IT 활용 창의적 혁신 기업 매출 현황

기업명	총매출 $ (2018년)	순수익 $ (2018년)	시가총액 (2020년 말 기준)	
			달러 $	원화 ₩
애플	2,656억	595억	2조 784억	2,252조
아마존	2,329억	101억	1조 5,868억	1,719조
알파벳(구글)	1,368억	307억	1조 2,352억	1,338조
마이크로소프트	1,104억	166억	1조 6,206억	1,756조
페이스북	558억	221억	7,966억	863조

(자료: 블룸버그, inveting.com)

신생 IT 기업가들은 최근 몇 년간 전통 산업을 교란하고 혁신적인 제품과 서비스로 새로운 시장을 창출하는 놀라운 성공을 거두었다. 이러한 기업가들의 주요 성공 사례와 패턴은 다음과 같다.

- ◆ 시장 격차 파악: 성공적인 IT 기업가들은 기존 제품이나 서비스가 소비자나 기업의 요구를 충족시키지 못하는 시장의 격차를 파악한다. 그런 다음 이러한 격차를 해결하는 솔루션을 만들어 고유한 가치 제안을 제공하고 경쟁 우위를 확보한다.
- ◆ 사용자 경험을 중심으로: IT 기업가들은 사용자 경험과 디자인의 중요성을 이해하고 직관적이고 사용자 친화적이며 시각적으로 매력적인 제품과 서비스를 만든다. 이들은 사용자의 애로사항을 해결하고 사용이 즐거운 제품을 만드는 데 주력하여 고객 충성도를 높이고 긍정적인 입소문을 내게 된다.
- ◆ 기술 동향 활용: 성공적인 IT 기업가들은 인공지능, 기계 학습 및 블록체인을 포함한 최신 기술 동향을 최신 상태로 유지한다. 이들은 이러한 추세를 활용하여 기존 솔루션보다 더 빠르고 효율적이며 안전한 새

로운 제품 및 서비스를 만든다.
- ◆ 강력한 브랜드 만들기: IT 기업가들은 브랜딩과 마케팅의 중요성을 이해하고, 강력한 브랜드 아이덴티티와 메시지를 만들어 목표 고객들에게 반향을 불러일으킨다. 이들은 모든 접점에서 일관된 브랜드 경험을 구축함으로써 충성 고객 기반을 구축한다.
- ◆ 적응력과 민첩성: 성공적인 IT 기업가는 적응력과 민첩성이 뛰어나고 변화하는 시장 상황이나 사용자 피드백에 신속하게 대응할 수 있다. 그들은 '실패'를 배우고 개선할 기회로 받아들이고, 목표를 달성하기 위해 기꺼이 위험을 감수한다.

성공적인 IT 기업가의 주목할 만한 예로는 페이스북의 공동 설립자인 마크 저커버그, 테슬라와 스페이스X의 CEO인 일론 머스크, 아마존의 설립자인 제프 베이조스 등이 있다. 이러한 기업가들은 시장 격차를 파악하고 혁신적인 솔루션을 개발하며 전체 산업을 혁신한 성공적인 기업을 구축할 수 있는 능력을 보여 주었다.

● **직장인·전문가**

회사원과 전문가로서 부자가 되기 위한 전략은 무엇일까? 회사원이나 전문가로서 부자가 되는 것은 사업을 시작하거나 부동산에 투자하는 것과는 다른 접근방식을 필요로 할 수 있지만, 다음과 같은 도움이 될 수 있는 몇 가지 전략이 있다.

- ◆ 소득 증대에 중점을 둔다: 직장인이나 전문가로서 부자가 되는 한 가지 방법은 수입을 늘리는 데 집중하는 것이다. 이것은 자신의 기술과

지식을 향상시키기 위해 승진을 추구하거나, 더 높은 연봉을 협상하거나, 추가적인 교육이나 자격증을 추구함으로써 이루어질 수 있다.
- ◆ 현명하게 저축하고 투자하기: 또 다른 전략은 저축과 투자를 현명하게 하는 것이다. 이것은 분수에 맞는 생활을 하고 예산을 만들고, 장기적인 성장 잠재력을 제공하는 주식, 채권 또는 다른 투자 수단에 여분의 돈을 투자하는 것을 의미한다.
- ◆ 부캐·부업 side hustle 만들기: 자신의 본업 외에도, 부가적인 수입을 창출하는 부업이나 프리랜서 사업을 구축하는 것을 고려하자. 이것은 창의적인 추구, 컨설팅 또는 자신의 기술과 관심사를 활용하는 다른 활동일 수 있다.
- ◆ 네트워크 전략: 네트워킹은 자신의 목표를 달성하는 데 도움이 될 새로운 기회와 연결로 이어질 수 있기 때문에 모든 전문가의 경력에서 중요한 부분이다. 업계 또는 분야의 사람들과 관계를 구축하는 데 집중하고 네트워킹 이벤트 또는 컨퍼런스에 참석하여 범위를 확장한다.
- ◆ 분수에 맞지 않는 절제적 생활을 하라: 돈을 절약하고 부를 쌓기 위해서는 분수에 못 미치는 생활을 하는 것이 중요하다. 외식을 자주 하거나 비싼 옷을 사는 등 불필요한 비용을 피하고 대신 미래를 위한 탄탄한 재정 기반을 구축하는 데 주력한다는 의미이다.

- ● **디지털과 지식 정보 시대인 현대사회에서 부자가 되기 위한 전략이나 방법은 무엇인가?**

  디지털과 지식 정보 시대에는 부자가 되기 위한 다양한 전략과 방법이 있다. 다음은 몇 가지 사례이다.

  - ◆ 디지털 플랫폼 활용: 디지털 시대에 부자가 되는 가장 확실한 방법 중

하나는 소셜미디어, 온라인 마켓플레이스 및 전자상거래 웹사이트와 같은 디지털 플랫폼을 활용하는 것이다. 강력한 온라인 입지를 구축하고 광범위한 고객에게 어필할 수 있는 제품 또는 서비스를 제공함으로써 잠재적으로 수백만 명의 고객에게 도달하고 상당한 수익을 창출할 수 있다.

- 디지털 기술 개발: 또 다른 전략은 코딩, 웹 디자인 또는 데이터 분석과 같이 수요가 많은 디지털 기술을 개발하는 것이다. 이러한 분야의 전문가가 됨으로써, 당신은 이러한 서비스를 제공하는 더 높은 급여를 받거나 자신의 사업을 시작할 수 있다. 그런데 2022년 말 등장한 OpenAI의 ChatGPT로부터 촉발된 인공지능AI 기술과 다양한 플랫폼 및 어플리케이션 결합과 융합으로 인한 환경 변화를 주시해야 한다. 이를 잘 활용하여 노력과 시간을 줄이는 것도 현명한 방법이 된다.

- 디지털 제품 만들기 및 판매: 전자책, 온라인 강좌, 디지털 다운로드의 증가와 함께 온라인에서 판매할 수 있는 디지털 제품에 대한 수요가 증가하고 있다. 특정 분야에 대한 전문 지식이 있다면 전자책이나 온라인 강좌 같은 디지털 제품을 만들어 Udemy, Teachable 또는 Amazon과 같은 플랫폼에서 판매하는 것을 고려해 보자.

- 암호화폐에 투자하기: 암호화폐가 디지털 시대의 새로운 투자 기회로 등장했다. 위험할 수 있지만, 비트코인이나 이더리움과 같은 암호화폐에 투자하는 연구를 하고 현명한 투자 결정을 내린다면 잠재적으로 상당한 수익을 창출할 수 있다.

- 지식 기반 산업에 초점을 맞춘다: 지식 정보 시대에는 의료, 금융, 기술 등 다양한 산업 분야의 전문 지식과 지식에 대한 수요가 증가하고 있다. 이러한 분야에서 경력을 쌓고 전문가가 됨으로써, 우리는 잠재적으로 높은 수입을 얻고 시간이 지남에 따라 상당한 부를 쌓을 수 있다.

■ 부를 이루는 길에 관한 참고서와 조언

부를 이루는 데 도움이 되는 책에는 어떤 것들이 있나? 부를 성취하는 데 도움이 될 수 있는 많은 책들이 있다. 다음은 가장 인기 있고 영향력 있는 것들 중 몇 가지다.

- 『바빌론 최고의 부자』, 조지 S. 클레이슨[147]: 이 고전적인 책은 고대 바빌론을 배경으로 한 비유를 사용하여 개인의 재정과 부를 쌓는 것에 대한 시대를 초월한 교훈을 제공한다. 역사상 가장 풍요로웠고 찬란했던 바빌론은 사라졌지만, 바빌론 사람들이 남긴 지혜는 지금까지 이어지고 있다. 바빌론 사람들은 어떻게 돈을 모으고 불렸을까? 바빌론 최고의 부자 '아카드'의 이야기이다.

- 『생각하고 부자가 되어라』, 나폴레온 힐: 이 자기 계발서는 독자들에게 긍정적인 정신 태도를 개발하고 목표를 설정하며 성공과 부를 이루기 위한 행동을 취하는 방법을 가르친다.[148]

- 『이웃집 백만장자』, 토마스 J. 스탠리와 윌리엄 D. 단코: 이 책은 부유한 사람들이 화려한 소비자라는 일반적인 인식에 도전하고 대신 많은 백만장자들이 현명한 금융 습관을 통해 겸손한 생활을 하고 부를 축적한다는 것을 보여 준다.[149]

- 『부자 아빠 가난한 아빠』, 로버트 기요사키: 이 책은 저자가 자신의 '부자 아빠'(돈에 대해 가르쳐 준 멘토)와 '가난한 아빠'(경제적으로 어려움을 겪은 친아버지)와의 경험을 바탕으로 돈과 부를 바라보는 색다른 시각을 제시한다.

- 『현명한 투자자』, 벤저민 그레이엄: 이 고전적인 책은 독자들에게 장기적인 성장을 위해 주식을 분석하고 저평가된 기업에 투자하는 방법을

가르쳐 주는 가치투자의 바이블로 여겨진다.
- ◆ 『나는 4시간만 일한다』, 티모시 페리스: 이 책은 일과 생산성에 대한 전통적인 개념에 도전하여 독자들에게 더 열심히 일하지 않고 더 많은 자유와 유연성을 허용하는 삶을 만드는 방법을 가르친다.[150]
- ◆ 『자동 부자 습관』, 데이비드 바흐: 이 책은 독자들에게 저축과 투자와 같은 일관되고 작은 행동을 통해 시간이 지남에 따라 재정을 자동화하고 부를 축적하는 방법을 가르친다.[151]

* 카페라테 효과: 하루에 카페라테 한 잔의 돈을 절약하여 꾸준히 저축하면 목돈을 만들 수 있다는 의미를 담고 있는 용어다. 적은 돈을 장기간 저축하는 습관의 중요성을 강조하는 의미이다. 1998년부터 다양한 재테크 서적 집필로 7백만 부 이상을 판매한 미국의 재테크 전문가 데이비드 바흐David Bach의 『자동 부자 습관』The Automatic Millionaire(2004)라는 책에서 처음 소개된 개념이다. 그에 따르면 커피 한 잔의 가격을 약 4달러(약 4,200원)로 가정하고, 이를 30년 이상 저축하면 약 18만 달러(약 2억 원) 이상의 목돈을 마련할 수 있다.

(출처: [네이버 지식백과] 카페라테 효과Caffe Latte Effect)

이 책들은 부의 성취를 위한 다양한 관점과 전략을 제공하며, 재정적 소양을 향상시키고 장기적인 부의 형성을 위한 강력한 기반을 구축하고자 하는 독자들에게 도움이 될 수 있다.

- ● 월리스 워틀스의 『부자가 되는 과학적 방법』의 내용은 무엇인가? 그것이 현대에도 적용 가능한가?

월리스 D. 워틀스가 쓴 『부자가 되는 과학적 방법』이라는 책은 1910년에 출판되었고 자조 장르의 고전으로 여겨진다. 이 책의 주요 전제는

누구나 특정한 원칙과 신념을 따름으로써 부와 성공을 이룰 수 있다는 것이다.[152]

이 책은 행동을 취하고, 긍정적으로 생각하고, 목표에 집중하는 것의 중요성을 강조한다. 워틀스는 또한 창의적인 사고와 부를 시각화하고 끌어들이기 위한 상상력의 중요성을 강조한다. 이 책은 한 세기 이상 전에 쓰였고 언어와 사용된 예들 중 일부가 날짜가 정해졌을 수 있지만, 이 책이 가르치는 원칙은 현대에도 여전히 적용 가능하다. 이 책의 많은 아이디어들은 '끌어당김의 법칙'의 개념과 긍정적인 사고의 힘을 포함하여, 개인적인 발전과 부를 쌓는 공동체에서 여전히 널리 받아들여지고 있다.

그러나 이 책이 부와 성공을 달성하기 위한 단계별 지침서는 아니며, 독자들은 제시된 조언과 아이디어를 평가하기 위해 자신만의 판단력과 비판적 사고력을 사용해야 한다는 점에 유의해야 한다. 또한 독자들은 오늘날의 세계에서 부를 쌓기 위한 그들의 지식과 전략을 보완하기 위해 더 많은 현대적인 자원과 정보를 찾아야 한다.

● **흙수저로서 자수성가해 부자가 된 이유는 무엇일까?**

재산을 상속받지 못한 자수성가한 부자들은 대개 '근면, 결단력, 현명한 의사결정'의 조합을 통해 재정적 성공을 달성한다. 그들의 시작과 출발 기반이 미약함에도 불구하고 성공에 도달하게 한 몇 가지 일반적인 요인은 다음과 같다.

- 기업가정신: 자수성가한 많은 백만장자들이 기업가가 되는 데 따르는 위험과 도전을 감수하며 자신의 사업을 시작했다. 시장의 흐름 속에서 니즈needs를 파악하고 그 니즈를 충족시키기 위해 끊임없이 노력함으로써, 성공적인 회사를 세우고 스스로 부를 창출할 수 있었다.
- 교육 및 훈련: 교육과 훈련은 종종 재정적인 성공을 달성하는 데 중요한 요소이다. 자수성가한 많은 백만장자들은 그들의 교육에 투자하고 그들이 선택한 분야에서 성공하는 데 필요한 기술과 지식을 개발하는 데 도움이 되는 훈련과 멘토링 기회를 찾는다.
- 현명한 재무 관리: 자수성가한 백만장자들은 종종 그들의 재정을 관리하고 현명한 투자 결정을 내리는 데 능숙하다. 그들은 분수에 못 미치는 생활을 할 수 있고, 저축과 투자를 현명하게 할 수 있으며, 시간이 지남에 따라 부를 성장시킬 수 있는 계산된 위험을 감수할 수 있다.
- 끈기와 회복력: 부를 쌓는 것은 종종 장애와 좌절에 직면했을 때 엄청난 끈기와 회복력을 필요로 한다. 자수성가한 백만장자들은 역경에도 불구하고 목표에 집중하고 긍정적인 태도를 유지할 수 있다.

전반적으로 자수성가한 백만장자들은 중대한 도전과 장애에 직면하여 좌절하지 않고 '근면, 결단력, 현명한 의사결정'의 조합을 통해 부를 달성한 것으로 분석되고 있다.

지금까지 부를 이루는 다양한 수단과 전략에 대해 폭넓게 살펴보았다. 어떤 방법이 본인에게 적절한가? 목표를 세우고 이를 달성하기 위해 어떤 전략을 채택할 것인가 하는 문제는 본인의 선호와 상황, 역량과 환경 등을 종합적으로 고려할 필요가 있다. 각자의 영역에서 다양한 선택이 가능하다. 이는 매우 어려운 문제도 아니고, 특정한 시기가 있는 것도 아니며, 누구에게나 기회는 열려 있다.

제13장
지위, 명성, 관계

명성보다는 자신의 인격에 관심을 둬라. 왜냐하면 인격은 진정으로 내가 누구인지 말해 주기 때문이다. 그러나 명성은 나에 대한 다른 사람들의 생각일 뿐이다.

- 존 우든 John Wooden

선명히 빛나는 밤하늘의 별처럼 사람들의 존경과 인정을 받으려면 좋은 사람이 아닌 필요한 사람이 되어야 한다.

- 발타자르 그라시안 Baltasar Gracián

한 사람의 명성은 그들의 사회적 지위와 그들이 다른 사람들에게 어떻게 인식되는지이다. 다른 사람들이 그들과 어떻게 상호작용하고 그들이 사회에서 어떻게 보이는지에 영향을 미칠 수 있기 때문에 자신의 명성을 중요하게 생각하는 것이 중요하다.

- 다산 정약용

성공의 유일한 비결은 다른 사람의 생각을 이해하고, 당신의 입장과 아울러 상대방의 입장에서 사물을 바라볼 줄 아는 능력이다.

- 헨리 포드 Henry Ford

인생에서 추구하는 목표 중에 중요한 것은 대체로 '부, 권세, 명예, 건강, 행복' 등을 꼽는다. '권세'는 '지위나 명성'과 연결되어 발생한다. 하버드대학의 조지 베일런트 George E. Vaillant 교수의 '하버드대학교 성인 발달연구'는 72년간에 걸친 하버드대 출신 학생들의 종단 연구 결과로 『행복의 조건』(2010)으로 소개되어 있다.¹⁵³ 여기에서 베일런트 교수는 "인생에서 가장 중요한 것은 바로 다른 사람들과의 관계라는 사실이다"라고 보고하고 있다. 그에 의하면 "행복하고 건강하게 나이 들어 갈지를 결정짓는 것은 지적인 뛰어남이나 계급이 아니라 사회적 인간관계다"라고 하며 '인간관계의 힘'의 중요성을 강조하고 있다.

17세기 스페인을 대표하는 대철학자로 작가이자 신부인 발타자르 그라시안 Baltasar Gracián 의 『발타자르 그라시안의 인생 수업』은 쇼펜하우어와 니체가 극찬한 최고의 인생 지침서이다.¹⁵⁴ 그라시안은 인격과 지위에 대해 다음과 같이 언급하고 있다.

"한 사람의 인격은 그가 가진 지위보다 더 나아야 하는데, 그 반대여서는 안 된다. 지위가 아무리 높더라도 인격은 항상 그보다 더 훌륭해야 한다. 포용력 있는 정신은 스스로를 항상 더 넓혀 나가며, 그럴수록 그의 지위도 더 두드러져 보인다. 반대로 편협한 사람은 이내 자신의 허점을 드러내고, 결국에는 명망을 잃고 따르는 자들도 잃는다"라고 경계하고 있다.

『발타자르 그라시안의 인생 수업』은 인생에 대한 뛰어난 통찰력과 인간관계의 본질에 대한 직설적인 조언을 담은 인생지침서로 높이 평가되고 있다.

■ 인생의 성공에서 '지위'는 무엇을 의미하는가?

인생의 성공에서 "지위"의 개념은 일반적으로 사회에서 그 사람의 직위나 계급을 의미한다. 그것은 부, 교육, 경력 성공, 사회적 연결 그리고 평판과 같은 다양한 요소들에 기초할 수 있다.

하지만 그 사람이 높은 지위라고 생각하는 것이 다른 사람에게 동일하지 않을 수 있기 때문에, 지위는 성공의 주관적이고 상대적인 척도라는 것을 인식하는 것이 중요하다. 또한 그러한 상태는 일시적일 수 있으며 시간이 지남에 따라 변동할 수 있다.

궁극적으로, 성공의 척도를 스스로 정의하고 삶의 어떤 측면이 자신에게 가장 의미가 있는지 결정하는 것은 각 개인에게 달려 있다. 성공은 개인적인 성취, 행복 그리고 다른 사람들에게 긍정적인 영향과 같은 사회적인 지위를 넘어 많은 형태를 취할 수 있다.

■ 인생의 성공에서 '명성'은 무엇을 의미하는가?

명성은 통상적으로 성공과 관련된 인정 또는 대중 관심의 한 형태이다. 사회적 맥락에서 명성은 일반적으로 개인이 자신의 일이나 공적인 인격을 통해 달성한 대중적인 인정이나 악명의 수준을 의미한다.

명성이 오락, 스포츠 또는 정치와 같은 다양한 분야에서 성공의 부산물이 될 수 있지만, 그것이 반드시 진정한 성공이나 행복의 척도는 아니라는 것을 인식하는 것이 중요하다. 많은 유명한 사람들은 사생활의 상실, 집중적인 조사 그리고 정신 건강 문제와 같은 명성의 부정적인 결과를 경험했다.

그러므로 성공의 척도로서 명성을 얻는 것에만 초점을 맞추지 말고, 인생에서 어떤 성공과 성취감을 추구하고 있는지를 고려하는 것이 중요하다. 성공은 개인적인 성장, 의미 있는 관계, 긍정적인 방식으로 사회에 기여하는 것과 같은 대중의 인식을 넘어서는 많은 형태를 취할 수 있다.

■ '지위나 명성'은 삶에서 추구할 만한 가치가 있는가?

지위나 명성을 추구하는 것이 가치 있는 것인지 아닌지는 자신의 개인적인 목표, 가치 그리고 성공의 정의에 달려 있다. 지위와 명성은 인지도, 기회, 영향력의 증가와 같은 특정한 이익을 가져올 수 있지만, 그것은 또한 사생활의 상실, 집중적인 검증 그리고 특정한 이미지를 유지해야 하는 압박과 같은 잠재적인 단점을 가지고 있다.

게다가 지위와 명성은 주관적이고 일시적일 수 있다. 한 사회나 시대에서 높은 지위나 유명하다고 여겨지는 것은 다른 사회나 시대에서 같지 않을 수도 있다. 그러므로 성공의 척도로서 지위나 명성을 얻는 것에만 초점을 맞추지 말고, 인생에서 어떤 유형의 성공과 성취를 추구하는지를 고려하는 것이 중요하다.

궁극적으로, 성공에 대한 자신의 정의를 결정하고 그들의 가치와 일치하고 그들에게 개인적인 성취감과 행복을 가져다주는 방식으로 그것을 추구하는 것은 각 개인에게 달려 있다.

■ 철학자나 사회과학자들은 '지위나 명성'을 어떻게 생각하는가?

철학자나 사회과학자들은 인간 사회에서 지위와 명성의 가치와 중요성에 대해 서로 다른 견해를 가지고 있다. 일부 철학자들과 사회과학자들은 지위와 명성이 인간 사회 행동의 고유한 측면이며, 그것들이 사회 계층을 확립하고 사회적 상호작용을 조직하는 수단의 역할을 한다고 주장한다. 이러한 관점에서, 지위와 명성은 인간 사회의 자연적이고 심지어 필요한 부분으로 볼 수 있다.

그러나 다른 사람들은 지위와 명성을 추구하는 것이 개인과 사회에 부정적인 결과를 가져올 수 있다고 주장한다. 어떤 철학자들과 사회과학자들은 지위와 명성에 대한 집착을 개인적인 성장과 웰빙보다는 물질적인 성공과 외부적인 검증에 너무 초점을 맞춘 사회의 증상으로 본다.

전반적으로 철학자와 사회과학자들이 인간의 본성과 사회에 대한 개인적인 신념과 이론에 따라 그들의 관점이 크게 달라질 수 있기 때문에, 그들이 지위와 명성을 어떻게 보는지에 대한 일률적인 대답은 없다. 하지만 많은 사람들은 지위와 명성이 약간의 이점을 가질 수 있지만, 그것들이 성취감 있고 의미 있는 삶의 유일한 초점이 되어서는 안 된다는 것에 동의한다.

- **지위와 명성의 가치와 중요성에 대한 생각은 역사를 통해 철학자들과 사회과학자들에 의해 논의되어 왔다.**

이 담론에 기여한 주목할 만한 인물들은 다음과 같다.

- ◆ 아리스토텔레스: 고대 그리스 철학자 아리스토텔레스는 명예의 개념과 그것이 사회적 지위와 명성과 어떻게 관련이 있는지에 대해 논의했다.
- ◆ 막스 웨버: 독일의 사회학자 막스 베버는 사회적 지위와 계급이 개인의 삶의 기회에 영향을 미치는 방법을 탐구한 사회 계층화에 대한 연구로 유명하다.
- ◆ 어빙 고프만: 캐나다의 사회학자 어빙 고프만은 사회적 상호작용과 개인이 자신의 사회적 지위를 유지하거나 향상시키기 위해 다른 사람들에게 자신을 표현하는 방법에 대한 연구로 유명하다.
- ◆ 장 보드리야르: 프랑스 사회학자이자 철학자인 장 보드리야르는 현대 사회에서 미디어와 이미지의 역할 그리고 이것이 어떻게 유명 인사와 명성의 창조에 기여하는지에 대해 광범위하게 설명했다.
- ◆ 로버트 프랭크: 미국의 경제학자 로버트 프랭크는 사회적 지위의 역할과 경제적 행동에서의 경쟁에 대한 글에서, 지위에 대한 우리의 열망

은 종종 개인과 사회에 부정적인 결과를 초래할 수 있다고 주장했다.

이러한 내용들은 인간 사회에서 지위와 명성의 가치와 중요성에 대한 논의에 기여한 많은 철학자들과 사회 과학자들의 몇 가지 예에 불과하다.

● **동양 철학 사상가들은 '지위 또는 명성'에 대해 어떻게 이야기했나?**

동양의 철학 사상가들은 지위와 명성의 개념에 대해서도 논의해 왔지만, 구체적인 전통과 사상의 유파에 따라 관점이 다르다.

- 유교: 중국의 철학자 공자는 신분과 명성을 추구하는 것보다 덕과 도덕성을 기르는 것의 중요성을 강조했다. 공자는 개인이 신분이나 명성을 통해 외적인 검증을 추구하기보다는 자기 계발과 청렴한 삶을 영위하는 데 초점을 맞춰야 한다고 믿었다.
- 도교: 도교의 창시자인 중국의 철학자 노자는 개인은 외적인 성공이나 인정에 집중하기보다는 자연계와의 조화를 추구하고 내면의 평화를 가꾸어야 한다고 가르쳤다. 이러한 관점에서, 지위와 명성은 피상적이고 덧없는 것으로 보이며, 가치 있는 추구가 아니다.
- 불교: 불교의 가르침은 명성과 지위를 포함한 모든 것의 영원성과 덧없음을 강조한다. 부처님은 외적인 성공과 인정을 추구하는 것이 고통과 애착으로 이어질 수 있으며, 진정한 행복과 성취감은 내적인 평화와 지혜를 기르는 데서 나온다고 가르쳤다.
- 힌두교: 힌두교 철학은 외적인 성공이나 인정을 추구하기보다는 정신적인 깨달음과 해방을 추구하는 것을 강조한다. 궁극적인 목표는 성공과 성취의 궁극적인 형태로 여겨지는 목샤moksha or liberation, 즉 탄생과 죽음의 순환으로부터의 해방을 성취하는 것이다.

전반적으로, 동양 철학 사상가들은 외적인 성공이나 인정을 추구하기보다는 내면의 평화, 지혜, 도덕적인 인격을 함양하는 것의 중요성에 초점을 맞추는 경향이 있다. 지위와 명성은 피상적이거나 덧없는 것으로 보일 수 있지만, 내면의 성장과 영적 깨달음의 추구는 더 가치 있고 지속적인 추구로 여겨진다.

■ 우리는 어떻게 '지위 또는 명성'을 얻을 수 있을까?

지위와 명성은 환경 및 상황과 개인의 목표에 따라 다양한 수단을 통해 달성될 수 있다. 지위나 명성을 얻기 위한 몇 가지 방법은 다음과 같다.

- ◆ 성과: 비즈니스, 엔터테인먼트, 스포츠 또는 학계와 같은 특정 분야에서 성공을 거두는 것은 인지도와 지위 향상으로 이어질 수 있다. 열심히 일하고, 헌신하고, 재능을 통해 이루어질 수 있다.
- ◆ 사회적 연결: 영향력 있고 강력한 사람들의 네트워크를 구축하는 것은 사회적 지위와 기회를 증가시킬 수 있다. 네트워킹, 이벤트 참석 그리고 강한 관계 유지를 통해 이루어질 수 있다.
- ◆ 개인 브랜딩: 독특하고 인지도 있는 개인 브랜드를 만드는 것은 가시성과 인지도 향상으로 이어질 수 있다. 소셜미디어, 마케팅, 그리고 홍보를 통해 이루어질 수 있다.
- ◆ 미디어 노출: 인터뷰, 기사 또는 텔레비전 출연과 같은 매체에 등장하는 것은 가시성과 대중의 인지도를 높일 수 있다.

지위나 명성을 얻는 것이 삶의 유일한 초점이 되어서는 안 된다는 것을 주목해야 한다. 자신의 가치와 목표에 부합하고 개인의 성취와 행복에 기여하는 방식으로 성공과 인정을 추구하는 것은 중요하다.

■ 좋은 '인간관계'는 삶의 성공과 행복에 어떤 기능을 하는가?

좋은 인간관계는 개인의 성공과 삶의 행복에 결정적인 역할을 할 수 있다. 다음과 같은 몇 가지 기능과 역할을 한다.

- ◆ 정서적 지지: 좋은 인간관계는 스트레스, 어려움, 어려움의 시기에 정서적 지지를 제공한다. 편안함과 격려를 제공하는 다른 사람들과 친밀한 관계를 갖는 것은 개인들이 도전을 극복하고 그들의 행복을 유지하는 것을 지지한다.
- ◆ 네트워킹: 좋은 관계를 구축하고 유지하는 것은 또한 개인에게 직업 리드나 자신의 분야에서 영향력 있는 사람들을 소개하는 것과 같은 귀중한 네트워킹 기회를 제공할 수 있다. 이러한 연결은 개인들이 그들의 경력에서 발전하거나 다른 중요한 목표를 달성하도록 지원한다.
- ◆ 성취감: 좋은 인간관계는 또한 개인에게 성취감과 목적을 제공할 수 있다. 다른 사람들과 친밀한 관계를 갖는 것은 개인들이 자신보다 더 큰 무언가에 연결되어 있다고 느끼도록 할 수 있고, 그들에게 소속감과 공동체 의식을 줄 수 있다.
- ◆ 개인의 성장: 좋은 관계는 또한 개인에게 건설적인 피드백, 도전 그리

고 학습과 자기 계발의 기회를 제공함으로써 개인의 성장과 발전을 촉진할 수 있다.

전반적으로, 좋은 인간관계는 개인의 성공과 삶의 행복에 긍정적인 영향을 미칠 수 있다. 계속적으로 이러한 관계를 배양하고 육성하는 것이 중요한데, 이는 관계가 지원, 기회 및 충족의 중요한 원천을 제공할 수 있기 때문이다.

■ 『데일 카네기 인간관계론』의 내용은 무엇인가?

미국 미주리주 농가에서 태어난 데일 카네기Dale Carnegie(1888~1955)는 가난과 실패와 역경을 뚫고 끈질긴 노력으로 성공한 작가이자 전설적인 자기 계발서의 저자이자 강연가이다. 1930년대 당시 미국 사회는 대공황과 대량 실업 사태로 성공에 대한 강력한 욕구가 있었고, 성공을 위한 '인상 관리'의 중요성이 크게 인식되기 시작하던 때였다. 그의 대표적인 저서인 1936년 발간된 『인간관계론』How to Win Friends and Influence People은 현재까지 미국에서 1,500만 부 이상, 전 세계적으로는 6,000만 부 이상이 팔렸으며 성경 다음으로 많이 팔린 책으로도 유명하다.[155]

카네기가 이 책에서 첫 번째로 강조하는 메시지는 남을 비판하지 말라는 것이다. "비판은 쓸모가 없다. 이는 사람을 방어적으로 만들며 자신을 정당화하기 위해 안간힘을 쓰게 한다. 비판은 위험하다. 이는 사람의 귀중한 긍지에 상처를 주고, 자신의 진가를 상하게 하여 적의를 불러일으키기 때문이다"라고 하며 비판에 대해 매우 경계하고 있다.

그는 1912년 긍정적 인간관계를 맺는 법을 가르쳐 주는 교육과정을 만들었다. 이 과정은 현재에는 전 세계 90여 개국에서 30개 이상의 언어로 교육되는 '데일 카네기 코스'이다. 미국의 전설적인 투자자 워런 버핏 또한 이 코스를 수료하였고 자신의 저서 Snowball와 BBC방송 인터뷰 등에서 자발적으로 '데일 카네기 코스'를 홍보하고 있다. 대중 연설을 쑥스러운 일이라고 여겨 두려워했던 워런 버핏이 그의 강좌를 수강한 뒤 용기를 얻었다고 한다. 버핏은 훗날 자신이 수강한 강좌 중 가장 뜻깊은 강좌였다고 회고하기도 했다. 영국 다큐멘터리에 의하면, 도널드 트럼프의 부친이자 부동산 기업가였던 프레드 트럼프도 그의 제자였다고 한다.

"인간은 왜 자신이 원하는 것만 이야기할까?" 이에 대한 대답으로 카네기는 헨리 포드 Henry Ford(1864~1947)의 말을 그대로 인용한다. "성공 비결이 하나 있다면 그것은 타인의 입장을 이해하고, 자기 자신뿐만 아니라 타인의 관점에서 사물을 보는 능력이다"라는 헨리 포드의 언급처럼, "자기가 하고 싶은 말보다는 상대방이 원하는 것에 대해 이야기를 나누라"라고 강조하고 있다. 이것이 진정한 인간관계의 출발점이다.

● **인간관계에 있어 중요한 요소**

(1) 기본 매너를 지킨다.
 1) 미소를 짓고 웃는다. 그리고 비판 대신 인정과 칭찬을 한다.
 2) 비판하거나, 비난하거나, 불평하지 않는다. 사람들과 논쟁을 피한다.

(2) 내가 상대방에게 관심을 가지며 존중하고 있음을 느끼도록 만든다.

1) 다른 사람에게 받고 싶은 만큼 다른 사람에게 대한다.
2) 상대방의 이름을 기억한다.
3) 상대방의 관심사에 맞춰 이야기한다. 그리고 상대방이 말을 많이 하도록 만들고 진심으로 경청한다.
4) 진심으로 다른 사람의 관점에서 사물을 보려 노력한다.
5) 다른 사람들의 생각과 욕망에 공감한다.
6) 상대방과 대화는 친절, 공감, 이해, 인정을 통해 우호적으로 시작한다.

(3) 다른 사람이 그 일을 하고 싶게 만들거나 협조를 구하기 위한 방법 또는 설득 방법

1) 그들이 원하는 것을 준다.
2) 열렬한 욕구를 불러일으킨다.
3) 그들이 스스로 생각해 냈다고 여기도록 만든다.
4) 약간만 발전해도 진심으로 인정하고 칭찬한다.
5) 말로만 하기보다는 쇼맨십을 활용한다.
6) 상대방과 당신이 동의하고 있는 부분을 계속 강조한다.
7) 어떤 것도 통하지 않을 때 시도해 보는 최후의 수단은 상대방의 도전 의욕을 불러일으킨다.

(4) 잘못에 대처하는 방법

1) 내가 틀렸다면 가급적 빠르고 분명하게 인정한다.
2) 상대방이 아무리 잘못했더라도 처음에는 칭찬과 진심에서 우러나

온 감사로 대화를 시작하라.
3) 상대방이 잘못이 있다면 간접적으로 지적한다.
4) 상대방을 바꾸고 싶다면 다른 사람을 비판하기 전에 자신의 실수부터 이야기한다.
5) 상대방에게 직접 명령을 내리기보다는 질문을 한다.

(자료원: 『데일 카네기 인간관계론』)

데일 카네기가 개발한 '인간관계론'은 삶과 사업의 성공이 타인과 긍정적이고 생산적인 관계를 형성하는 능력에 크게 영향을 받는다는 믿음에 기초하고 있다. 이 이론은 사람들이 주로 가치 있고, 인정받고, 이해받고 싶은 욕구에 의해 동기 부여되며, 강력한 관계를 형성하기 위해 효과적인 의사소통과 대인관계 기술이 필수적이라는 생각에 근거를 두고 있다.

카네기의 이론은 좋은 인간관계를 발전시키기 위한 몇 가지 주요 원칙을 강조한다.

- ◆ 타인에게 진정한 관심을 보이는 것: 카네기에 따르면, 다른 사람들과 그들의 필요에 진심 어린 관심을 보이는 것은 신뢰와 친밀감을 형성하는 데 필수적이다. 다른 사람의 말을 적극적으로 듣고, 질문을 하고, 공감과 이해를 보여 주는 것이다.
- ◆ 긍정적이고 열정적이 되는 것: 카네기는 긍정적이고 열정적인 태도를 갖는 것은 전염성이 있으며 다른 사람들에게 열정과 호의를 쌓는 데 도움을 줄 수 있다고 믿었다. 긍정적이며, 낙관적이고, 활기차며, 타인의 일이나 관심사에 대한 긍정과 열정을 전달하는 것이다.
- ◆ 공통의 관심사를 통한 친밀감 형성: 카네기는 사람들이 공통의 관심사

와 가치를 공유할 때 강한 관계를 형성할 가능성이 더 높다고 주장했다. 이것은 다른 사람들과 공통점을 찾고 공통의 관심사나 경험을 찾는 것이다.
- ◆ 효과적인 의사소통: 카네기에 따르면 효과적인 의사소통은 강한 관계를 형성하기 위해 필수적이다. 이것은 명확하고 간결하며, 긍정적인 언어를 사용하고, 비판이나 부정적인 피드백을 피하는 것을 포함한다.

결론적으로, 카네기의 '인간관계론'은 다른 사람들과 강하고 생산적인 관계를 구축하기 위해 효과적인 의사소통과 대인관계 기술을 개발하는 것의 중요성을 강조한다.

■ 철학·사회과학자들의 인간관계의 중요성에 대해 견해

많은 다른 학자들과 사상가들도 다양한 방법으로 인간관계의 중요성을 강조해 왔다. 다음은 몇 가지 사례이다.

- ◆ 아리스토텔레스: 고대 그리스 철학자 아리스토텔레스는 충실하고 도덕적인 삶의 핵심 요소로서 우정의 중요성을 강조했다. 그는 우정은 상호 간의 호의, 공유된 경험 그리고 서로의 행복에 대한 헌신을 포함한다고 믿었다.
- ◆ 매슬로: 심리학자 에이브러햄 매슬로우는 인간의 기본적인 욕구로서 소속감과 사랑의 중요성을 강조하는 인간 동기부여 이론을 개발했다. 매슬로에 따르면, 사람들은 자기실현을 이루기 위해 다른 사람들과 연

결되어 있다고 느끼고 그룹에 속할 필요가 있다.
- ◆ 해로우: 심리학자 해리 해로우는 초기 발달에서 사회적 접촉과 애착의 중요성에 대한 연구를 수행했다. 그의 연구는 사회적 고립과 박탈감이 신체적, 심리적 행복에 심각한 부정적 영향을 미칠 수 있다는 것을 보여 주었다.
- ◆ 코비: 작가 스티븐 코비는 개인적인 환경과 직업적인 환경 모두에서 성공적인 관계를 구축하는 데 있어 신뢰, 의사소통, 그리고 협력의 중요성을 강조했다. 그는 다른 사람들과의 상호작용에서 상호 이익이 되는 결과를 찾는 것을 포함하는 "윈-윈" 솔루션의 개념을 개발했다.

전반적으로, 인간관계의 중요성은 다양한 분야와 역사적 시기에 걸쳐 많은 학자들과 사상가들에 의해 인식되고 강조되어 왔다. 그들은 인간의 연결과 사회적 상호작용이 인간 복지의 근본적인 측면임을 인식하고, 다른 사람들과의 긍정적인 관계를 이해하고 증진시키기 위해 다양한 이론과 틀을 개발해 왔다.

■ 경영학이나 심리학에서 "인간관계" 중요성에 대한 설명

경영학에서 '인간관계론'은 "조직원의 개성이나 사회관계가 기업의 생산과정의 단순 업무 성과에도 중요한 영향을 주며, 생산성 증대에는 기술적인 조직보다 인간적인 조직의 영향이 더 크다"라는 이론이다. 이는 1924년부터 1932년까지 미국의 하버드대학 교수였던 메이요A. Mayo와 뢰슬리스버거F. J. Roethlisberger가 시카고 교외 서부전기회사의 호오손 공장에서 행한 호오손 실험 Hawthorne experiments 연구를 통하여 성립되었다.

인간관계론은 1910년대 이래의 테일러와 포드의 과학적 관리법에서의 인간의 비인간적 합리성과 기계적 도구관道具觀에 대한 반발로 비롯되었다. 인간관계론이 성립되면서 조직을 개인·비공식 집단 및 집단 상호간의 관계로 되는 사회체제로 인식하게 되었고, 조직 내의 인간적 요인이 조직의 주요 관심사로 등장하여, 조직 속의 인간을 보는 관점에서 큰 변화를 가져왔다.

경영학에서 보는 인간관계론의 요점은 다음과 같다.

- 조직구성원의 생산성은 생리적·경제적 유인으로만 자극받는 것이 아니라 사회·심리적 요인에 의해서도 크게 영향을 받는다.
- 비경제적 보상을 위해서는 대인 관계·비공식적 자생집단 등을 통한 사회·심리적 욕구의 충족이 중요하다.
- 조직 내에서의 의사전달·참여가 존중되어야 한다.

이와 같은 인간 중심적 관리를 중시한 이와 같은 인간관계론은 현대 조직이론에 지대한 영향을 미쳤다. 인간관계론은 조직 내의 구성원이 사회적·심리적 욕구를 지니는 사회적 존재 또는 심리적 존재라는 것을 밝힌 점이 높이 평가된다. 그러나 비공식 조직에 대한 지나친 관심이나 경제적 욕구를 경시한 것 등은 오늘날 산업사회에서의 인간관으로는 설득력이 미약한 것으로 비판되고 있다.

경영학이나 심리학에서 인간관계의 중요성은 여러 가지로 설명할 수 있다. 다음은 가장 일반적으로 인용되는 몇 가지 이유이다.

- ◆ 생산성 및 창의성 향상: 직장에서의 좋은 인간관계는 생산성과 창의력 향상으로 이어질 수 있다. 사람들이 가치와 지지를 느낄 때, 그들은 더 나은 결과로 이끌면서, 그들의 일에 동기부여와 참여를 느낄 가능성이 더 높다.
- ◆ 의사소통 개선: 좋은 인간관계는 또한 의사소통과 협력을 향상시킬 수 있다. 사람들이 자신의 의견이나 생각을 다른 사람들과 공유하는 것을 편안하게 느낄 때, 그들은 효과적으로 함께 일하고 공통의 목표를 성취할 가능성이 더 높다.
- ◆ 직무 만족도 및 유지율 향상: 사람들이 직장이나 직업에서 다른 사람들과 연결되어 있다고 느낄 때, 일을 즐기고 직업에 만족을 느낄 가능성이 더 높다. 이는 유지율 증가와 이직률 감소로 이어질 수 있다.
- ◆ 정신 건강과 웰빙 향상: 좋은 인간관계는 정신 건강과 웰빙에도 긍정적인 영향을 미친다. 다른 사람들과 연결되어 있다고 느끼는 것은 외로움, 고립감, 스트레스의 감정을 줄일 수 있고, 어려운 시기에 정서적인 지지의 원천을 제공할 수 있다.

● **좋은 인간관계를 구축하고 유지하기 위한 경영학적 전략**

이는 상황에 따라 달라질 수 있지만, 몇 가지 일반적인 팁은 다음과 같다.

- ◆ 능동적 경청: 다른 사람들에게 진정한 관심을 보이고 그들의 요구와 우려에 적극적으로 귀를 기울이는 것은 신뢰와 친밀감을 형성하는 데 도움이 될 수 있다.

- 일관된 의사소통: 규칙적이고 일관된 의사소통은 시간이 지남에 따라 좋은 관계를 유지하기 위해 중요하다. 여기에는 정기적인 체크인, 미팅 또는 기타 연락처 형식이 포함된다.
- 공통점 찾기: 공통 관심사나 경험을 파악하는 것은 연결고리를 형성하고 소속감을 키우는 데 도움이 될 수 있다.
- 도움과 지원 제공: 다른 사람들에게 도움과 지원을 제공하는 것은 관심과 배려심을 보여 줄 수 있고 관계를 강화할 수 있다.
- 갈등을 건설적으로 해결하기: 갈등과 불일치는 어떤 관계에서든 불가피하지만, 이를 건설적으로 해결하는 것은 시간이 지남에 따라 신뢰와 존중을 쌓는 데 도움이 될 수 있다.

결론적으로 비즈니스와 심리학에서 인간관계의 중요성은 아무리 강조해도 지나치지 않으며, 좋은 관계를 구축하고 유지하기 위해서는 타인의 필요에 대한 이해 노력과 관심이 필요하다.

■ 좋은 관계를 유지하기 위한 일상적인 전략과 방법

좋은 관계를 유지하기 위한 많은 전략과 방법들이 있다. 로맨틱한 파트너, 가족 구성원, 친구, 동료 또는 다른 사람과의 관계든 대부분의 맥락 contexts에서 적용할 수 있는 일반적인 조언이다.

- 커뮤니케이션: 좋은 의사소통은 건강한 관계의 열쇠이다. 이것은 상대방의 말에 적극적으로 귀를 기울이고, 자신의 생각과 감정을 분명하고

정직하게 표현하며, 피드백에 개방적이라는 것을 의미한다.
- ◆ 존중: 상대방의 경계, 의견, 선택을 존중하는 것은 신뢰와 상호 이해를 쌓는 데 필수적이다.
- ◆ 공감: 상대방의 관점과 감정에 동의하지 않더라도 이해하려고 노력하라. 공감과 동정심을 보여 주는 것은 관계를 강화하고 더 깊은 관계를 형성하는 데 도움이 될 수 있다.
- ◆ 타협: 두 사람이 정확히 닮은 사람은 없으며, 어떤 관계에서든 갈등과 불일치는 불가피하다. 기꺼이 타협하고 상호 합의된 해결책을 찾는 것은 갈등이 고조되고 관계가 손상되는 것을 방지하는 데 도움이 된다.
- ◆ 감사: 상대방과 자신의 관계에 대한 기여에 대해 감사를 표하자. 감사를 표하고 상대방의 긍정적인 자질과 행동을 인식하는 것은 상호 존중, 가치관을 형성하는 데 중요하다.
- ◆ 질적인 시간: 그것이 공유된 활동을 통해서든, 대화를 통해서든, 아니면 단순히 서로 함께 있는 것이든, 좋은 시간을 함께 보내는 것은 친밀감을 형성하고 사람들 사이의 유대감을 강화하게 된다.
- ◆ 지원: 어려운 시기에 지원과 격려를 제공하고, 성공과 성취를 함께 축하하는 것은 공유된 목적과 헌신을 세우는 데 중요하다.

결론적으로, 각각의 관계는 고유하며 고유한 전략과 접근방식을 필요로 한다. 하지만 소통, 존중, 공감, 타협, 감사, 질 높은 시간, 지원을 우선시함으로써 건강하고 성취감 있는 관계를 위한 강력한 기반을 만들 수 있다.

조지 베일런트 교수는 수십 년 동안 웰빙과 개인 성장에 대한 과학을 연구해 온 하버드 대학의 잘 알려진 연구원이다. 그는 『행복의 조건』Aging Well과 『경험의 승리』Triumphs of Experience를 포함하여, 이 주제에 관한 수많은 책과 기사를 썼다. 그의 연구는 인간 발달에 대한 역사상 가장 오랜 기간 동안 지속된 연구 중 하나인 하버드 성인 발달 연구의 데이터를 바탕으로 평생 동안 회복력, 행복, 성취감을 촉진하는 요인을 규명하는 데 초점을 맞추고 있다.

조지 베일런트 교수는 웰빙 과학에 대한 연구와 저술을 바탕으로, 그는 충실하고 행복한 삶에 기여하는 몇 가지 요소들을 발견했다. 베일런트는 그의 책 『행복의 조건』Aging Well에서 성공적인 노화와 행복을 촉진하기 위해 개인이 개발할 수 있는 몇 가지 "적응 메커니즘"을 설명한다. 그것은 다음과 같다.

- 이타주의: 다른 사람들을 돌보고 그들을 돕는 것에서 의미를 찾을 수 있는 능력
- 승화: 부정적인 감정과 충동을 창조적인 일이나 자원봉사와 같은 건설적인 배출구로 전달하는 능력
- 억제: 만족을 지연시키고 충동을 제어하는 능력
- 유머: 어려운 상황에서 유머를 찾고 긍정적인 전망을 유지하는 능력
- 기대: 미래를 계획하고 미지의 세계에서 흥분을 찾는 능력
- 초월적 의미: 자신을 넘어 삶의 목적과 의미를 찾는 능력
- 영성: 종교, 자연 또는 다른 형태의 초월을 통해 자신보다 더 위대한 무언가와의 연관성을 찾을 수 있는 능력

전체적으로 베일런트의 연구는 성취감과 행복한 삶은 "부, 지위, 명성"과 같은 외부적 지표에 의해 반드시 정의되는 것이 아니라 "정서적 지능, 회복력, 목적과 의미"와 같은 내적 요인들의 결합에 의해 정의된다는 것을 시사한다.

제14장
건강과 행복

행복의 90%는 건강에 달려 있다. 행복은 쾌활함의 정도에 비례해서 커지고 쾌활함은 육체와 정신적인 건강에 좌우된다.

- 쇼펜하우어 Schopenhauer

만약 당신이 건강하다면, 당신은 아마도 행복할 것이고, 만약 당신이 건강과 행복을 가지고 있다면, 당신이 원하는 것이 전부가 아닐지라도, 당신은 필요한 모든 부를 가지고 있다.

- 엘버트 허버드 Elbert Hubbard

행복한 삶에 필요한 것은 당신의 사고방식에 달려 있다.

- 마르쿠스 아우렐리우스 Marcus Aurelius

가장 행복한 사람들은 다른 사람을 위해 자신을 잊는 사람들이다. 보통 삶에 대해 불평하게 된다면, 이는 우리가 우리만 생각하기 때문이다.

- 고든 B. 힝클리 Gordon B. Hinckley

14-1. 건강, 삶의 기본 조건

돈을 잃으면 조금 잃는 것이고,
사람을 잃으면 많이 잃는 것이고,
건강을 잃으면 전부를 잃는 것이다.

- 윈스턴 처칠 Winston Churchill

건강健康, health이란 "신체적·정신적·사회적으로 완전히 안녕한 상태에 놓여 있는 것"을 의미한다. 세계보건기구(WHO)의 헌장에는 "건강이란 질병이 없거나 허약하지 않은 것만 말하는 것이 아니라 신체적·정신적· 사회적으로 완전히 안녕한 상태에 놓여 있는 것"이라고 정의하고 있다. 현대사회에서의 건강의 정의는 '단지 질병이 없거나 허약하지 않을 뿐만 아니라 신체적, 정신적, 사회적으로 안녕한 상태'이다. 사람은 인종·종교· 정치·경제·사회의 상태 여하를 불문하고 고도의 건강을 누릴 권리가 있다는 것을 명시한 것이다.

건강을 단순히 '질병이 없는 것이 아니라 신체적, 정신적, 사회적으로 완전한 웰빙의 상태'로 정의하는 것은 신체적, 정서적, 사회적 웰빙을 포함하여 개인의 삶의 다양한 측면을 포괄하는 전체론적 개념이다. 건강하다는 것은 신체적으로나 정신적으로 큰 제약을 겪지 않고 일상적인 활동을 수행할 수 있고 긍정적인 인생관을 유지할 수 있다는 것을 의미한다. 그것은 또한 건강 관리, 건강한 생활 조건 그리고 지지하는 사회 환경에 대한 접근을 포함한다. 전반적으로 건강은 유전학, 생활양식 선택, 환경적 요인, 건강의 사회적 결정요인 등 다양한 요인에 의해 영향을 받는 역동적이고 다차원적인 개념이다.

* 건강지표健康指標, health index: 건강을 연구해 나가는 데 있어서, 그것을 표시하는 기준이 되는 계량적인 표현을 말한다. 개인의 건강을 나타내는 지표로서는 각종 질환이 없다는 것 외에 체력테스트(악력, 배근력, 반응시간 등), 지능테스트(IQ 수치, 심리테스트 등)가 고려되고 있다. 국가 수준에서의 지표로서는 평균수명, 유아 사망률, 사인별 사망률, 보건 서비스의 지표(의사 수, 병상수 등), 환경 위생의 지표(상하수도 보급률, 쓰레기 처리율 등) 등이 사용된다. 또 이 중간 사이즈의 집단

에서도 똑같은 지표가 고려되고 집단에 대응한 지표가 사용되고 있다.

(출처: [네이버 지식백과] 건강지표(간호학대사전, 대한간호학회, 1996))

■ 더 나은 삶을 위한 지표 Better Life Index

● OECD의 더 나은 삶 지표

OECD의 '더 나은 삶 지표' 11개 분야 "교육, 건강, 사회참여, 삶의 만족도, 소득, 안전, 일과 생활의 균형, 주거, 지역사회, 직장, 환경" 등으로 설정하고 있다.[156]

OECD의 더 나은 삶 지수는 개인들이 웰빙의 열한 가지 지표에 근거하여 국가들을 비교할 수 있게 해 주는 대화형 도구이다. 다음은 각 11개 영역에 대한 간략한 설명이다.

- ◆ 주거: 수도 및 위생 시설과 같은 기본 시설을 갖춘 주거지에 거주하는 사람들의 비율을 측정
- ◆ 소득: 가구 규모에 맞게 조정된 평균 가구 소득을 측정
- ◆ 직업: 고용률은 물론 고용 안정성, 근무 시간 등 일자리의 질을 측정
- ◆ 커뮤니티: 지역사회 단체 참여와 봉사활동 등 시민 참여도를 측정
- ◆ 교육: 문해율과 고등교육 접근성을 포함한 교육 성취도를 측정
- ◆ 환경: 특정 국가의 전반적인 환경 조건뿐만 아니라 공기와 수질을 측정
- ◆ 시민 참여: 정부 서비스에 대한 정치적 참여와 접근의 수준을 측정
- ◆ 건강: 의료 서비스에 대한 접근뿐만 아니라 기대 수명도 측정
- ◆ 삶의 만족도: 각국 개인의 설문 응답을 바탕으로 전반적인 삶의 만족

도를 측정
- 안전: 특정 국가의 범죄 및 폭력 수준과 인식된 안전 수준을 측정
- 일과 삶의 균형: 여가 활동과 개인 관리에 소비하는 시간을 포함하여 일과 개인 생활의 균형을 측정

■ 건강에 대한 정의

● WHO의 건강에 대한 정의는 무엇인가?

세계보건기구(WHO)는 건강을 단순히 질병이나 질병이 없는 것이 아니라 신체적, 정신적, 사회적으로 완전한 안녕 상태로 정의한다.[157] 건강에 대한 이 정의는 1948년 세계보건기구에 의해 채택되었고, 그 이후로 널리 받아들여지고 있다. 그것은 건강의 전체론적 성격을 반영하고 있으며, 건강은 단순히 질병이나 장애의 부재가 아니라 신체적, 정신적, 사회적으로 완전한 안녕의 상태임을 인식하고 있다.

WHO의 건강에 대한 정의는 또한 개인의 건강과 복지에 중대한 영향을 미치는 의료, 교육, 안전한 생활 조건, 사회적 지원 네트워크에 대한 접근과 같은 건강의 사회적 결정요인을 다루는 것의 중요성을 강조한다. WHO의 목표는 필수적인 건강 관리 서비스의 제공, 건강한 생활 방식의 증진 그리고 나쁜 건강 결과에 관여하는 사회적, 경제적 불평등을 해결함으로써 모두를 위한 건강을 증진시키는 것이다.

건강을 신체적 건강, 정신적 건강, 사회적 건강으로 나누는 이유와 목

적은 무엇인가? 건강을 신체적, 정신적, 사회적 건강으로 나누는 것은 전반적인 웰빙에 관여하는 건강의 다양한 측면을 강조하기 위한 것이다.

신체적 건강은 신체의 상태와 특별한 제한을 겪지 않고 일상적인 활동을 수행할 수 있는 능력을 말한다. 그것은 체력, 영양, 질병 예방과 같은 요소들을 포함한다.

정신 건강은 개인의 마음과 감정의 상태를 말한다. 그것은 정서적 행복, 인지적 기능 그리고 스트레스와 역경에 대처하는 능력과 같은 요소들을 포함한다.

사회적 건강은 개인이 타인과 상호작용하고 관계를 수립하고 유지하며 공동체 활동에 참여할 수 있는 능력을 말한다. 그것은 사회적 지원, 의사소통 능력 그리고 사회참여와 같은 요소들을 포함한다.

의료 전문가와 정책 입안자는 이러한 서로 다른 범주로 보건을 구분함으로써 각 영역에서 건강을 증진하고 질병을 예방하기 위한 표적 개입을 개발할 수 있다. 예를 들어, 신체 건강을 개선하기 위한 전략에는 신체 활동과 건강한 식사를 촉진하는 것이 포함될 수 있고, 정신 건강을 개선하기 위한 전략에는 정신 건강 서비스에 대한 접근성 제공과 스트레스 관리 지원이 포함될 수 있다. 사회 건강은 사회적 연결성과 지역사회 참여를 촉진하는 이니셔티브를 통해 개선될 수 있다.

전반적으로 건강을 신체적, 정신적, 사회적 건강으로 나누는 것은 전반적인 웰빙에 관여하는 다양한 요소들을 이해하고 건강을 증진하고 질병을 예방하기 위한 포괄적인 접근법을 개발하기 위한 프레임워크 역할을 한다.

■ 건강을 위해 무엇을 어떻게 해야 하는가?

● 건강 관리의 기준 지표

혈압, 체중 등 다양한 분야의 건강 기준을 말한다. 건강 기준 지표가 있는가?

개인의 건강 상태를 평가하는 데 사용되는 다양한 건강 표준 지표가 있다. 일반적으로 표준 건강 검진에서 각 지표의 정상 범위는 연령, 성별 및 기타 요인과 수행 중인 특정 검사에 따라 달라질 수 있다. 그러나 다음은 표준 의료 검진 중에 확인할 수 있는 몇 가지 일반적인 지표와 그 정상 범위이다. 일반적으로 사용되는 몇 가지 지표는 다음과 같다.

- ◆ 체질량지수(BMI): 체질량지수(BMI)는 개인의 키와 몸무게를 기준으로 체지방을 측정하는 것이다. 그것은 개인을 저체중, 정상체중, 과체중, 비만의 범주로 분류하는 데 사용된다. 정상 BMI 범위는 일반적으로 18.5~24.9 사이이다. 하지만 이상적인 BMI는 나이, 성별, 병력에 따라 달라질 수 있다. 대한비만학회 기준으로 BMI 수치 18.5~22.9, 허리둘레 남성은 90cm 미만, 여성은 85cm 미만, 체지방률은 남성은 15~20%, 여성은 20~25%이다.

- 혈압: 혈압은 혈액이 동맥의 벽에 가하는 힘이다. 정상 혈압 수치는 일반적으로 약 120/80mmHg이다. 혈압은 수축기 혈압 120mmHg 미만, 이완기 혈압 80mmHg 미만이다. 그러나 이상적인 혈압은 나이, 성별, 병력에 따라 달라질 수 있다. 고혈압은 심장병, 뇌졸중, 신장병과 같은 다양한 건강 상태의 위험을 증가시킬 수 있다.

- 콜레스테롤: 콜레스테롤은 혈액에서 발견되는 지방질이다. 성인의 경우 총콜레스테롤의 정상 범위는 200mg/dL 미만이다. 그러나 대부분의 사람들에게 LDL(나쁜) 콜레스테롤은 130mg/dL 미만이어야 하며, HDL(좋은) 콜레스테롤은 남성의 경우 40mg/dL, 여성의 경우 50mg/dL 이상이어야 한다. 높은 수준의 콜레스테롤은 심장병과 뇌졸중의 위험을 증가시킬 수 있다.

- 혈당: 혈당 수치는 혈액 내의 당(포도당)의 양을 나타낸다. 정상적인 공복 혈당 수치는 일반적으로 70~99mg/dL이며, 정상적인 헤모글로빈 A1C 수치는 일반적으로 5.7% 미만이다. 혈당은 8시간 공복 혈당 100mg/dL 이하, 식후 2시간 혈당 140mg/dL 이하이다. 하지만 이상적인 혈당 수치는 나이와 병력에 따라 달라질 수 있다. 혈당 수치가 높으면 당뇨병이나 당뇨병 이전 단계를 나타낼 수 있다.

- 소변검사: 정상적인 소변검사는 단백질, 포도당, 케톤, 혈액 또는 박테리아의 중요한 수준을 감지하지 않아야 한다. 그러나 특정 정규 범위는 개인에 따라 다를 수 있다.

- 체력: 체력은 신체 활동을 수행할 수 있는 개인의 능력을 측정하는 것이다. '건강 관련 체력'은 근력, 근지구력, 심폐지구력, 유연성을 평가하고, '기능 관련 체력'은 민첩성, 평형성, 순발력을 측정한다. 이를 위해 적어도 하루 30분 이상의 유산소 운동과 근력, 스트레칭 운동 등이 권장된다.

건강 관련 지표는 개인의 건강 상태를 평가하고, 건강 위험을 식별하며, 건강을 증진하고 질병을 예방하기 위한 적절한 개입을 개발하기 위해 의료 전문가들이 사용한다. 제시된 정상 범위는 보편적으로 적용되지 않을 수 있으며, 특정 조건과 모집단에 따라 일부 지표의 정상 범위에 인종적 차이가 있을 수 있다는 점에 유의해야 한다. 또한 정상 범위는 의료 제공자가 사용하는 특정 실험실 참조 범위에 따라 달라질 수 있다. 항상 자격을 갖춘 의료 전문가와 건강검진 결과를 논의하는 것이 좋다.

● **건강 관리 대상 영역**

건강을 위해 관리해야 하는 "식사, 수면, 운동, 스트레스, 관계, 일, 학습 등" 관리의 다양한 영역은 어떤 것들인가? 전반적인 건강과 웰빙을 유지하기 위해 중요한 관리 분야가 몇 가지 있다. 대체로 다음과 같다.

- ◆ 영양: 균형 잡힌 영양식은 신체 건강을 유지하는 데 필수적이다. 이것은 다양한 과일, 야채, 통곡물, 살코기 단백질, 그리고 건강한 지방을 섭취하는 것을 포함한다.
- ◆ 수면: 적당하고 질 좋은 수면을 취하는 것은 신체적, 정신적 건강에 매우 중요하다. 어른들은 하룻밤에 7~9시간의 수면을 목표로 해야 한다.
- ◆ 운동: 규칙적인 신체 활동은 신체 건강을 유지하고 기분을 좋게 하며 비만, 당뇨병, 심장병과 같은 만성 질환의 위험을 줄이는 데 중요하다.
- ◆ 스트레스 관리: 명상, 심호흡, 운동과 같은 스트레스를 관리하는 기술을 배우면 정신 건강을 향상시키고 스트레스와 관련된 건강 문제의 위험을 줄일 수 있다.
- ◆ 관계: 가족, 친구, 로맨틱 파트너와 건강한 관계를 유지하는 것은 정신

적, 정서적 건강을 위해 중요하다.
- ◆ 일과 삶의 균형: 일과 사생활 사이의 균형을 이루는 것은 스트레스를 줄이고 전반적인 웰빙을 향상시키는 데 도움이 될 수 있다.
- ◆ 학습: 평생 학습과 지적 자극은 인지 건강을 증진시키고 나이와 관련된 쇠퇴를 예방할 수 있다.

일반적으로, 이러한 다양한 건강 영역을 관리하는 것은 전반적인 건강과 웰빙을 촉진하는 데 중요하다. 의사와 영양사와 같은 의료 전문가와 협력하여 개별적인 건강 요구와 목표를 해결하는 개인화된 계획을 개발하는 것이 필요하다.

● **건강한 삶을 위한 팁은 무엇인가?**

건강한 삶을 살기 위한 몇 가지 팁이 있다.

- ◆ 균형 잡힌 영양가 있는 식사를 하라: 다양한 과일, 채소, 통곡물, 기름기 없는 단백질 그리고 건강한 지방을 섭취하는 것을 목표로 하라. 가공된 설탕이 든 음식과 음료를 제한하라.
- ◆ 규칙적인 운동을 하라: 일주일 중 대부분의 날에 최소한 30분의 적당한 강도의 신체 활동을 목표로 하라. 이것은 걷기, 조깅, 자전거 타기 또는 수영과 같은 활동을 포함할 수 있다.
- ◆ 충분한 수면을 취하라: 어른들은 하룻밤에 7~9시간의 수면을 목표로 해야 한다. 규칙적인 수면 일정을 정하고 편안한 취침 습관을 만들어라.
- ◆ 스트레스 관리: 명상, 심호흡 또는 요가와 같은 스트레스를 줄이는 기술을 연습하라. 즐기고 긴장을 푸는 데 도움이 되는 활동에 참여하라.

- 사회적 연결을 유지하라: 가족, 친구 및 동료와 건전한 관계를 구축하고 유지하라. 다른 사람들과 연결되도록 돕는 활동에 참여하라.
- 알코올 섭취 제한: 술은 담배와 같은 1군 발암물질이다. 그래도 술을 마시기로 했다면, 절제하라. 수십 년 동안, 여성의 경우 하루에 한 잔, 남성의 경우 하루에 두 잔 이하를 '적정 음주량'으로 제안해 왔으나 최근에는 '알코올 0'로 바뀌었다.
- 담배를 피우지 마라: 담배 피우면 끊어라. 흡연은 폐암과 심장병을 포함한 다양한 건강 문제의 위험을 증가시킨다.
- 좋은 위생을 실천하라: 규칙적으로 손을 씻고, 하루에 두 번 양치질을 하고, 안전한 성관계를 실천하라.
- 예방 접종에 대한 최신 정보를 확인하라: 예방접종은 다양한 전염병으로부터 자신을 보호하는 데 도움을 줄 수 있다.
- 정기적인 치료를 받아라: 건강을 모니터링하고 잠재적인 건강 문제를 식별하기 위해 의료 기관과 정기검진을 예약한다.

이러한 팁들을 일상생활에 통합함으로써, 전반적인 건강과 웰빙을 향상시킬 수 있다. 기억하자, 작은 변화들이 시간이 지남에 따라 건강에 큰 변화를 가져올 수 있다.

■ 건강 관련 정보의 오류와 편견

● **건강과 관련된 잘못된 정보나 편견은 무엇인가?**

건강과 관련된 잘못된 정보와 편견이 해로울 수 있는 몇 가지 일반적인 형태가 있다. 다음은 몇 가지 사례들이다.

- ◆ 음모론: 건강과 관련된 음모론은 사람들로 하여금 증거에 기반한 의학적 치료와 예방 방법을 거부하게 만들 수 있기 때문에 위험할 수 있다. 예를 들어 백신이 해롭거나 코로나19가 가짜라는 음모론이 있다.
- ◆ 치료에 대한 잘못된 주장: 해롭거나 효과가 없을 수 있는 치료법과 치료법에 대한 많은 잘못된 주장들이 있다. 예를 들어, 어떤 사람들은 과학적인 증거가 부족함에도 불구하고 대체 요법이나 보충제가 암이나 다른 심각한 질병을 치료할 수 있다고 믿을지도 모른다.
- ◆ 특정 조건에 관한 낙인찍기: 정신 질환이나 중독과 같은 특정 조건에 대한 오명은 사람들이 치료나 지원을 구하는 것을 막을 수 있다. 이것은 개인과 공동체에 심각한 결과를 초래할 수 있다.
- ◆ 의료에 대한 편견: 의료 전문가는 자신이 제공하는 의료의 질에 영향을 미칠 수 있는 편견을 가질 수 있다. 예를 들어, 한 연구는 특정 인종이나 민족 집단의 사람들이 편견이나 차별로 인해 더 낮은 품질의 치료를 받을 수 있다는 것을 보여 주었다.
- ◆ 식단과 영양에 대한 잘못된 정보: 건강에 해로울 수 있는 식단과 영양에 대한 많은 잘못된 정보들이 있다. 예를 들어, 어떤 사람들은 증거가 부족함에도 불구하고 특정한 음식이나 식단이 질병이나 상태를 치료할 수 있다고 믿을지도 모른다.

건강과 관련된 정보에 비판적이고 신뢰할 수 있는 정보의 출처를 찾는 것이 중요하다. 의료 전문가와 상담하고 증거 기반 연구에 의존하면 잘못된 정보와 편견을 피할 수 있다.

● **건강 관련 속설과 평가**

건강을 위해 하루 2리터 이상의 물을 마시는 것, 8시간의 수면, 육류 섭취 제한, 한두 잔의 음주 등이 현대 의학 지식으로 옳은가?

하루에 2리터 이상의 물을 마시는 것, 8시간의 수면을 취하는 것 그리고 육류 섭취를 제한하는 것은 모두 건강을 유지하기 위해 일반적으로 권장된다. 그러나 이러한 권장 사항의 적절성은 개별 요인에 따라 달라질 수 있으므로 의료 전문가와 논의해야 한다.

"건강한 물 마시기는 암 발병률을 낮추고 다이어트에도 효과가 있다"라고 한다. 그런데 2023년 12월 6일 워싱턴포스트(WP)는 최근 과학 학술지 사이언스에 게재된 연구 결과를 인용해 건강한 성인들은 하루에 물을 8컵(약 2ℓ)까지 마실 필요는 없다며 이 속설은 다소 잘못됐다고 전했다.

'하루 물 권장량은 8잔'이라는 말은 1945년 전미연구평의회(NRC)의 식품영양위원회에서 처음 제시됐다. 여기서 성인들로 하여금 하루에 약 2ℓ의 물을 섭취하도록 권했다. 이 권장량은 모든 음식과 음료에서 얻을 수 있는 물까지 포함해서 한 사람의 하루 총 물 섭취량을 나타낸 것이다. 하지만 사람들은 하루에 물 8잔씩 매일 마셔야 한다는 것으로 잘못 해석했다.

최근 듀크대학교 허만 폰처 박사와 연구원들이 진행한 연구에서 물 필요량이 사람마다 다르며 나이, 성별, 신체 사이즈, 신체 활동 수준, 사는 환경의 기후 등과 같은 요인에 따라서 달라진다는 것을 발견했다. 태어난 지 8일 된 아기부터 96세 사이의 26개국에서 온 5,600명을 대상으로 데이터를 분석했다. 연구진은 사람의 하루 체내 물 순환율은 체지방의 크기 및 수준에 의해 결정된다는 것을 발견했다.

체지방이 적을수록 더 많은 물이 필요하다고 밝혀졌다. 남성은 대부분 여성에 비해 몸집이 크고 체지방이 적기 때문에 일반적으로 물을 더 많이 사용하는 경향이 있다. 연구진은 "하루에 물 8잔을 마시는 것이 노인의 건강을 개선시킨다는 근거가 나올 때까지 개인이 편하게 마실 수 있는 양보다 더 많은 액체를 섭취하도록 하는 것은 별로 도움이 되지 않는다"라고 설명했다.[158]

손다혜 강남세브란스병원 가정의학과 교수는 "실제로 우리 몸이 하루 필요로 하는 수분 섭취량은 하루 약 2.5ℓ인데 이를 꼭 물로 섭취할 필요는 없다. 한국인은 미국인에 비해 과일·채소 섭취량이 많은 편이어서 식품을 통해 섭취하는 수분량이 1ℓ 이상에 해당한다. 따라서 평소 식습관에 따라 하루 섭취해야 하는 물의 양이 다르다고 볼 수 있다"라고 설명했다.

이와 함께 사람마다 체중과 연령이 달라 본인의 몸 상태에 따라 물 섭취 기준을 다르게 적용해야 한다. 2020년 한국영양학회 연구에 따르면 남자는 청소년기부터 74세까지 하루 900㎖ 이상, 여성은 600~800㎖ 섭취해야 충분한 물 섭취를 한다고 분석했다.

하지만 몇몇 질환을 동반한 환자는 오히려 물 섭취를 제한해야 한다. 간경화, 신부전증, 심부전증과 같은 질환에선 과도한 수분 섭취가 오히려 복수, 폐부종, 전신 부종과 같은 합병증을 일으킬 수 있어 주치의와 상담이 필요하다.

물 섭취와 관련해서는 연령, 성별, 체중, 활동량, 기후 등의 요인에 따라 필요한 물의 양이 달라진다. 충분한 물을 마시는 것이 건강을 유지하는 데 중요하지만, 모든 사람에게 권장되는 특정한 양의 물은 없다. 일반적으로 갈증을 해소하고 정상적인 소변 배출을 유지하기 위해 충분한 물을 마시는 것이 좋다.

일반적으로 **8시간의 수면을 취하는 것**은 전반적인 건강에 이로운 것으로 여겨지지만, 개인의 수면 필요성은 다양할 수 있다. 어떤 사람들은 휴식과 에너지를 느끼기 위해 다소 수면시간 조정이 필요할 수도 있다. 전반적인 건강과 웰빙을 지원하기 위해서는 규칙적인 수면 루틴을 확립하고 수면의 질을 우선순위에 두고 관리하는 것이 중요하다.

육류 섭취를 제한하는 것은 건강에도 이로울 수 있는데, 적색육과 가공육의 높은 소비는 심장병과 암과 같은 특정 건강 문제의 위험 증가와 관련이 있기 때문이다. 하지만 모든 식사 변화가 균형을 이루고 영양적인 요구를 충족시키는지 확인하는 것이 중요하다. 육류 섭취를 제한하기로 선택한 사람들은 다른 공급원으로부터 적절한 단백질, 철분 그리고 다른 필수 영양소를 얻는 것을 염두에 두어야 한다.

음주와 건강에 대한 것도 일반적으로 알고 있는 상식과 실제는 다르다. "술은 혈액순환에 좋으며, 적당한 음주는 건강에 좋다"라는 잘못된 생각과 함께, 건강에 좋은 음주량을 의미하는 '적정 음주량'이라는 개념도 있었다. '적정 음주량'은 건강에 좋은 음주량을 의미하여 국제암연구기금에서도 남자는 하루 두 잔까지, 여자는 하루 한 잔까지 허용하였지만, 지금은 그런 허용 기준은 사라졌다. WHO와 유럽 선진국의 음주 가이드라인 개정 이후, 2023년 WHO는 "건강을 위해서는 적정 음주는 없으며, 가장 건강한 습관은 소량의 음주도 하지 않는 것이며, 암을 예방하기 위해서는 술은 전혀 마시지 않아야 한다"라고 선언했다.

우리나라도 질병관리청 국가건강정보포털에 의하면, "술은 1군 발암물질이고, 신체적·정신적으로 다양한 해를 끼치므로, 건강과 암 예방을 위해 하루 한두 잔의 소량 음주도 피하는 것이 바람직하다"라고 단언하고 있다(정책브리핑, 2023. 12. 13.).

약간의 음주를 하는 사람은 술을 마시지 않는 사람에 대비해 심혈관 질환이 줄었다는 국내외의 연구 결과는 잘못된 전제 때문이었다. "술을 마시지 않는 그룹에는 암이나 간경화로 술을 마실 수 없는 사람들이 포함되어 이 그룹의 건강이 더 나쁜 것처럼 왜곡된 결과로 판명되었다." 술을 전혀 마시지 않는 사람보다 한 잔 마시는 사람의 사망률이 높아지고, 두 잔을 마시면 더 높아지며, 음주량 대비 사망률 그래프는 우상향한다. "음주량이 늘어날수록 사망률은 직선적으로 계속 높아진다"라고 질병관리청은 명시하고 있다.

국제사회도 음주의 문제점에 대한 경고를 취하기 시작했다. 프랑스와 스웨덴은 술에 대한 TV, 라디오 광고를 전면 금지하고 있다. 노르웨이, 핀란드, 스페인은 알코올 도수 15~22%의 기준을 둬 알코올 함량이 그 이상인 술의 광고를 금지한다. 미국도 월스트리트저널(2024. 6. 24.)에 의하면 미국 보건복지부(HHS)와 농무부(USDA)에서 30여 년 동안 권장해 온 소위 '적정 음주량'에 대한 논쟁이 촉발되고 있다. 정부 기관과 주류산업 간의 싸움이다. 미 정부가 5년 주기로 발간하는 '미국인을 위한 식생활 지침' 개정판에서 새로운 연구 결과 추세 반영을 위한 움직임 때문이다. 미국은 25세 이하 모델은 주류광고에 출연할 수 없다. 영국은 과도한 마케팅을 진행한 주류회사는 시장에서 퇴출하는 등 강력한 규제를 시행하고 있다.[159] 결론적으로 금주는 금연과 함께 건강에 필수적이라는 것이다.

　요약하자면, 건강 관련 속설이나 편향된 정보에 현혹되지 말아야 한다. 충분한 물을 마시고, 충분한 수면시간, 균형 잡힌 식단을 유지하며, 금주와 금연을 하는 것은 전반적인 건강을 위해 중요하다. 그리고 개인별로 구체적인 권장 사항은 다를 수 있으므로 의료 전문가와 논의해야 한다.

■ 장수 국가와 지역 그리고 그 이유

● **장수 인구가 상대적으로 많은 나라로는 일본이 있다.**
　일본이 기대 수명이 높고 100세 이상 인구가 많은 이유는 여러 가지다. 한 가지 이유는 일반적으로 포화지방 함유가 낮고 생선, 야채 그리고 통곡물이 풍부한 일본 식단 때문이다. 이 식단은 심장병, 뇌졸중, 그리고 특정 암의 낮은 비율과 관련이 있다.

아울러, 일본은 예방 치료와 질병의 조기 발견에 대한 접근을 제공하는 강력한 의료 시스템을 가지고 있다. 일본에서는 정기적인 건강검진이 일반적이며, 건강 관리 시스템은 단순히 질병을 치료하는 것보다 예방적인 관리를 강조한다.

일본에는 많은 수의 사람들이 또한, 걷기, 자전거 타기, 태극권과 같은 규칙적인 운동을 하는, 신체 활동 문화가 강하다. 이러한 활동적인 생활 방식은 전반적인 건강과 장수에 관여할 수 있다.

마지막으로, 일본은 공동체와 사회적 지원에 대한 강한 의식을 가지고 있다. 일본 노인들은 종종 가족과 지역사회에 의해 보살핌을 받으며, 이는 전반적인 복지에 기여할 수 있는 목적과 소속감을 제공할 수 있다. 전반적으로, 건강한 식단, 강력한 건강 관리 시스템, 활발한 생활 방식 그리고 강한 공동체 의식의 결합은 일본의 비교적 많은 장수 인구에 기여했다.

- **장수와 관련하여 지중해 연안 국가의 경우는 어떠한가?**

그리스, 이탈리아, 스페인, 포르투갈과 같은 지중해 연안에 위치한 국가들도 상대적으로 높은 기대수명과 100세 이상의 인구를 가진 것으로 알려져 있다. 이것은 붉은 고기와 가공식품을 제한하면서 과일, 채소, 통곡물, 생선, 올리브유를 강조하는 그들의 전통적인 지중해식 식단 때문이다. 이 식단은 심장병, 뇌졸중, 그리고 다른 만성 질환의 위험 감소와 관련이 있다.

식단 외에도, 지중해의 생활 방식은 신체 활동, 사회적 연결 그리고 편안한 삶의 속도를 강조한다. 걷기나 자전거 타기와 같은 규칙적인 신체 활동은 많은 지중해 국가의 일상생활에서 흔한 부분이며, 그들의 사회적 연결과 공동체 지원은 대체로 강한 편이다.

아울러, 지중해 식단과 생활 방식이 정신 건강에도 긍정적인 영향을 미칠 수 있다는 증거가 있다. 여러 연구 결과가 지중해식 식단을 고수하는 것이 우울증과 인지능력 저하의 위험을 줄이는 것과 관련이 있다는 것을 보여 준 것이다.

건강한 식단, 신체 활동, 사회적 연결 그리고 편안한 생활 방식의 조합은 지중해 국가에서 상대적으로 높은 기대 수명과 장수 인구에 기여하고 있다.

■ 건강한 삶을 위한 조언

세계적인 의사나 과학자들이 건강을 위한 규칙을 세운 적이 있는가? 건강한 라이프스타일을 연구하고 증진시키기 위해 그들의 경력을 바친 세계적인 의사들과 과학자들이 많이 있다. 모든 사람에게 적용되는 건강에 대한 규칙이 하나도 없지만, 과학적 연구와 의학적 지식에 기초하여 확립된 몇 가지 일반적인 지침이 있다.

예를 들어, 세계보건기구WHO와 미국심장협회AHA와 같은 단체들은 신체 활동, 식이요법 그리고 금연에 대한 권고를 포함하여 건강한 생활 방식을 유지하기 위한 지침을 제정했다. 많은 의사들과 과학자들은 건강과 웰니스와 관련된 주제에 관한 책과 기사를 썼고, 건강을 개선하고자 하는 사람들에게 조언과 지침을 제공했다. 그러한 전문가들의 예로는 딘 오니쉬 박사, 마크 하이먼 박사, 마이클 그레거 박사가 있다.

궁극적으로, 건강에 대한 규칙은 개인의 필요, 목표 그리고 상황에 따라 달라질 것이다. 최적의 건강과 웰빙을 유지하기 위한 개인화된 계획을 개발하기 위해서는 자격을 갖춘 의료 전문가와 상담하는 것이 중요하다.

● **건강한 삶을 위한 조언 몇 가지**
건강한 생활 방식을 유지하기 위한 몇 가지 팁이 있다.

- ◆ 균형 잡힌 식사를 하라: 과일, 야채, 통곡물, 지방이 적은 단백질 그리고 건강한 지방을 많이 먹는 것에 집중하라.
- ◆ 수분을 유지하라: 수분을 유지하고 전반적인 건강을 유지하기 위해 하루 종일 충분한 물을 마셔라.
- ◆ 규칙적인 신체 활동을 하라: 일주일에 적어도 150분의 중간 강도의 운동이나 75분의 격렬한 강도의 운동을 목표로 하라.

- 수면 우선순위: 전반적인 건강과 웰빙을 지원하기 위해 하룻밤에 7~8시간의 질 좋은 수면을 취하라.
- 스트레스 관리: 스트레스 수준을 관리하기 위해 심호흡, 명상 또는 요가와 같은 스트레스를 줄이는 기술을 연습하라.
- 담배를 피하고 술을 제한하라: 술을 마신다면 적당히 마시고 담배 제품은 피하라. 새로운 WHO 지침은 적정량의 음주는 없으며, 금주를 강조함에 유념하라.
- 연결 상태 유지: 친구나 가족과 사회적 관계를 유지하고, 자신에게 기쁨과 성취감을 주는 활동에 참여하라.
- 정기검진 받기: 건강 문제를 감지하고 예방하기 위해 정기적으로 건강검진을 받도록 하라.

기억하라! 자신의 생활 방식에 작고 일관된 변화를 만드는 것은 전반적인 건강과 웰빙에 큰 영향을 미칠 수 있다. 한 번에 하나 또는 두 개의 변경 사항으로 시작하여, 건강과 웰빙을 구축해 나가도록 하자.

14-2. 행복한 삶

행복이란 무엇인가?

행복은 정확하게 정의하기 어려운 주관적인 경험이다. 그러나 일반적으로 쾌락, 만족, 삶에 대한 만족감으로 특징지어지는 긍정적인 감정 상태를 의미한다. 행복은 개인의 기질, 사회 문화적 맥락, 삶의 환경 그리고 개인적 가치와 목표를 포함한 다양한 요소들에 의해 영향을 받을 수 있다.

심리학과 신경과학의 연구는 긍정적인 관계와 사회적 연결, 삶의 목적과 의미, 의미 있는 활동에 대한 참여, 신체적·정신적 안녕 그리고 자신의 감정과 생각을 조절하는 능력을 포함하여 행복과 관련된 몇 가지 요소들을 확인했다.

행복은 종종 즐거움과 긍정적인 감정과 동일시되지만, 그것은 다양한 감정과 마음의 상태를 포함할 수 있는 복잡하고 다면적인 경험이라는 것을 주목하는 것이 중요하다. 더욱이 개인의 차이와 선호도가 행복의 경험을 형성하는 데 중요한 역할을 하므로 한 사람에게 행복을 주는 것이 반드시 다른 사람에게 행복을 주는 것은 아닐 수도 있다.

■ 철학자나 사회과학자들의 행복에 대한 정의와 행복 성취 방법

다음은 철학자나 사회과학자, 심리학자들의 행복에 대한 정의나 성취 방법에 관한 설명이다.

- ◆ 아리스토텔레스: 그는 행복이 인간 삶의 궁극적인 목표이며, 그것은 미덕의 삶을 살고 탁월함을 추구함으로써 성취될 수 있다고 믿었다. 그는 행복이 단순한 일시적 감정이 아니라 평생 좋은 선택과 행동을 통해 성취되는 장기적인 존재 상태라고 믿었다.
- ◆ 에피쿠로스: 행복은 고통의 부재와 두려움으로부터의 자유이며, 단순하고 겸손한 삶을 통해 달성된다. 그는 행복을 고통과 두려움이 없는

단순한 삶의 결과라고 믿었다. 그는 쾌락이 삶의 궁극적인 목표이지만, 쾌락은 절제되고 장기적인 행복을 향한 안목으로 추구되어야 한다고 믿었다.

- ◆ 제레미 벤담: 행복은 기쁨의 극대화와 고통의 최소화로, 개인의 이기심을 추구하고 가장 많은 사람들을 위한 최대의 선을 추구함으로써 달성되는 것이다. 벤담은 행복이 인간 삶의 궁극적인 목표라고 믿었던 영향력 있는 공리주의 철학자였다. 그는 행복을 추구하는 것이 가장 중요한 도덕적 원칙이며, 그것은 가장 많은 사람들을 위한 가장 큰 선을 통해 달성되어야 한다고 믿었다. 벤담은 즐거움과 고통이 행복에 영향을 미치는 두 가지 핵심 요소이며, 즐거움을 극대화하고 고통을 최소화하는 정책을 통해 행복을 증진시키는 것이 정부의 역할이라고 믿었다.
- ◆ 마틴 셀리그먼: 행복은 긍정적인 감정, 참여, 관계, 의미, 성취의 결합으로, 장점과 미덕을 배양함으로써 달성된다.
- ◆ 에드 다이어너: 행복은 기본적인 욕구 충족, 긍정적인 사회적 관계 형성, 의미 있는 목표 추구를 통해 달성되는 웰빙과 삶의 만족에 대한 주관적인 경험이다.
- ◆ 에이브러햄 매슬로: 행복은 기본적인 생리적, 안전적 욕구를 충족시킨 후 자아실현, 초월 등 고차적 욕구를 충족시킨 결과다.
- ◆ 미하이 칙센트미하이: 행복은 도전적이고 매력적인 활동에서 완전히 흡수되고 즐기는 상태인 '흐름'Flow, 즐거운 참여에 의한 몰입을 경험함으로써 달성된다.

우리가 행복론 관련 3대 철학자로 알고 있는 칼 힐티와 알랭은 윤리와 도덕을 포함한 다양한 주제에 대해 저술한 철학자이지만, 그들은 일반적으로 "행복주의자"나 행복에 대해 구체적으로 저술한 철학자로 간주되지 않는다. 반면에 버트런드 러셀은 그의 책 『행복의 정복』에서 행복에 관해 썼다. 러셀은 이 작품에서 행복은 내적 요인과 외적 요인의 결합을 통해 이루어진다고 주장한다. 그는 한 사람의 심리적 구성, 외부 환경 그리고 다른 사람들과의 관계가 모두 그들의 행복 수준을 결정하는 역할을 한다고 제안한다. 러셀은 또한 삶에서 의미와 목적을 찾는 것과 기쁨과 만족을 가져오는 활동을 추구하는 것의 중요성을 강조한다. 전반적으로, 러셀의 철학은 성취감을 주는 동시에 행복에 도움이 되는 방식으로 사는 것의 중요성을 강조한다.

행복에 대한 많은 다양한 관점이 있으며, 어떤 하나의 정의나 설명도 이 경험의 전체적인 복잡성을 포착할 수 없다는 것에 주목하는 것이 중요하다.

● **만약 뇌과학적으로 '행복=세로토닌'이라면, 행복은 단지 화학 작용인가?**
세로토닌이 기분을 조절하는 역할을 하는 신경전달물질인 것은 사실이지만, 행복을 세로토닌과 동일시하는 것은 지나친 단순화일 것이다. 행복은 사회적, 심리적, 환경적 요인을 포함한 광범위한 요인들에 의해 영향을 받는 복잡하고 다면적인 경험이다. 뇌 화학이 확실히 우리의 감정과 경험을 형성하는 역할을 하지만, 그것은 훨씬 더 큰 퍼즐의 한 조각일 뿐이다.

세로토닌과 행복의 관계가 단순한 관계가 아니라는 점도 주목할 필요가 있다. 세로토닌의 높은 수치는 종종 기분 개선과 관련이 있지만, 연구는 세로토닌과 행복 사이의 관계가 간단하지 않다는 것을 보여 주었다. 예를 들어, 심각한 우울증을 가진 일부 사람들은 세로토닌 수치가 높은 한편, 낮은 세로토닌 수치를 가진 다른 사람들은 우울증을 경험하지 않는 것으로 밝혀졌다. 게다가 세로토닌 수치에 영향을 미치는 특정 약물들이 우울증과 불안을 치료하는 데 효과적일 수 있지만, 그것들이 모든 사람들에게 효과적인 것은 아니다.

요컨대, 행복에는 확실히 신경화학적인 요소가 있지만, 그것은 이 복잡하고 다면적인 경험에 기여하는 많은 요소들 중 하나일 뿐이다.

● **행복은 어떻게 오는가?**

행복은 다양한 원천에서 나올 수 있고 다양한 요인에 의해 영향을 받을 수 있다. 행복의 경험은 복잡하고 다면적이지만, 행복이 발생할 수 있는 몇 가지 일반적인 방법은 다음과 같다.

- ◆ 긍정적인 관계: 친구, 가족, 공동체와의 강한 사회적 연결은 소속감, 지지감, 기쁨을 가져다줄 수 있으며, 이는 전반적인 행복에 기여할 수 있다.
- ◆ 의미 있는 활동에 참여하기: 목적과 의미를 제공하는 취미, 열정, 또는 활동을 추구하는 것은 성취감과 만족감으로 이어질 수 있고, 이것은 행복에 기여할 수 있다.
- ◆ 신체적, 정신적 행복: 충분한 잠을 자고, 건강한 식단을 먹고, 규칙적인 운동을 하는 것을 포함한 신체 건강을 돌보는 것은 전반적인 웰빙을 향상시키고, 행복에 기여할 수 있다. 마찬가지로, 스트레스를 관리하고 필요할 때 도움을 구하는 것을 포함하여, 사람의 정신 건강을 돌보는

것은 또한 행복에 기여할 수 있다.
- ◆ 감사와 배려: 현재의 순간에 집중하고, 감사를 실천하고, 긍정적인 사고 방식을 기르는 것은 행복감과 만족감을 키우는 데 도움이 될 수 있다.
- ◆ 개인의 성장과 발전: 새로운 기술이나 지식을 배우는 것을 포함하여 개인의 성장과 발전을 추구하는 것은 성취감을 제공하고 행복에 기여할 수 있다.

행복은 복잡하고 주관적인 경험이며, 한 사람에게 행복을 주는 것이 반드시 다른 사람에게 행복을 주는 것은 아니라는 점에 주목하는 것이 중요하다. 더욱이 행복은 내적 요인과 외적 요인의 조합에 의해 영향을 받는 경우가 많으며, 개인의 기질, 생활 환경, 기타 요인에 따라 달라질 수 있다.

■ 성공과 행복의 관계를 어떻게 봐야 할까?

성공과 행복의 관계는 복잡하고 다면적이다. 많은 사람들이 성공이 행복으로 이어진다고 생각하는 반면, 연구는 두 가지의 관계가 간단하지 않다는 것을 보여 주었다.

목표를 성취하고 성취감을 경험하는 것은 확실히 행복과 만족의 감정으로 이어질 수 있다. 이런 의미에서 성공은 행복에 기여할 수 있다. 반면에, 다른 연구는 행복하지 않은 성공한 사람들이 많으며 전통적인 의미로는 성공하지 못했으나 행복한 사람들이 많다는 것을 보여 주었다. 사실 연구들은 소득과 행복 사이에는 약한 상관관계가 있다는 것을 발견했고, 이는 물질적 성공이 행복의 신뢰할 수 있는 예측 변수가 아니라는 것을 시사한다.

  아울러, 성공을 추구하는 것이 때로는 행복을 미루거나 희생하는 대가로 올 수 있다는 증거가 있다. 예를 들어, 성공을 달성하는 것에 매우 집중하는 사람들은 "관계, 건강, 또는 행복에 중요한 삶의 다른 측면들"을 소홀히 할 수 있다. 전반적으로, 성공이 행복에 기여할 수는 있지만, 그것이 행복을 보장하는 것은 아니라는 것을 인식하는 것이 중요하다.

  사회적 연결, 건강 그리고 개인적 성취와 같은 다른 요소들 또한 행복을 위해 중요하며, 성공을 추구하는 것과 함께 균형을 위해 노력하고, 이러한 다른 요소들에 우선순위를 두는 것이 중요하다.

■ 건강과 행복 사이에는 어떤 관계가 있는가?

  건강과 행복의 관계는 복잡하고 다면적이다. 한편으로, 건강이 행복에 기여할 수 있다는 증거가 있다. 우리가 신체적으로 건강할 때, 우리는 더 많은 에너지를 얻고, 기분이 좋아지고, 우리가 즐기는 활동에 참여할 수 있다. 아울러, 좋은 건강은 우리가 삶에 대한 통제감과 지배감을 느끼도록 할 수 있고, 이는 행복과 행복의 감정에 기여할 수 있다.

반면에, 행복이 건강에 기여할 수 있다는 증거도 있다. 예를 들어, 연구는 더 높은 수준의 행복을 보고하는 사람들이 심장병과 뇌졸중과 같은 특정한 건강 문제에 걸릴 가능성이 적다는 것을 보여 주었다. 추가적으로, 행복은 더 강한 면역 기능, 더 나은 수면 그리고 만성적인 고통의 위험 감소와 관련이 있다.

또한, 건강과 행복 사이의 관계는 순환적일 수 있다. 우리가 행복할 때, 우리는 운동을 하고, 잘 먹고, 충분한 수면을 취하는 것과 같은 건강한 행동을 할 가능성이 더 높다. 이러한 행동들은 차례로 우리의 행복을 더욱 증진시킬 수 있는 더 나은 건강에 기여할 수 있다.

전반적으로 건강과 행복의 관계는 복잡하고 다면적이다. 좋은 건강이 행복에 기여할 수 있지만, 다른 많은 요소들도 행복과 웰빙의 경험을 형성하는 데 역할을 한다는 것을 인식하는 것이 중요하다.

■ 행복한 삶을 위한 조건

● 하버드대 72년간의 종단 연구

조지 베일런트George Vaillant 교수가 72년간 하버드 대학에서 진행한 행복에 관한 종단적 연구인 인생 성장 보고서에서 도출한 각각의 키워드에 대해 살펴본다. 조지 베일런트는 하버드 성인 발달 연구라고 불리는 성인 발달에 대한 72년간의 종단적인 연구를 수행했는데, 이 연구는 삶의 행복과 행복에 기여하는 요소들에 대한 귀중한 통찰력을 제공했다.

다음은 하버드 성인 발달연구에서 파생된 몇 가지 핵심 개념과 키워드이다.

- ◆ 회복력 Resilience: 어려운 경험에서 회복하고 긍정적인 인생관을 유지하는 능력
- ◆ 사회적 지원 Social support: 친밀한 우정과 가족 관계를 포함하여 평생 동안 강력한 사회적 연결을 유지하는 것의 중요성
- ◆ 감정조절 Emotion regulation: 자신의 감정을 건강한 방식으로 관리하고 조절하는 능력은 정신 건강과 전반적인 웰빙에 중요한 요소
- ◆ 긍정적 노화 Positive aging: 노화가 긍정적이고 성취감을 주는 경험이 될 수 있고, 노인들이 계속해서 배우고 성장하며 사회에 기여할 수 있다는 생각
- ◆ 삶의 만족도 Life satisfaction: 전반적인 행복에 대한 주관적인 감각과 자신의 삶에 대한 만족감
- ◆ 목적과 의미 Purpose and meaning: 일, 취미, 관계, 영성 등 다양한 원천에서 나올 수 있는 삶의 목적과 의미를 갖는 것의 중요성
- ◆ 자기 인식 Self-awareness: 개인의 성장과 발달에 중요한 자신과 자신의 감정, 생각, 행동을 이해하는 능력
- ◆ 후진양성 욕구 Generativity: 멘토링, 자선 활동 또는 다른 형태의 기부 형태로 나타나는 미래 세대의 복지에 기여하고 싶은 욕구
- ◆ 역경과 성장 Adversity and growth: 역경에 직면하고 도전을 극복하는 것이 개인의 성장과 발전으로 이어질 수 있다는 생각

전반적으로, 하버드 성인 발달연구는 행복하고 성취감 있는 삶에 기여

하는 요인들에 대한 귀중한 통찰력을 제공했으며, 평생 동안 웰빙을 촉진하는 데 있어 사회적 연결, 정서적 조절, 목적과 의미, 회복력의 중요성을 강조해 왔다.

● **스탠포드대 행복 트랙**

스탠포드 대학 엠마 세팔라Emma Seppala의 『해피니스 트랙』The Happiness Track 행복 프레임에 대해 살펴본다.[160]

엠마 세팔라는 잘 알려진 심리학자이자 스탠포드 대학의 연구원으로 웰빙과 행복의 과학에 관한 광범위한 연구를 수행했다. 그녀의 책 『해피니스 트랙』은 삶에서 더 큰 행복과 웰빙을 달성하기 위한 포괄적인 틀을 설명한다. 다음은 세팔라의 행복 프레임워크의 주요 구성 요소이다.

◆ 자가 관리Self-care: 운동, 건강한 식사, 충분한 수면과 같은 연습을 통해 자신을 돌보는 것의 중요성을 강조한다. 또한 자기 연민과 자기 수용의 중요성을 강조한다.

◆ 마음 챙김Mindfulness: 스트레스를 줄이고 웰빙을 증가시키는 강력한 도구로서 마음 챙김 명상의 실천을 옹호한다.

◆ 동정심Compassion: 스트레스를 줄이고 웰빙을 촉진하는 방법으로 자신과 다른 사람들에 대한 연민과 공감을 기르는 것의 중요성을 강조한다.

◆ 사회적 연결Social connections: 행복과 웰빙을 촉진하는 방법으로 친구, 가족, 지역사회와의 강력한 사회적 연결을 유지하는 것의 중요성을 강조한다.

◆ 목적과 의미Purpose and meaning: 일, 관계, 또는 다른 출처를 통해 삶의 목적과 의미를 찾는 것의 중요성을 강조한다.

- 감사Gratitude: 긍정적인 감정을 기르고 행복을 증가시키는 방법으로 감사의 실천을 옹호한다.
- 회복력Resilience: 삶의 도전에 직면하여 행복과 행복을 증진시키는 방법으로 역경에 대한 회복탄력성을 기르는 것의 중요성을 강조한다.

전반적으로 세팔라의 행복 틀은 자신을 돌보고 긍정적인 감정을 함양하며 강한 사회적 연결과 삶의 목적과 의미를 유지하는 것의 중요성을 강조한다. 이러한 핵심 요소들에 집중함으로써, 개인들은 그들의 삶에서 더 큰 행복과 행복을 기를 수 있다.

● 영국 BBC의「행복 10계명」

BBC의 행복 관련 다큐멘터리 「행복 10계명」Happiness 10 Commandments은 무엇인가? 이 방송 내용과 연구 결과를 정리한 리즈 호가드의『영국 BBC 다큐멘터리 행복』(2006)에 의하면 다음과 같다. BBC 다큐멘터리는 런던 인근 소도시인 슬로우에서, 2005년 10월 25일부터 방영된 프로그램 Making Slough Happy: a seriously happy experiment on BBC TWO이다. 심리학과 경제학 등 다양한 분야에 걸쳐 6명의 행복 전문가들이 이례적인 3개월의 사회 실험에 착수하여, 버크셔 마을 슬로우 사람들의 행복 수준을 향상하기 위해 노력했다. 주민들에게 다음의 열 가지를 실천하도록 하여 3개월 동안 '행복' 변화도를 측정하는 방식으로 진행하였다.[161]

- 운동하라. 일주일에 3회, 30분씩이면 충분하다.
- 좋았던 일을 떠올려 보라. 하루를 마무리할 때마다 당신이 감사해야 할 일 다섯 가지를 생각하라.

- 대화를 나누라. 매주 온전히 한 시간은 배우자나 가장 친한 친구들과 대화를 나누라.
- 식물을 가꾸라. 아주 작은 화분도 좋다. 죽이지만 마라!
- TV 시청 시간을 반으로 줄여라.
- 미소를 지어라. 적어도 하루에 한 번은 낯선 사람에게 미소를 짓거나 인사하라.
- 친구에게 전화하라. 오랫동안 소원했던 친구나 지인들에게 연락해서 만나기로 약속하라.
- 하루에 한 번 유쾌하게 웃어라.
- 매일 자신에게 작은 선물을 하라. 그리고 그 선물을 즐기는 시간을 가져라.
- 매일 누군가에게 친절을 베풀어라.

「행복 10계명」은 BBC가 제작한 다큐멘터리로, 행복과 웰빙의 과학을 탐구한다. 그 다큐멘터리는 마이클 모슬리 박사 Dr. Michael Mosley 에 의해 발표된다. 행복과 더 행복한 삶을 살기 위해 무엇이 필요한지에 관한 최신 연구를 탐구하는 의사이자 과학 저널리스트인 마이클 모슬리이다.

「행복 10계명」은 모슬리 박사가 행복과 웰빙을 증진시키기 위해 중요하다고 확인한 10가지 핵심 원칙이다. 이러한 원칙은 다음과 같다.

- 연결 Connect: 친구, 가족과 강한 사회적 관계를 형성하는 것은 행복을 위해 중요하다.
- 적극적으로 행동하라 Be active: 규칙적인 운동은 신체적, 정신적 안녕을 위해 중요하다.

- 기부Give: 자원봉사를 통해서든 자선 기부를 통해서든 다른 사람들에게 기부를 하는 것은 행복과 성취감의 감정을 증진시킬 수 있다.
- 계속 배우기 Keep learning: 새로운 것을 배우고 스스로에게 도전하는 것은 개인의 성장과 웰빙을 촉진할 수 있다.
- 주의Take notice: 마음을 갖고 그 순간에 존재하는 것은 행복감과 만족감을 증진시킬 수 있다.
- 감사를 실천하라Practice gratitude: 삶의 좋은 점에 집중하고 감사를 표하는 것은 긍정적인 감정과 행복을 증진시킬 수 있다.
- 친절하라Be kind: 자신과 다른 사람들에게 친절한 것은 행복과 긍정적인 사회적 연결을 증진시킬 수 있다.
- 그 순간을 즐겨라Savor the moment: 인생에서 좋은 것들을 즐기고 감사하는 시간을 갖는 것은 행복을 증진시킬 수 있다.
- 의미 찾기Find meaning: 삶의 목적과 의미를 갖는 것은 행복을 증진시킬 수 있다.
- 도전을 받아들여라Embrace challenges: 회복력과 낙관으로 도전과 역경에 직면하는 것은 개인의 성장과 행복을 촉진할 수 있다.

더 행복한 삶을 살기 위한 통찰력과 팁을 제공하는 심리학, 신경과학, 웰빙 분야의 전문가들과의 인터뷰가 이 다큐멘터리의 특징이다. 이 다큐멘터리는 이러한 「행복 10계명」을 탐구함으로써 시청자들이 그들 자신의 삶에서 더 큰 행복과 웰빙을 기르기 위한 실질적인 조언을 제공하는 것을 목표로 하였다.

■ 스탠퍼드대, 영국 BBC, 하버드대학의 공통적 행복조건

"스탠퍼드 대학 엠마 세팔라Emma Seppala의 『해피니스 트랙』"과 영국 BBC의 행복 관련 다큐멘터리 「행복 10계명」과 하버드대학 조지 베일런트의 인생 행복에 관한 키워드를 종합해 보자.

행복 테마/원리	스탠퍼드대학 행복 트랙	BBC 「행복 10계명」	하버드대학 인생 성장 보고
사회적 연결 Social Connections	친구 및 가족과 강력한 사회적 연결을 구축하라	다른 사람들과 연결되고 사회적 관계를 구축하라	긍정적인 관계는 행복과 행복의 열쇠
신체적 건강 Physical Health	자기관리와 규칙적 운동 실천하라	적극적이고 신체 건강 우선시하라	신체 건강과 자기 관리는 웰빙에 중요
기부와 봉사 Giving and Service	봉사 활동이나 자선 기부를 통해 다른 사람들에게 돌려줘라	다른 사람들에게 베풀고 사회에 기여하라	베푸는 것과 봉사는 행복과 성취감과 관련
개인 성장과 학습 Personal Growth and Learning	학습 및 개인 성장 기회에 참여하라	계속 배우고 스스로에게 도전하라	학습과 개인적 성장은 웰빙을 촉진
마음 챙김과 존재감 Mindfulness and Presence	순간 인식과 마음 챙김하라	지금 순간을 주목하고 마음에 새겨라	마음 챙김과 인식은 웰빙의 핵심
감사 Gratitude	감사함을 기르고 삶의 좋은 것들에 집중하라	감사를 실천하고 긍정적인 것에 집중하라	삶의 좋은 점에 집중하는 것은 행복과 웰빙을 증진
친절 Kindness	자신과 다른 사람들에게 친절하라	자신과 다른 사람들에게 친절과 연민을 보여라	친절은 행복과 긍정적인 사회적 연결을 촉진

즐거움과 기쁨 Enjoyment and Pleasure	즐거운 순간을 음미하고 인생의 경험을 즐겨라	인생에서 좋은 것들에 감사하고 즐겨라	즐거움과 긍정적인 경험을 음미하는 것은 웰빙을 증진
목적과 의미 Purpose and Meaning	인생에서 의미와 목적을 찾아라	인생에서 의미와 목적을 찾아라	목적의식과 의미를 갖는 것은 웰빙과 관련
회복력과 낙관주의 Resilience and Optimism	회복력과 낙관주의로 도전에 직면하라	회복력과 낙관적인 태도로 도전을 받아들여라	회복력과 낙관주의는 개인의 성장과 행복을 촉진

* 참고: 이러한 범주는 전체 범주가 아니며 일부 원칙은 중복되거나 다른 출처에 의해 다르게 해석될 수도 있다.

■ 건강하고 행복한 삶을 위한 제안은 무엇인가?

하버드대학과 스탠퍼드대학 및 BBC 다큐멘터리 등의 '건강하고, 행복한 삶'을 위한 중점 요소들을 종합적으로 정리해 보기로 한다. 이에서 도출된 '건강하고 행복한 삶을 위한 몇 가지 제안'은 다음과 같다.

◆ 자기관리를 실천하라: 이것은 자신의 신체적, 감정적 그리고 정신적 건강을 돌보는 것을 포함한다. 충분한 수면을 취하고, 균형 잡힌 식사를 하고, 규칙적으로 운동을 하고, 스트레스를 관리하는 방법을 찾아라.
◆ 관계를 구축하고 유지하라: 사회적 연결은 행복을 위해 중요하다. 친구들과 가족들을 위한 시간을 만들고, 사교 클럽이나 그룹에 가입하고, 지역사회에서 자원봉사를 하라.

- 목적과 의미 찾기: 자신의 가치와 열정을 확인하고, 그에 맞는 활동에 참여할 수 있는 방법을 찾아라. 이는 일, 취미 또는 자원봉사 활동을 포함할 수 있다.
- 감사를 실천하라: 자신이 감사하는 것들에 집중하고, 정기적으로 감사를 표하라. 이는 더 긍정적인 전망을 배양하고 행복감과 만족감을 증진시키는 데 도움이 될 수 있다.
- 마음 챙김을 연습하라: 현재의 순간에 대한 인식을 기르고, 휴식과 스트레스 감소를 촉진하는 활동에 참여하라. 이에는 명상, 요가 또는 다른 형태의 마음 챙김 연습을 포함할 수 있다.
- 취미와 관심사에 참여하라: 자신에게 즐거움을 주는 활동들을 찾고 규칙적으로 그것을 위한 시간을 만들어라. 이에는 독서, 음악 감상, 정원 가꾸기, 골프 또는 자신이 즐기는 다른 활동을 포함할 수 있다.
- 돌려주기: 자원봉사나 자선단체에 기부하는 것과 같은 친절과 봉사의 행위에 참여하라. 돌려주는 것은 행복감과 성취감을 증진시킬 수 있다.

건강과 행복을 향한 사람들의 길은 각자 독특하다는 것을 기억하라, 그래서 자신에게 가장 잘 맞는 내용과 활동을 찾는 것이 중요하다.

비관론자는 모든 기회에서 어려움을 찾아내고, 낙관론자는 모든 어려움에서 기회를 찾아낸다.

- 윈스턴 처칠 Winston Churchill

나가며
Epilogue

Do what you can, with what you have, where you are.
당신이 가진 것으로, 당신이 있는 곳에서, 당신이 할 수 있는 일을 하라.

- 시어도어 루스벨트 Theodore Roosevelt

It is never too late to be what you might have been.
당신이 되고 싶었던 존재가 되기에는 지금도 결코 늦지 않았다.

- 조지 엘리엇 George Eliot

The difference between a successful person and others is not a lack of strength, not a lack of knoweldge, but rather a lack in will.
성공한 사람과 다른 사람과의 차이는 힘의 부족도, 지식의 부족도 아닌 의지의 부족이다.

- 빈스 롬바르디 Vince Lombardi

"어디까지 갈 수 있을까?"
"알 수 없는 일이다. 가 보지 않고서는."

■ 생명체의 "적응과 자연선택"

7만여 년 전에 출현하여, 지구별의 주인으로 등극한 호모사피엔스의 후예이자 현생 인류인 우리가 인생을 살아가는 '삶의 여정'에는 '예정된 길'도, 도달하고자 하는 '목적지'도 없는 것처럼 보인다. 자신의 의지와는 무관하게 그저 태어나서, 갑자기 부여된 환경 속에서 '어울리고, 부대끼며' 세상을 살아간다. 잘살아 가고자 하는 욕망은 모든 생명체에게 숙명처럼 주어진 기제이다. 인간에서 범위를 넓혀 '생물'의 경우, 한 개체는 개체의 생존과 종족 보존을 위한 번식 행동 행태로 진화해 왔다. 찰스 다윈Charles Darwin이 『종의 기원』(1859)에서 주창한 진화론 중 '자연선택'natural selection이란 "생물이 변화하는 자연환경에 적응하는 과정이 반복되면서, 생존과 생식의 방식이 종種, species에 따라 달라지는 현상"을 설명하는 말이다. 생존한 종이나 개체에 대해서는 '자연선택'이며, 멸종한 종이나 개체에 대한 언급은 '자연도태'이다.[162] 다르게 표현하면, 자연선택이란 특수한 환경하에서 생존에 적합한 형질을 지닌 개체군이 부적합한 형질을 지닌 개체군에 비해 '생존'과 '번식'에서 이익을 본다는 이론이다.

'자연선택'과 함께 써 왔던 유사한 용어로 '적자생존'survival of the fittest이 있다.[163] 그런데 적자fittest에 대한 생물학적 개념은 생식적 성공을 의미하는 것이지, 생존 그 자체를 의미하지 않는다. 또한 생명체는 생존과 생식을 향상시키는 특정한 표현형의 형질을 지니고 있으면 적합도가 더 높다. '적자생존'은 '자연선택'의 일부분이라 볼 수는 있으나 이를 명확하게 서술하지는 못한다. 그래서 현대진화학에서는 '적자생존' 대신 '자연선택'

을 사용하고 있다. 진화생물학계는 '자연선택'에 의한 진화이론에서 번식을 높이는 형질은 살아남고, 낮추는 형질은 도태된다고 할 때, "그 '무엇'에 대한 번식을 높이는 형질인가? 종이라는 '집단' 차원인가? '개체' 수준인가? 유전자gene 수준인가?"라는 질문에 대답을 추구해 왔다.

이 문제에 대해 20세기 후반의 조지 윌리엄스 등 진화생물학자들은 그간의 종 전체의 번성을 위한다는 1965년경 주류이던 '집단선택론'을 부정하며, 개체도 아닌 '유전자 선택론'의 시대를 열었다. 그는 『적응과 자연선택』(1966)에서 '적응'은 그 어떤 형질이 어디에 이로워서가 아닌 '번식상의 이득'을 제공하도록 자연선택에 의해 정교하게 입증해야 그 형질을 '적응'이라 판정하며, '적응'은 집단의 이득이 아니라 유전자 이득을 위해 만들어진다고 주장하였다.[164] 이후 "우리는 DNA라 불리는 분자를 후세에 전하기 위한 '생존 기계'일 뿐이다"라는 파격적인 주장으로 유명하며, 『이기적 유전자』(1976)로 큰 반향을 일으킨 옥스퍼드대 동물학과 교수 리처드 도킨스는 다음과 같이 언급하고 있다. "내가 쓴 『이기적 유전자』의 핵심은 조지 윌리엄스의 『적응과 자연선택』에 나오는 두어 단락 안에 다 들어 있다. 윌리엄스의 이 책은 진화이론이 발전하는 데 거대한 영향을 끼쳤다. 그를 깊이 존경한다."[165]

생명의 본성 이론의 핵심은 '자연선택'에 의한 진화이론으로 연결된다. 우리 인간도 생명체의 하나로서 수억 년이나 수백만 년에 걸친 자연선택과 무작위적인 돌연변이 과정을 거쳐 진행된 유전적 부동genetic drift의 결과인 유전적 다양성을 갖추고 있을 것이다. 동물의 행동을 '유전자의 눈'

의 관점에서 연구하는 사회생물학, 행동생태학을 인간에 적용하면 진화사회과학으로 명명되며, 이는 진화심리학, 인간행동생태학 등으로 구분된다. 진화심리학은 인간의 '행동'을 유발하는 '마음'의 복잡한 구조를 진화의 시각에서 파악한다.

■ 마음, 행동과 인생

우리가 이루고자 하는 이른바 '성공'을 위한 바람직한 '행동'을 가져오기 위해서는 '마음'이 이에 부응하도록 해야 한다. '마음'의 진화론적 기능은 무엇인가? '마음'은 인류가 진화한 먼 과거의 환경에서 조상들이 직면했던 적응적 문제들을 잘 해결하도록 자연선택에 의해 '설계된' 심리기제 psychological mechanism들의 묶음이다. 결론적으로, 외부에서 입력된 정보를 처리하여 먼 조상 이래 인류의 '생존과 번식'에 도움이 되는 행동을 산출하는 것이 된다. '마음'은 인류의 조상들이 수렵·채집 시대 이래 직면했던 적응적 문제 해결을 위해 설계된 심리적 적응들의 묶음이며 '마음'의 기능은 정보처리이다. '마음'은 다양한 적응적 문제에 대응하기 위한 다수의 심리기제들로 진화해 왔다. 과거의 진화적 기제가 현대 환경에서 적응적으로 변형되거나, 때로는 새로운 도전 과제를 야기하기도 한다. 과거 생존에 유용했던 감정과 기제들이 현대 환경에서는 부작용을 초래하기도 한다. 마음의 기능을 이해하고 이를 현대적 맥락에 맞게 활용하는 것이 중요하다.

우리가 현대 생활에서 안고 있는 수많은 인생 문제에는 정답이란 없다. 어떤 마음이 생겨 어떻게 행동할까? 인생이란 여정은 끊임없는 '선택'의 연속이며, 그 선택의 결과가 오늘의 자신이다. 미래에 무엇을 성취하려고 한다면, 그것을 위해 들인 '노력과 재능과 운'이라는 요소의 결합으로 그 결과와 성공 수준이 결정된다고 '성공의 함수'에서 설명한 바 있다. 무엇인가 하려는 선택인 '동기'와 무엇을 실행하는 '행동'의 선택 그리고 그것으로 초래된 '결과'들이 쌓인 것이, 그때까지의 자신의 '인생'이 된다.

우리는 최소의 비용으로 최대의 효과를 기대한다. 우리가 가진 '비용, 시간, 노력'과 같은 '자원'은 제한적이고 이루고자 하는 '욕망'은 무제한이기 때문이다. 경제학은 인간이 '합리적'으로 의사결정을 하고 투입 대비 산출의 효율이 최대화될 수 있도록 '선택' 행동을 다루는 학문이다. 자원이 제한된 상황에서 사람이 어떻게 행동하는지 연구하는 사회과학의 한 분야로서, 재화나 용역의 생산, 분배, 소비에 초점을 맞추며, 제한 자원을 이용한 최적 선택 문제를 다루는 학문이 경제학이다.

그런데 신고전파 경제학에서 언급하는 인간의 '합리성' 또는 의사결정 행위자의 '효용 최대화'라는 전제는 행동경제학자들로부터 반론에 직면하게 된다. 1978년 노벨 경제학상을 수상한 허버트 사이먼 Herbert Simon에 의하면, "인간의 의사결정은 예기할 수 없는 장래의 불확실성, 정보수집 능력이나 정보처리 능력상의 한계 등 다양한 제약 속에서 이루어지기 때문에 효용을 '최대화'하는 것은 불가능하며, 일정의 만족을 얻을 수 있도록 의사결정을 하는 것이다"라고 한다. 불완전 정보와 다원적 선택이라

는 조건하에서의 행동 방식으로 '만족화滿足化 행동원리'를 제안하였다.[166]

■ 인생은 끊임없는 선택과 결정

프랑스 실존주의 철학자 장 폴 사르트르는 "인생은 삶B-birth과 죽음 D-death 사이의 선택이다C-choice"라고 말했다. 사람은 태어나서 죽음에 이르기까지 끊임없는 선택의 연속에 놓여 있다는 설명이다. 그런데 이러한 '선택'의 문제를 다루는 행동경제학자들마저 자신의 인생에서 맞이하게 되는 다양한 선택의 문제에서 어려움을 겪기는 일반인과 다를 바 없다. 선택에 있어서 어려움을 겪는 증상을 '햄릿증후군'hamlet syndrome이라 한다. 셰익스피어의 희곡 『햄릿』의 주인공처럼 빨리 결정을 내리지 못하고 오랫동안 고민하는 사람들의 증세를 의미하며, 무엇을 선택할지 잘 몰라서 고통스러워하는 심리상태를 말한다. 우리에게 '결혼, 이직, 출산, 육아' 등등 삶의 중요한 순간마다 '최고의 결정' 또는 '밑지지 않을 결정'을 하는 것은 어려운 '선택'이다.

'선택의 효용'을 연구하는 저명한 과학자, 수학자, 행동경제학자들도 비슷한 어려움에 어찌할 줄 모르기는 일반 사람과 다를 바 없는 사례가 많다. 미국의 저명한 경제학자이며, 스탠퍼드대, UCLA, 워싱턴대 교수를 역임한 러셀 로버츠 Russell Roberts는 『결심이 필요한 순간들』Wild Problems에서 '답이 없는 문제'를 어떻게 풀어 나갔을까? 라는 주제로 더 나은 '선택' 문제를 다루며, 몇 가지 사례들을 언급하고 있다.[167] 역사상 가장 위대한 과학자 중 한 명인 다윈조차 결혼해야 할지 말아야 할지 장단점을 열거하며 합리적 선택을 고심했지만, 결국에는 결혼하기로 그만 '결심'하였다. 다윈은 사촌과 결혼하였고, 40년간 열 명의 자녀를 낳고, 현명한 조언자인 아내의 조력으로『종의 기원』이라는 대작을 발표하였다. '승산과 위험 확률 분야' 권위자인 스탠퍼드대 다이어코니스의 일화다. 그가 하버드대로 이직할지를 두고 고민할 때 주변에서 '비용 혜택 목록'으로 기대 효용을 계산해 보도록 권유했다. 그는 그러한 과정에서 자신이 원하는 진정한 의미를 알 수 있는 정도였으며, 결국은 '결심'의 문제임을 깨닫게 되었다. 러셀 로버츠는 삶에서 '최선의 배우자, 최고의 직장' 등을 찾는 문제에 대해서는, "과도한 부담을 내려놓아라"라고 조언한다. 사회과학자 허버트 사이먼의 주장처럼 '최적화'는 인간의 한계를 벗어나 있다고 강조한다. 인생은 계획대로 흘러가지 않는다. 사전에 계획한 바 대로 경력을 쌓아 가는 경우는 많지 않으며, 대부분은 그렇지 못하다. 나의 소망이나 선호, 의미가 있는 그 무엇은 우연한 선택을 통해 실체가 드러나기도 한다.

세계적 미래학자이며 비즈니스 사상가인 다니엘 핑크Daniel Pink의『후회의 재발견』The Power of regret은 105개국 2만여 명의 후회를 분석한 결과로서 '후회'라는 독특한 능력으로 성장하는 인간 내면 보고서이다.[168] 다니엘 핑크에 의하면, "후회야말로 인간을 인간답게 만드는 요소이며 인간이 스스로를 발전시킬 수 있었던 열쇠임"을 역설한다. 그는 "후회하는 능력은 고등동물만이 가지고 있는, 일종의 특권이며, 이 능력 덕분에 인간은 다른 동물보다 뛰어난 존재가 될 수 있었고, 후회는 피해야 할 감정이 아니라 '최적화'시켜 활용해야 하는 감정이다"라고 보고하고 있다. 그가 내린 결론은 "후회하지 않기 위해 너무 애쓰지 말고, 대세에 큰 지장 없으니 '그냥 해라'"였다.

■ 성공적인 인생 경영 지혜

바람직한 인생을 위한 '목표 설정'은 매우 중요하고, 필요하다. 길고 거친 인생 항로에서 나침반 없이 항해하는 것은 무모하기 때문이다. 그러나 '목표'란 그 설정 시점에서 장래나 미래를 보고 선택한 하나의 예정이며, 계획일 뿐이다. 환경이나 상황은 변하기 마련이며, 설정한 목표들을 이에 맞추어 조정하거나 변경하는 융통성이 매우 중요하다. 국가 경영이나, 기업체 경영과 같은 수준에서도 장기 목표, 중기 목표, 단기 목표로 구분하여 설정하고 관리하는 것은 이것과 무관하지 않다. 개인의 삶에서도 한번 설정한 목표를 시대 상황의 변화에도 불구하고 고수하는 것은 무지하며, 무모할 따름이다.

하나의 좋은 글이나 논문을 작성할 때, 처음 시작 시점에서 하는 두 가지 선택이 있다. 첫 번째는 우선 문장의 주요 구조를 잘 짜는 데 중점을 두는 방법이다. 이후 그에 맞추어 글이나, 논문을 작성해 나가는 형식이다. 두 번째는 무엇을 하고자 하는지 정하여 어느 정도만 개략적인 구조를 설정해 두고, 우선 쓰기 시작하는 방법이 있다. 두 가지 방법 모두가 장단점이 분명하다. 어떤 방법을 선택하는 것이 바람직할까? 이에 대한 단순한 응답은 글의 소재나 성격 또는 개인적인 취향과 역량에 따라 다르다고 할 수 있다. 이에 대한 전문가들의 의견도 분분하지만 두 번째 방법을 선택할 것을 추천한다. 전자의 경우 구조 작성에 너무 치중하다가 보면 계속하여 오랜 시간 동안 글의 구조만 짜다가 마는 경우도 허다하다. 후자의 경우, 적당하게 구조를 설정하고, 그에 따라 글을 써 나가면 된다. 작성하는 중간에 구조를 조정하기도 하고, 제목을 바꾸기도 하며, 작성된 글을 활용하여 새로운 프레임을 만들어 갈 수도 있어서, 노력과 시간을 많이 절약할 수가 있기 때문이다.

인생의 삶도 마찬가지이다. 인생에는 연습도 없고, 삶에서 맞이하는 다양한 문제들에는 정답도 없다. 그러나 인생 경영에서 바람직한 성공을 거두기 위한 전략은 단순하다. 장기적인 인생 목표를 설정해 두고, 이에 따른 노력으로 다양한 실패와 성공의 경험들을 쌓아 가면, 이를 통해 더욱 성숙한 수준으로 인생을 이끌어 나아갈 수 있다. 베토벤과 피카소와 같은 위대한 예술가조차 완벽한 설계로 음악을 만들고, 그림을 그리지 않았다고 알려져 있다. 베토벤은 우선 음을 만들면서 다음 음을 고르고 나아갔으며, 피카소도 일단 그리기 시작해 나아가며, 무엇을 그릴지를 생각했다고 알려져 있다. 우리 인생의 여정도 마찬가지 방식으로 성공을 만들어 갈 수 있다.

자신을 다른 사람의 기준이나 평가에 가두지 말아야 한다. 개개인 앞에 펼쳐진 수많은 기회를 성공으로 만들기 위해서는, 우선 자신의 마음과 행동을 성공 모드success mode로 바꾸고, 바로 시작하기를 제안한다.

독자 여러분의 인내심에 경의를 표하며, 바라는 성공에 한 걸음 가까워지고 있음을 믿어 의심하지 않는다.

Life isn't about finding yourself, Life is about creating yourself.
인생이란 스스로를 찾는 것이 아니라, 만들어 나아가는 과정이다.

- 조지 버나드 쇼 George Bernard Shaw

Success is not final, failure is not fatal. It is the courage to continue that counts.
성공은 최종적인 것이 아니며, 실패는 치명적이지 않다. 중요한 것은 계속하려는 용기이다.

- 윈스턴 처칠 Winston Churchill

참고 문헌

■ 제1편

1. namu.wiki/w/마이클 조던
2. J. K. Rowling, *Harry Porter*
   www.goodreads.com/author/show/1077326.J_K_Rowling
   www.jkrowling.com
3. University of Alberta, neuroscientists, *Journal of Biological Rhythms*, Jun, 2009.
4. Roberts, R. D., & Kyllonen, P. C., 'Morningness-eveningness and intelligence: Early to bed, early to rise will likely make you anything but wise!' *Personality and Individual Differences* (1999) 27(6), 1123-1133.
5. Simon Archer, 'research on the effects of sleep patterns on the body's circadian rhythm' *Current Biology*, 2003.
6. 앤드류 매튜스: 호주 남부 출신으로 25세에 미국으로 가서 카투니스트가 되었다. 1988년 처음 출간한 『BEING HAPPY!』는 170만 부 이상 팔리며 최단기간에 밀리언셀러가 됐고, 국내에도 소개된 『마음 가는 대로 해라』, 『친구는 돈보다 소중하다』는 100만 부 이상 판매되었다.
7. 칼 벅스트롬, 제빈 웨스트 저, 박선령 역, *똑똑하게 생존하기* Calling Bullshit, 로크미디어, 2022.
8. 론다 번 저, 김우열 역, *시크릿: 수 세기 동안 단 1%만이 알았던 부와 성공의 '비밀'*, 살림출판사, 2022.
9. 월리스 와틀스 저, 김정우 역, *부의 바이블*, 책들의 정원, 2023.
10. 찰스 F. 해낼 저, 박지경 역, *성공의 비밀을 밝히는 마스터키 시스템*, 넥스웍, 2022.
11. 나폴레온 힐 저, 빌 하틀리 편저, 이한이 역, *생각하라 그리고 부자가 되어라*, 반니, 2021.
12. 리 매킨타이어 저, 김재경 역, *포스트트루스*, 두리반, 2019.
13. E. L. 제임스 저, 박은서 역, *그레이의 50가지 그림자*, 시공사, 2012.
14. 댄 브라운 저, 안종설 역, *다빈치 코드*, 문학수첩, 2013.
15. 데일 카네기 저, 임상훈 역, *데일 카네기 인간관계론(How to Win Friends and Influence People(1936))*, 현대지성, 2019.
16. 티모시 페리스 저, 최원형·윤동주 역, *나는 4시간만 일한다(The 4-Hour Work Week)*, 다른상상, 2023.

17 에모토 마사루 저, 홍성민 역, *물은 답을 알고 있다(水は答えを知っている)*, 더난출판사, 2008.
18 조 디스펜자 저, 편기욱 역, *브레이킹, 당신이라는 습관을 깨라*, 샨티, 2021.
19 Bruce H. Lipton, *The Biology of Belief*, HAY HOUSE, INC. 2008.
20 루이스 L. 헤이 저, 유희영 역, *힘은 당신 안에 있다*, 나들목, 2007.
21 Donella H. Meadows, Dennis L. Meadows, Jorgen Randers, William W. Behrens Ⅲ, 'A Report for THE CLUB OF ROME'S Project on the Predicament of Mankind', *The Limits to Growth*, A POTOMAC ASSOCIATES BOOK, 1972.
22 마이클 울프 저, 장경덕 역, *화염과 분노: 트럼프 백악관의 내부*, 은행나무, 2018.
23 Bob Woodward, *Fear: Trump in the White House*, Simon & Schuster, 2018.
24 Herrnstein, R. J. and C. Murray, *The Bell Curve: Intelligence and Class Structure in American Life*, New York: The Free Press. 1996.
25 Pauline R. Clance, Suzanne A. Imes, *The Impostor Phenomenon in High-Achieving Women: Dynamics and Therapeutic Intervention*, 1978.
26 Russ Harris, *The Confidence Gap*, Little, Brown Book Group 2019.
27 로빈 디앤젤로 저, 이재만 역, *백인의 취약성: 왜 백인은 인종주의에 대해 이야기하기를 그토록 어려워하는가*, 책과함께, 2020.
28 브로니 웨어 저, 유윤한 역, *내가 원하는 삶을 살았더라면*, 피플트리, 2013.
29 에크하르트 톨레 저, 노혜숙·유영일 역, *지금 이 순간을 살아라*, 양문, 2008.
30 빅터 프랭클 저, 이시형 역, *빅터 프랭클의 죽음의 수용소에서(Man's Search for Meaning)*, 청아출판사, 2020.
31 에릭 리스 저, 이창수·송우일 역, *린 스타트업: 지속적 혁신을 실현하는 창업의 과학*, 인사이트, 2012.
32 캐럴 드웩 저, 김준수 역, *마인드셋: 스탠퍼드대 인간 성장 프로젝트 원하는 것을 이루는 태도의 힘*, 스몰빅라이프, 2023.
33 말콤 글래드웰 저, 노정태 역, 최인철 감수, *아웃라이어*, 김영사, 2019.
34 '1만 시간의 법칙': 말콤 글래드웰의 『아웃라이어』를 통해 널리 알려진 이것은 미국의 신경과학자 다니엘 레비틴(Daniel Levitin)이 제시한 이론이다. 그의 연구에서 어느 분야에서든 세계 수준의 전문가, 마스터가 되려면 1만 시간의 연습이 필요하다는 결론을 도출하였다. 그에 의하면, "작곡가, 야구 선수, 소설가, 스케이트 선수, 피아니스트, 체스 선수, 숙달된 범죄자, 그 밖에 어떤 분야에서든 연구를 거듭하면 할수록 이 수치를 확인할 수 있다. 1만 시간은 대략 하루 3시간, 일주일에 20시간씩 10년간 연습한 것과 같다. 어느 분야에서든 이보다 적은 시간을 연습해 세계 수준의 전문가가 탄생한 경우를 발견하지는 못했다.

어쩌면 두뇌는 진정한 숙련자의 경지에 접어들기까지 그 정도의 시간을 요구하는지도 모르겠다"라고 설명하였다.

■ 제2편

35 Charles Robert Darwin, On the Origin of Species by means of Natural Selection or the preservation of favoured races in the struggle for life, 1859.
36 Edward Osborne Wilson, *Primer of Population Biology*, 1971.
에드워드 윌슨 저, 이한음 역, 인간 본성에 대하여, 사이언스북스, 2000.
37 리처드 도킨스 저, 홍영남·이상임 역, *이기적 유전자*, 을류문화사, 2022.
38 Konrad Lorenz, *Motivation of Human and Animal Behavior: An Ethological View*, New York: D. Van Nostrand Co., 1973.
39 Steven Arthur Pinker, *The Blank Slate: The Denial of Human Nature*, Allen Lane, 2007.
40 인간의 성격을 다섯 가지의 상호 독립적인 요인들로 설명하는 성격심리학적 모형. 1976년에 심리학자 폴 코스타Paul Costa Jr.와 로버트 매크레이Robert R. McCrae가 개발했다. 학계에서 논의된 '5요인 모형'FFM: Five-Factor Model을 기반으로 하며, 검사지는 NEO-PI-R나 IPIP-NEO 등이 있다. 간혹 다섯 가지 요인들의 두문자어를 빌려서 OCEAN이라고도 불린다. 간략하게 요약된 Big 5 SLOAN도 있다.
Global 5-SLOAN Multidimensional Typing System, The Global 5 adaptation of the Big 5 consists of "Extroversion, Emotional Stability, Orderliness, Accommodation, and Intellect."
신경성 요인은 L(높음), C(낮음)이고 외향성 요인은 S(높음), R(낮음)이고 개방성 요인은 I(높음), N(낮음)이고 우호성 요인은 A(높음), E(낮음)이고 성실성 요인은 O(높음), U(낮음)이다.
41 마이어스-브릭스 유형 지표Myers-Briggs Type Indicator, MBTI는 작가 캐서린 쿡 브릭스Katharine C. Briggs와 그녀의 딸 이자벨 브릭스 마이어스Isabel B. Myers가 카를 융의 초기 분석심리학 모델을 바탕으로 1944년에 개발한 자기보고형 성격 유형 검사로, 사람의 성격을 열여섯 가지의 유형으로 나누어 설명한다.

유형		T		F	
		J	P	J	P
I	S	ISTJ	ISTP	ISFJ	ISFP
	N	INTJ	INTP	INFJ	INFP
E	S	ESTJ	ESTP	ESFJ	ESEP
	N	ENTJ	ENTP	ENFJ	ENFP
선호 세계		E (외향, Extroversion)		I (내향, Introversion)	
인식 형태		S (감각, Sensing)		N (직관, iNtuition)	
판단 기준		T (사고, Thinking)		F (감정, Feeling)	
생활양식		J (판단, Judging)		P (인식, Perceiving)	

42 사람을 아홉 가지 성격으로 분류하는 성격 유형 이론 중의 하나. 에니어그램(Enneagram)은 그리스어로 εννέα라는 말로 '9(아홉)'를 뜻하고, gram은 '도형'이란 뜻의 'γραμμος'에서 나왔다.

43 안토니오 다마지오 저, 임지원·고현석 역, *느낌의 진화: 생명과 문화를 만든 놀라운 순서*, 아르테, 2019.

44 리사 펠드먼 배럿 저, 변지영 역, *이토록 뜻밖의 뇌과학*, 도서출판길벗, 2021.

45 자율신경계와 정서 간의 관련성을 연구한 제임스W. James와 랑게K. Lange가 1884년 소개한 이론으로서, 정서를 느끼기 전에 자율신경적 흥분과 골격의 반응이 먼저 일어난다고 본다.

46 캐넌-바드 이론Cannon-Bard theory: 정서적 경험과 신체적 각성이 동시에 발생한다는 정서이론. 1927년 소개된 이 이론은 신체적 지각과 정서적 경험이 동시에 일어난다고 보았다. 미국의 생리학자인 월터 캐넌Walter Cannon과 그의 제자인 필립 바드Philip Bard는 생리적 반응을 관찰한 결과, 정서의 인지적 측면이 초래되기에는 정서 경험이 지나치게 빨리 일어난다고 보았다. 정서의 생리적 변화를 감지하지 못할 경우에도 인지적 측면을 경험할 수 있다고 주장하였다.

47 샤터-싱어Schachter-Singer(1962) 2요인 이론은 정서에는 신체적 각성과 인지적 해석이 함께 포함되어 있다고 본다. 신체 반응에 대한 인지적 해석에 따라 정서 경험에 중요한 역할을 한다고 본다. 맥락에 따라 각성에 공포나 흥미라는 이름을 붙일 수 있다.

48 blog.naver.com/jamjambooks/222530298677 참고

49 마르첼로 마시미니, 줄리오 토노니 저, 박인용 역, *의식은 언제 탄생하는가?*, 한언, 2016.

50 *Alison Jolly: A supremely social intelligence(1937-2014),* onlinelibrary.wiley.com/journal/15206505.

51 로빈 던바, "던바의 법칙"(*시장의 흐름이 보이는 경제 법칙 101*, 김민주)

52 우리의 뇌 중 변연계 가장 깊숙한 곳에 자리 잡고 있으며, 분노, 증오, 슬픔 절망, 공포 등 모든 부정적 감정에 불을 당기고, 기분 좋고 나쁨을 판단하는 부위가 있는데 바로 아미그달라(Amygdala)이다. '편도체'라고도 한다. 아미그달라를 달래는 방법들 중에서 가장 쉽고 효과가 좋은 방법은 UCLA의 매튜 리버만 박사가 추천하는 방법인데, 부정적인 감정이 일어날 때마다 "이건 분노야" "이건 불안이야" "이건 스트레스야" 등의 식으로 딱지를 붙여서 제3자의 눈으로 객관적으로 바라보는 것이다. [출처: 의사신문(www.doctorstimes.com)]

53 미국 매사추세츠 공대(MIT) 과학자들은 일정 시간을 혼자 보낸 뒤 사람들이 함께 어울리는 사진을 볼 때 활성화하는 뇌 영역이, 하루 종일 아무것도 먹지 않은 뒤 치즈파스타 접시 그림을 볼 때 활성화하는 뇌 영역과 같다는 걸 발견했다고 국제학술지 『네이처 뉴로사이언스』의 2020년 11월 23일 호에 발표했다.
이번 연구를 이끈 레베카 색스 교수는 "자의에 반해 고립된 사람들이 배고픈 사람이 음식을 갈망하는 것과 비슷한 방식으로 사회적 상호작용을 갈망하는 것은 사회적 상호작용이 인간의 기본적인 욕구라는 걸 말해 준다"라며 "심한 외로움은 배고픔과 비슷하게 부족한 것을 채우도록 사람들을 자극한다"라고 말했다.

54 시난 아랄 저, 엄성수 역, *하이프 머신*, 쌤앤파커스, 2022.

55 Mauricio Gonzalez-Forero, "Inference of ecological and social drivers of human brain-size evolution", *Nature 557*, 554-557, 2018.

56 David Oakley, Peter Halligan, "What if consciousness is not what drives the human mind?", *Frontiers of Psychology NOV.22*, 2017.

57 Oakley & Halligan, "Chasing the Rainbow: The Non-conscious Nature of Being", 2017.

58 텍사스 대학의 연구원들이(2021) 뉴로시엔 저널에 발표한 새로운 연구는 **무언가를 의도적으로 잊어버리려는 시도는 기억하려고 하는 것보다 더 많은 정신적 노력이 필요할 수 있다고 제안한다.** UT 오스틴의 심리학과 조교수인 Jarrod Lewis-Peacock은 연구에 대해 "우리는 뇌의 관심의 근원이 아니라 그 광경을 보고 있다"라고 말했다. 루이스-피콕은 "이것은 우리가 어떻게 처리하는지, 그리고 바라건대, 우리의 건강과 복지에 강력한 영향을 미칠 수 있는 그러한 강렬하고 끈적끈적한 감정적 기억들을 제거하기 위한 향후 연구를 위한 길을 열어 줄 것"이라고 결론지었다. (출처: news.utexas.edu.)

59 송민령, "뇌는 몸의 주인일까?", *사이언스*, 2017.

60 안면 피드백 가설Facial Feedback Hypothesis: 1988년 독일에서의 볼펜 실험. 독일의 심리학자 프리츠 슈트라크와 레너드 마틴, 자비네 스테퍼는 실험 참가자를 두 집단으로 나누고 A 집단에는 볼펜을 어금니에 물게 하고, B 집단은 볼펜을 코와 윗입술 사이에 끼운 채 만화를 보게 했다. A 집단은 억지웃음을 짓게 하고 B 집단은 찡그린 표정을 짓게 한 것이다.

만화를 재미있게 봤는지 조사한 결과, A집단이 B집단보다 훨씬 더 재미있게 보았다고 답했다. 억지로 한 웃는 표정 그 자체만으로도 기분을 더 좋게 만든다는 사실을 확인한 실험이다.

61 정성훈, *사람을 움직이는 100가지 심리법칙*, 케이엔제이, 2011.
62 재레드 다이아몬드 저, 김진준 역, *총, 균, 쇠*, 문학사상, 2005.
63 마이크 포터 저, 범어디자인연구소 역, *마이클 포터의 경쟁우위*, 비즈니스랩, 2021.
64 C. K. Prahalad and Gary Hamel, "The Core Competence of the Corporation", harvard business review may-june 1990.
65 마틴 리브스, 크누트 하네스, 잔메자야 신하 저, 문직섭 역, *전략에 전략을 더하라*, 한국경제신문사, 2016.
66 스튜어트 러셀, 피터 노빅 저, 류광 역, *인공지능 1: 현대적 접근방식*, 제이펍, 2016.
67 클라우스 슈밥 저, 송경진 역, *클라우스 슈밥의 제4차 산업혁명*, 메가스터디북스, 2016.
68 다니엘 드레셔 저, 이병욱 역, 로렌스 커크 감수, *블록체인 무엇인가?*, 이지스퍼블리싱, 2018.
69 피터 디아만디스, 스티븐 코틀러 저, 박영준 역, *컨버전스 2030*, 비즈니스북스, 2021.
70 마이클 케이시·폴 비냐 저, 유현재·김지연 역, *비트코인 현상 블록체인 2.0*, 미래의창, 2017.
71 알렉 로스 저, 안기순 역, *알렉 로스의 미래 산업 보고서*, 사회평론, 2016.
72 윌리엄 무가야 저, 박지훈·류희원 역, *비즈니스 블록체인*, 한빛미디어, 2017.
73 맥스 테그마크 저, 백우진 역, *맥스 테크마크의 라이프 3.0*, 동아시아, 2017.
74 마이클 J. 케이시, 폴 비냐 저, 유현재·김지연 역, *트루스 머신 블록체인과 세상 모든 것의 미래*, 미래의창, 2018.
75 칼 뉴포트 저, 김태훈 역, *딥 워크*, 민음사, 2017.
76 클레이튼 크리스텐슨 저, 노부호·박광태·유영목 역, *성공기업의 딜레마*, 모색, 1999.
77 하이디 그랜트 할버슨 저, 박세연 역, *기회가 온 바로 그 순간*, 21세기북스, 2011.
78 다니엘 카너먼 저, 이진원 역, *생각에 관한 생각*, 김영사, 2012.
79 다니엘 핑크 저, 김주환 역, *드라이브: 창조적인 사람들을 움직이는 자발적 동기부여의 힘*, 청림출판, 2011.

■ 제3편

80 Abraham H. Maslow, "A Theory of Human Motivation", Psychological Review Vol. 50, No. 4, pp. 370-396(1943). *Motivation and Personality*

, 1954.

81 Ryan, R. M. & Deci, E. L.,(2000) "Self-determination theory and the facilitation of intrinsic motivation, social development, and well-being", *American Psychologist*, 55, 68-78.

82 Frankl, V. E.(1963). (I. Lasch, Trans.) *Man's Search for Meaning: An Introduction to Logotherapy*, New York: Washington Square Press. (Earlier title, 1959: From Death-Camp to Existentialism. Originally published in 1946 as Ein Psycholog erlebt das Konzentrationslager).

83 Locke, E. A.(1968). "Toward a theory of task motivation and incentives", *Organizational Behavior and Human Performance*, 3(2), 157-189.

84 Locke, E. A., & Latham, G. P.(2002). Building a practically useful theory of goal setting and task performance, *American Psychologist*.

85 캐롤 드웩 저, 정명진 역, *성공의 새로운 심리학*, 부글북스, 2011.

86 존 맥스웰 저, 김고명 역, *다시 일어서는 힘: 인생의 전환점에서 꼭 가져가야 할 한 가지*, 비즈니스북스, 2017.

87 스티븐 코비 저, 김경섭 역, *성공하는 사람들의 7가지 습관*, 김영사, 2017.

88 다니엘 핑크 저, 김주환 역, *드라이브: 창조적인 사람들을 움직이는 자발적 동기부여의 힘*, 청림출판, 2011.

89 미하이 칙센트미하이 저, 최인수 역, *몰입, Flow*, 한울림, 2005.

90 조너선 하이트 저, 왕수민 역, *조너선 하이트의 바른 행복(The Happiness Hypothesis)*, 부키, 2022.

91 Schwartz, Barry, *The Paradox of Choice: Why More Is Less*, Ecco Press, 2016.

92 대니얼 길버트 저, 서은국·최인철·김미정 역, *행복에 걸려 비틀거리다*, 김영사 2006.

93 Phillippa Lally, "How long does it take to form a habit?", *European Journal of Social Psychology*, 2009.

94 찰스 두히그 저, 강주헌 역, *습관의 힘*, 갤리온, 2012.

95 Allport, Gordon W.(1927). "Concepts of trait and personality". *Psychological Bulletin*, 24 (5): 284-293.

96 캔더스 B. 퍼트 저, 김미선 역, *감정의 분자*, 시스테마, 2009.

97 Antonio Damasio, *Feeling & Knowing: Making Minds Conscious*, Pantheon, 2021.

98 Candace Pert, *Your Body is Your Subconscious Mind*, Sounds True, 2004.

99 브루스 H. 립튼 저, 이창희 역, *당신의 주인은 DNA가 아니다: 마음과 환경이 몸과 운명

을 바꾸다(The Biology of Belief: Unleashing the Power of Consciousness, Matter & Miracles), 두레, 2014.
100 리처드 밴들러, 알레시오 로베르티, 오언 피츠패트릭 저, 가족연구소 마음 역, *NLP로의 초대: 성공적인 삶을 위한 지침서*, 시그마프레스, 2016.
101 www.fil.ion.ucl.ac.uk/team/metacognition-team/
102 리사 손 저, *메타인지 학습법*, 21세기북스, 2019.
103 맥스웰 몰츠 저, 신동숙 역, *맥스웰 몰츠 성공의 법칙: 부와 성공을 부르는 마음의 법칙 사이코사이버네틱스*, 비즈니스북스, 2019.
104 캐롤 드웩 저, 정명진 역, *성공의 새로운 심리학*, 부글북스, 2011.
105 제임스 클리어 저, 이한이 역, *아주 작은 습관의 힘*, 비즈니스북스, 2019.
106 벤저민 잰더 저, 이종인 역, *가능성의 세계로 나아가라*, 김영사, 2003.
107 말콤 글래드웰 저, 노정태 역, 최인철 감수, *아웃라이어*, 김영사, 2019.
108 미하이 칙센트미하이 저, 최인수 역, *몰입, Flow*, 한울림, 2005.

■ 제4편

109 김병헌 저, *성공과 행복을 위한 인생의 길을 찾다*, 지식과감성#, 2020.
110 namu.wiki/w/자존감
111 ko.wikihow.com/자신감을 갖는 법
112 기타가와 야스시 저, 나계영 역, *편지가게*, 살림, 2011.
113 피터 버핏 저, 진정성 역, *피터 버핏의 12가지 성공원칙*, 매일경제신문사, 2022.
114 게리 바이너척 저, 우태영 역, *부와 성공을 부르는 12가지 원칙*, 천그루숲, 2022.
115 레이 달리오 저, 고영태 역, *성공 원칙: Principles for Success*, 한빛비즈, 2020.
116 브라이언 트레이시 저, 이종인 역, *절대 변하지 않는 8가지 성공원칙*, 더난출판사, 2006.
117 Lewin, K.(1947a), "Frontiers in group dynamics", in: D. Cartwright(Ed.) (1952): Field Theory in Social Science, Social Science Paperbacks: London.
118 벤저민 하디 저, 김미정 역, *최고의 변화는 어떻게 만들어지는가*, 비즈니스북스, 2021.
119 앨버트 라슬로 바라바시 저, 홍지수 역, *성공의 공식 포뮬러*, 한국경제신문, 2019.
120 스티븐 D. 헤일스 저, 이영아 역, *운이란 무엇인가*, 소소의책, 2023.
121 아리스토텔레스 저, 최명관 역, *니코마코스 윤리학*, 도서출판 창, 2011.
122 토마스 홉스 저, 하승우 역, *리바이어던*, 풀빛, 2007.
123 나심 니콜라스 탈레브 저, 차익종·김현구 역, *블랙 스완: 위험 가득한 세상에서 안전하게*

살아남기, 동녘사이언스, 2018.
124 나심 니콜라스 탈레브 저, 이건 역, *행운에 속지 마라*, 중앙북스, 2016.
125 리처드 와이즈먼 저, 이은선 역, *행운의 법칙(THE LUCK FACTOR)*, 시공사, 2003.
126 richardwiseman.com
127 장 폴 사르트르 원저, 신성림 저, *사르트르의 실존주의는 휴머니즘이다*, 웅진지식하우스, 2019.
128 알베르 카뮈 저, 김화영 역, *시지프 신화*, 민음사, 2016.
129 에인 랜드 저, 민승남 역, *아틀라스 1*, 휴머니스트, 2013.
130 로버트 H. 프랭크 저, 정태영 역, *실력과 노력으로 성공했다는 당신에게*, 글항아리, 2018.
131 토머스 길로비치, 개리 벨스키 저, 미래경제연구소 역, *행동경제학 교과서*, 프로제, 2018.
132 에픽테토스 저, 안규남 역, *어떻게 자유로워질 것인가?*, 아날로그(글담), 2020.
133 에픽테토스 저, *The Enchiridion*, 부크크(Bookk), 2020.
134 존 스튜어트 밀 저, 이종인 역, *공리주의*, 현대지성, 2020.
135 리처드 와이즈먼 저, 이은선 역, *행운의 법칙(THE LUCK FACTOR)*, 시공사, 2003.
136 애덤 그랜트 저, 윤태준 역, *기브 앤 테이크*, 생각연구소, 2013.
137 막스 권터 저, 양소하 역, *운의 시그널*, 카시오페아, 2022.
138 이건규 저, *워런 버핏 익스프레스*, 에프엔미디어, 2023.
139 피터 린치, 존 로스차일드 공저, 권성희 역, *피터 린치의 이기는 투자(Beating the Street)*, 흐름출판, 2021.
140 벤저민 그레이엄 저, 이건 역, *현명한 투자자*, 국일증권경제연구소, 2020.
141 로렌 템플턴, 스콧 필립스 공저, 김기준 역, *존 템플턴의 가치 투자 전략*, 비즈니스북스, 2009.
142 레이 달리오 저, 고영태 역, *원칙*, 한빛비즈, 2018.
143 조엘 그린블라트 저, 안진환 역, *주식시장을 이기는 작은 책*, 알키, 2021.
144 로버트 해그스트롬 저, 오은미 역, 이상건 감수, *워런 버핏 머니 마인드*, 흐름출판, 2023.
145 Gary Keller, Dave Jenks, Jay Papasan, *The Millionaire Real Estate Investor*, McGraw-Hill, 2005.
146 로버트 기요사키 저, 안진환 역, *부자 아빠 가난한 아빠*, 황금가지, 2012.
147 조지 S. 클레이슨 저, 좋은번역 역, *바빌론 부자들의 돈 버는 지혜: 시대를 초월한 재테크 바이블*, 책수레, 2021.
148 나폴레온 힐 저, 이한이 역, *생각하라 그리고 부자가 되어라*, 반니, 2021.
149 토머스 J. 스탠리, 윌리엄 D. 댄코 공저, 홍정희 역, *이웃집 백만장자*, 리드리드, 2022.
150 티모시 페리스 저, 윤동준, 최원형 역, *나는 4시간만 일한다*, 다른상상, 2017.

| 151 | 데이비드 바크 저, 김윤재 역, 이혜경 감수, *자동 부자 습관*, 마인드빌딩, 2018.
| 152 | 월리스 와틀스 저, 김정우 역, *부의 바이블*, 부커, 2023.
| 153 | 조지 베일런트 저, 이덕남 역, 이시형 감수, *행복의 조건*, 프런티어, 2010.
| 154 | 발타자르 그라시안 저, 정영훈 엮음, 김세나 역, *발타자르 그라시안의 인생 수업*, 메이트북스, 2020.
| 155 | 데일 카네기 저, 임상훈 역, *데일 카네기 인간관계론*, 현대지성, 2019.
| 156 | www.oecdbetterlifeindex.org/
| 157 | www.who.int/
| 158 | www.segye.com/newsView/20221208504990 (WP. 하루 물 2리터)
| 159 | 김소정 기자, 조선일보(2023. 3. 21.)
www.chosun.com/culture-life/health/2023/03/21/5WKXYL3OEJBUZJ553NCICUWCLY/ (음주 피해)
| 160 | 에마 세팔라 저, 이수경 역, *해피니스 트랙: 스탠퍼드대학교가 주목한 행복프레임*, 한국경제신문, 2017.
| 161 | www.bbc.co.uk/pressoffice/pressreleases/stories/2005/10_october/25/slough.shtml (Making Slough Happy: a seriously happy experiment on BBC TWO)
참고: 리즈 호가드 저, 이경아 역, *영국 BBC 다큐멘터리 행복*, 위즈덤하우스(예담), 2006.
| 162 | Darwin, C. 1859. *The Origin of Species*, by Means of Natural Selection or the Preservation of favoured Races in the Struggle for Life. John Murray, London.
| 163 | Spencer H(1864), *The Principles of Biology*. William and Norgate.
| 164 | 조지 윌리엄스(George C. Williams, 1926~) 1966년에 출간한 책 『적응과 자연선택』Adaptation and Natural Selection은 현대 진화론을 새로운 단계로 끌어올린 명저. (조지 C. 윌리엄스 저, 전중환 역, *적응과 자연선택*, 나남, 2013.)
| 165 | 리처드 도킨스, 홍영남·이상임 역, *이기적 유전자(The Selfish Gene)*, 을유문화사, 2018.
| 166 | 허버트 사이먼 Herbert Alexander Simon: 미국의 사회과학자·경영학자. 행동과학적 조직론의 창시자의 한 사람이다. 저서 『경영행동』(1947)에서 '만족화滿足化 행동원리'를 정식화하였다. 『조직론』(1958, J. G. 마치와 공저)에서는 조직의 체계적 이론화를 확립하여 의사결정자의 모델이론을 전개하였다. 이 연구 업적으로 1978년 노벨 경제학상을 받았다.
| 167 | 러셀 로버츠 저, 이지연 역, *결심이 필요한 순간들*, 세계사, 2023.
| 168 | 다니엘 핑크 저, 김명철 역, *후회의 재발견*, 한국경제신문, 2022.